教育部人文社会科学研究规划基金项目成果(批准号 14YJA740060)

中国传统译论的社会文化阐释

A Socio-cultural Interpretation of Traditional Chinese Translation Discourses

赵 巍 著

图书在版编目(CIP)数据

中国传统译论的社会文化阐释 / 赵巍著. — 天津 : 天津大学出版社, 2019.6 (2025.5重印)

ISBN 978-7-5618-6409-8

Ⅰ. ①中… Ⅱ. ①赵… Ⅲ. ①翻译 – 研究 – 中国 Ⅳ. ①H059

中国版本图书馆 CIP 数据核字(2019)第 099520 号

出版发行	天津大学出版社
地　　址	天津市卫津路 92 号天津大学内(邮编:300072)
电　　话	发行部:022-27403647
网　　址	publish. tju. edu. cn
印　　刷	河北晔盛亚印刷有限公司
经　　销	全国各地新华书店
开　　本	169mm × 239mm
印　　张	10
字　　数	207 千
版　　次	2019 年 6 月第 1 版
印　　次	2025 年 5 月第 2 次
定　　价	68.00 元

前　言

“中国传统译论”是指在中国传统言意观影响之下的、自成体系的传统翻译理论。中国传统译论是我国翻译理论的宝贵财富，也是世界翻译理论的重要组成部分。但时至今日，西方译论几乎垄断了国内翻译研究，而以中国语言哲学为特色的一套中国传统译论，如“名实”“言意”“形神”“文质”“化境”“神似”等却“缺席”当代翻译理论。2017 年中华学术期刊网上能检索到以“翻译”为主题的所有研究论文共 172 395 篇，其中以“传统译论”为主题的仅有 880 篇，所占比重只有 0.5%。

中国传统译论的研究集中在国内，根据研究内容大致分为中国传统译论资料汇编、历史编撰（包括翻译史和译论史）和理论阐释三大部分。这三类研究并没有严格的界限，很多情况下相互交叉、相互促进，共同构成了中国传统译论研究的基本格局。目前中国传统译论研究在历史编撰和资料汇编两方面取得了丰硕的成果（如马祖毅 2006，罗新璋、陈应年 2009，MARTHA P Y 2006），但理论阐释部分相对滞后。在西方译论的影响之下，中国传统译论的理论阐释很快脱离了对标准的讨论，研究问题日益深化和细化，传统译论中的主要理论专题及概念、范畴都得到了不同程度的梳理与阐述，在资料征引和义理阐发上也较前人有所进步（孔慧怡 2001，朱志瑜 2001，王洪涛 2005，杨全红 2010，傅惠生 2011，傅惠生 2012a，傅惠生 2012b）。其次，研究的视野有所拓展，出现了从思维特征、认知模式、表述方式及其内在体系结构等方面对传统译论的整体性、综合性考察。目前比较系统地探讨中国传统译论的著作有三部：《中国传统译论经典诠释——从道安到傅雷》（王宏印 2003），《中国传统译论范畴及其体系》（张思洁 2006）和《中国传统译论专题研究》（吴志杰 2009）。此类研究是实现对中国传统译论体系的整体把握以及进行现代阐释的一条有效途径，对实现中国传统译论的现代转化具有重要意义。

经笔者考察,中国传统译论的理论阐释在方法和内容上不同程度地存在着以下问题。

首先,中国传统译论被剥离了自身的历史文化语境,置身于现代西方译学或哲学框架下进行解读,从方法上看属于"以西释中"的阐释方法,从而出现了以西方现代哲学(本体论、认识论)或现代西方译论概念肢解古代译论的倾向,容易导致对中国传统译论的误读,无法彰显中国传统译论的特点与优点。其次,过于依赖主体阐释,导致研究结论随着研究者的研究兴趣、研究路向和知识结构的不同而不同,容易流于主观随意性。而核心范畴的确定和解释存在过大分歧,使中国传统译论的稳定性和科学性会受到影响,中国译学的理论价值也会受到质疑。最后,理论研究的视野较为局限,仅有个别论文注重在中国传统历史、哲学或社会背景中阐释中国传统译论,但其研究仅限于严格的翻译论述,最多扩展至文论、语言哲学或美学,未能将儒家的民族观和文化观纳入研究的范围。儒家的民族主义文化观念是中国传统意识形态的核心,也是中国处理中外文化的基本原则,它深刻地影响了中国传统译论的产生、发展及变化。脱离了儒家的文化观对中国传统译论进行理论阐释则是不全面的。

皮姆(Pym)在《翻译史研究方法》中,提出四项翻译史研究原则,其中最后一项要求翻译史研究能够表达、面对或试图解决翻译研究当前的实际问题。按照这样的原则,国内的中国传统译论研究已经落后于翻译研究当前的理论兴趣和理论焦点。20 世纪 70 年代以来,翻译理论进入多元化时期,文艺学派、语言学派和文化学派并行不悖,各流派之间的界限日益模糊。20 世纪 90 年代以后,翻译理论正日益突破规定性的文本对比研究,表现出更加宏阔的社会学取向和文化研究取向。

翻译研究的文化学派是一个非常宽泛、非常笼统的学派,前后也有发展变化,但文化学派的共同特点是:1)研究的对象从文本内转向文本外,强调文学翻译中的文化因素,特别是翻译背后的政治、意识形态冲突和权力关系较量;2)从原文中心转向译文中心,从规定性研究转向描述性研究;3)理论基础和研究方法上的跨学科性,即向其他学科借鉴理论资源、研究视角和研究方法。与此同时，当代西方翻译理论也体现出鲜明的社会学取向，这体现在两个方面:1)使原有研究由翻译内部研究转向翻译外部研究和翻译与外部社会环境的关系研究;2)社会学理论与方法的借鉴，这既包括从社会学引进整体研究纲领或思路，也包括借鉴社会学宏观理论框架或具体理论概念，来分析研究对象。我们可以认为，自20世纪90年代以来，翻译研究在研究内容和研究方法上就开始持续向文化学派和社会翻译学过渡，而文化学派和社会翻译学在研究内容和理论方法上相互交叉重合，彼此已经没有泾渭分明的界限。目前的翻译研究基本上是社会学和文化学翻译研究的深化和细化，这主要体现在两个方面，一是延续了文化研究对现实政治的关注，如意识形态、文化身份、权力关系、翻译伦理等;二是延续了社会翻译学对翻译外部的兴趣，如注重从翻译与外部社会环境的关系来研究翻译，或者借鉴社会学宏观理论框架或具体理论概念，来分析研究对象。

中国传统译论的理论阐释是构建现代翻译理论的基础性工作，它不仅在于阐述过去，更主要的是结合当下的翻译学学科发展状况，更好地为翻译学学科建设服务。中国传统译论的研究不能闭门造车，而需要与时俱进，按照当下译界全新的理论兴趣和宏阔的学术视野对中国历史上的翻译思想做出新的解读，以便及时反映并跟进翻译学的最新进展。有鉴于以上中国传统译论研究中存在的问题，因此有必要按照当代翻译研究新的理论兴趣和理论方法，对中国传统译论进行系统的社会文化阐释。

中国传统译论的社会文化阐释是从外部社会文化环境的角度发掘传统译论中的意识形态——中国中心主义。在文化研究的背景下，本课题将儒家主流意识形态中的民族观和文化观纳入中国传统译论的研究范围，发掘儒家的民族主义文化观念对中国传统译论的影响。这不仅意味着中国传统译论研究的范围有所拓展，更重要的是，挖掘中国传统译论的异质性和民族性对于重建中国传统译论话语权有着特殊重要的意义。其次，用社会学方法研究中国传统译论，意味着从中国传统译论产生的外部社会环境来解读传统译论，可以克服以西释中和主体阐释过度的方法论问题。笔者坚信，理性地认识传统译论，必须回到传统译论本身。只有坚持“以中释中”的原则，从外部社会文化环境的角度对中国传统译论进行系统阐释，才能避免以当代西方翻译理论或者现代学术理念为参照来评价中国传统译论。

本研究基于这样的基本观念：中国传统译论是中国传统学术的一部分，只有在具体的社会历史文化语境之下才能获得更准确的阐释。在中国社会文化语境下发掘儒家的民族主义文化观念对中国传统译论的影响，首先有利于扩展中国传统译论研究的范围，重新认识和评价中国传统译论的理论价值和精神实质及其对于当代翻译研究的意义，深化中国传统译论研究。其次，社会学的方法有利于展示中国传统译论的历史文化渊源及其继承性，还原中国传统译论学理上的完整性和系统性，建立真正“自成一体”的中国译学系统。中国传统译论的社会文化阐释能够为“社会学”和“文化转向”的翻译研究提供新的具体研究和理论认识，对丰富当代翻译研究具有重要意义。

赵　巍

2019 年 1 月

目　录

第一章　中国传统译论研究综述

中国传统译论是我国翻译理论的宝贵财富,也是世界翻译理论的重要组成部分。中国传统译论的现代阐释涉及中国传统译论的纵向继承问题,是推动翻译学深入发展的一项基础性工作。罗新璋在《我国自成体系的翻译理论》一文中提出了中国传统译论现代转化的命题:"我国传统的翻译理论和翻译经验,大多零篇残什,有待我们去爬梳剔抉,发扬光大,'阐变方今,厥用乃神'"(1984:4)。但时至今日,西方译论几乎垄断了国内翻译研究,而以中国语言哲学为特色的一套中国传统译论,如"名实""言意""形神""文质""化境""神似"等却"缺席"当代翻译理论,其中最主要的原因是中国传统译论没有和现代译论完成有效对接和整合。因此,如何发掘和阐释中国传统译论仍然是翻译学科体系建设中一个无法回避的重要问题,也是实现中国传统译论的纵向继承和现代转化的关键环节。

第一节　"翻译"和"中国传统译论"的界定

本书采用描述性翻译研究的代表人物图里的"翻译"概念:只要译入语文化不管出于什么理由把一个文本视为翻译,它就是翻译(Shuttleworth & Cowie 2004:182)。图里是文化学派的早期代表人物,他认为翻译是为了满足译入语文化的某种需要或为填补某个译入语文化的特定空白而出现的,译文在译入语文化中承担了新的功能,因此翻译问题不可避免地是从译入语文化开始的。从译入语角度对翻译重新界定,大大拓展了翻译研究的对象,也跟本研究的社会—文化学视角相吻合。更主要的是,历史上的翻译历时久远,语种多样,限于当时的社会物质条件,大都很难找到一一对应的原文和译文,不宜按照文本对比的思路来考察历史上的翻译,只能以史料记载为依据对历史上的翻译进行评价和判断。此外,早期的翻译和注疏、著述等也没有严格的界限,因此本研究只适合采用宽泛的翻译概念,包括用译入语对某一外来思想进行阐释的任何形式的文本,比如对原文的解释、带有撰述性质的汇编、专论,乃至假托译作借题发挥的伪翻译等。

关于中国传统译论,王宏印教授曾经有过这样的定义:"凡在中国现代译论产生以前,在中国学术领域内产生的关于翻译的一切理论,都属于广义的中国传统译论。"(2002:8)关于以上定义,仍有几点需要讨论。

(1)关于中国传统译论的理论渊源,王宏印教授又做了进一步阐释:"典型的中国传统译论,乃是以中国传统文学、美学、文章学、文艺学、语言学为其理论基础和基本方法而形成的翻译理论。"(王宏印,2002:8)从理论渊源来讲,中国传统译论源于中国传统哲学,特别是中国言意观、美学和文论。这直接表现为中国传统译论借用了传统哲学中的一整套独特话语系统,如言意、文质、形神等。这一理论渊源决定了中国传统译论的理论问题和理论表述具有中国传统哲学的全部优点和缺点。王宏印教授曾经这样概括:"哲学的而非科学的、美学的而非宗教的,是中国传统译论的始终如一的理论基础。简约的而非繁丰的、定性的而非定量的,是中国传统译论的研究方法和表述特点。多解的而非单一的、含混的而非明晰的,是中国传统译论的文体特征和思维导向。音义之分、言意之辨、形神之似,便成为中国传统译论长期关注和争论不息的核心话题。"(王宏印,2002:9)中国传统译论的主要理论渊源是传统言意观、美学和文论,但不局限于言意观、美学和文论。言意观、美学和文论能够说明翻译是一种语言转换和艺术创造活动的某些特点,但无法解释翻译作为不同民族间的文化交流活动及其社会意义。翻译是语言转换、艺术创造,同时也是民族交流、文化互动的重要方式。从历史上看,是后者对于思想的进步、文明的传承具有更重大的意义,也更有研究价值。有鉴于以往研究多关注传统言意观、美学和文论和中国传统译论的关系,本书希望从中国哲学中的民族观和文化观来考察中国传统译论的连续性及其发展变化。

(2)中国传统译论的起止问题。中国传统译论的发生发展有自己的历史逻辑,一般历史分期无法反映中国传统译论的进程。因此王宏印教授说明:"中国传统译论的时间划界并不起自中国翻译史上最早的翻译实践,其下限也不是政治史或社会学史意义上的历史分期的现当代,而应以译论本身的逻辑演进为根据。"(王宏印,2002:8－9)翻译理论是两种文化交流的结果,因此中国传统译论在发展过程中,也不免受到外来思想的影响,如佛经中的逻辑论证和西方学术等,"但这些影响并没有大到足以改变其传统的翻译理论形态和性质的程度"(王宏印,2002:9)。中国传统译论的起止与中国传统译论的理论特质是相互联系的,也就是说,确定中国传统译论的终极标准是什么,有没有时间上的清晰界限。笔者认为,王宏印教授对中国传统译论的理论特质的概括应该成为判断中国传统译论的主要学术标准。只要具备了以上主要学理特征的都属中国传统译论,而时间地域并不是区别中国传统译论和西方译论的主要依据。从中国传统译论自身发展来看,在20世纪80年代语言学没有进入中国翻译界以前,中国传统译论在研究对象、研究方法、学术背景和理论形式上较为纯粹,形成了和西方译论迥然有别的译论传统。

(3)中国传统译论根植于中国自有的翻译实践,包括佛经翻译、明末清初的西学翻译和清末民初的西学翻译。中国传统译论中虽然不乏翻译理论中的普遍议题,但因为基于中国独特的翻译实践,因此也具有中国传统译论的特殊议题。从定义上突出中国传统译论的实践来源有利于凸显中国传统译论发生的社会历史条件的特殊性。

概括而言,本文中的中国传统译论是指:以中国自有的翻译实践为基础,在中国传统学术思想影响之下产生的有关翻译的理论。

第二节　中国传统译论研究回顾

中国传统译论已经有了近两千年的历史,但对中国传统译论认真的整理研究是20世纪以后的事。中国传统译论研究大致分为三大类:中国传统译论资料汇编、译论史编撰和中国传统译论的理论研究三大部分。资料汇编是对中国传统译论按照某一线索进行辑录,主要在于资料价值,资料建设本身的质量直接影响到翻译研究的水平和深度。译论史编撰则需要从某一角度对中国传统译论的发生、发展过程进行叙述,重在叙述的完整性和连贯性,积极寻找历史事件之间的意义和生发模式。一部清晰完整的翻译理论史是中国传统译论研究深入发展的基础。中国传统译论的理论研究重在阐发中国传统译论中的理论内涵、理论意义,并发掘中国传统译论对于现代翻译研究的理论价值。这三类研究并没有严格的界限,很多情况下是相互交叉、彼此渗透的。但大多数研究成果则有明显侧重,因此按照这种分类来考察中国传统译论研究仍然是有意义的。中国传统译论研究以中国本土研究条件更为有利,研究成果更为丰富,我们的综述理所应当以中国大陆的研究为重,但实际我们的综述的范围包括了我国港澳台及海外同类英文文献。

一、1949年以前:中国传统译论研究的肇始阶段

从东汉至唐宋的佛经翻译是中国历史上第一次翻译高潮。古代记叙佛经翻译的选集、僧录、僧传和经录等,或以翻译家为单位,或以译事、译作为中心,是典型的佛经翻译的资料汇编,具有重要的史料价值。其中具有开创性的译事资料包括《出三藏记集》《高僧传》《续高僧传》《大唐内典录》《开元释教录》等。这些资料的作者均为僧人,资料的特点是重史料而轻评论,基本上以翻译史实资料辑录为主,其中收录的佛经翻译理论,构成了中国传统译论的主要资料来源。另有一部分译事资料记在正史中,如《全唐书》《全晋文》等。

从数字化中国古籍的搜索结果来看,道安提出的"五失本、三不易",在历代佛经翻译资料汇编中曾经反复出现,但一般都仅是止于引证推崇或举例说明,很少对该理论的意义进行发掘。即便偶尔提及,探讨形式也比较零散和随意,不能称为严格的中国传统译论的理论研究。明末清初的西学翻译是中国历史上第二次翻译高潮,但理论建树很少,而且大多都在探讨翻译的功用,佛经译论仍然是中国传统译论的主体。严复在《天演论》序跋中明确提出"信、达、雅"以后,其深厚的历史文化渊源、丰富模糊的理论内涵、言简意赅的表述方式引发了长久热烈的讨论。早期的信、达、雅研究都在探索这三个字的意义及其对翻译实践的指导作用,彼此之间差异不大。早在1935年,杨镇华根据不同文本的不同翻译特点对信、达、雅提出质疑,随后概括了当时学界对信、达、雅的一般看法:信 = 忠实于原文,达 = 明白晓畅,雅 = 词句的优雅或风格的转移(杨镇华,1984:289)。此时的理论研究探讨的问题较为局限,也没有研究方法论的指导,表现为翻译经验总结、漫谈散论等随感式文章,缺乏论证过程,说服力不强。但这类研究仍然构成了中国传统译论理论研究的基础。

清末的第三次翻译高潮背负着救国图强的特殊历史使命,也为中国文化和西方文化的大规模接触创造了历史机遇。这时中国传统译论研究的主体常常是兼具中外学术背景的学者,研究中很自然地在中外文化之间打通。1920年,梁启超在《翻译文学与佛典》中开始专门探讨佛经翻译的实践及理论,评述了佛经翻译中有关翻译文体的讨论,可以视为严肃的中国传统译论研究的开端。在这篇论文中,"直译、意译"作为两种对立的翻译方法,和中国传统译论中的"文质"这一对文体风格描述词统一了起来(赵巍、石春让,2009:15)。周作人在《陀螺》序中主张的"直译"已经是纯粹的翻译方法,和中国传统译论中的"直译"概念有了明显不同。1921年,泰特勒的翻译三原则也经郑正铎译介,进入了中国翻译界,并运用该原则来进行文学翻译评析(转引自罗新璋,1984:369 - 382)。1935年,杨镇华比较了严复的信、达、雅和泰特勒三原则的异同(杨镇华,1984:292)。1941年,英国文学界有关荷马翻译的论争也被译介过来。这说明至少在20世纪初,西方译论和中国传统译论已经在相互渗透、相互影响了。但此时对西方译论的译介规模很小,没有对中国传统译论造成明显冲击。

中国最早的翻译理论资料汇编是1927年蒋翼振编著的《翻译学通论》,此后又出现了吴曙天的《翻译论》(1933)和黄嘉德的《翻译论集》(1940)。这几部资料汇编侧重收录当代译论,最远仅追溯至梁启超或严复等人。和古代的翻译资料汇编相比,20世纪上半叶的资料汇编均由学者汇编而成,辑录译论而非译事,表现出翻译理论研究取向。值得一提的是,蒋翼振在《翻译学通论》导言中提出了一个非常富有前瞻性的问题:什么学术成为翻译学?“用乙国的文字或语言去叙述甲国的文字或语言;更将甲国的精微思想迁移到乙国的思想界里,不增不减本来的面目;更将两国或两国以上底(的)学术作个比较研究,求两系或两系以上文明的化合,这个学术,叫作翻译学。”(转引自方梦之,2007:2)。虽然作者的理解和今天的翻译学有出入,但这种超前的学科意识却是值得肯定的。

这一时期的译史研究比较零散,比较关注当代翻译人物和翻译事件,比如江南制造总局翻译的西书,林纾和严复的翻译,周桂笙的翻译,等等,编撰完整的翻译理论史还为时尚早。

二、1949—1987 年:中国传统译论研究的转型阶段

中华人民共和国成立后到“文革”结束,翻译研究在研究内容和研究方法上受到意识形态的干扰,译史研究以马、恩、列、斯、毛的翻译和左派翻译家研究为主,仅有零星文章评述古代佛经翻译和其他外国文学经典翻译。1978 年以后,国内进入第四次翻译高潮,沉寂了十多年的中国传统译论研究开始复苏。从 1978 年至 1987 年前后,中国传统译论研究在西方译论冲击之下,开始系统地总结过去,从传统形态向现代形态过渡。

(一)中国传统译论资料汇编

20 世纪 70 年代的资料汇编性质的论文集有《翻译的艺术》(梁实秋等,1970)和《翻译史 · 翻译论》(陈鹏翔,1975)。从 1983 年至 1990 年,中国对外翻译出版公司系统译介了 7 部西方主要翻译学著作。西方译论的大量引进,迫使很多学者反思传统和现代、中国和西方的关系,中国传统译论的整理研究也在西方译论进入中国的同时悄然兴起,并取得了重要成果。这一时期重要的中国传统译论资料汇编主要有罗新璋的《翻译论集》(1984)。该书按照时间先后收录了佛经译论至当代译论,资料全面集中,线索清晰,并收录了相关研究资料,在同类文献中最具有参考价值。除了《翻译论集》外,同期的资料汇编还有香港学者刘靖之的同名论文集《翻译论集》(1981),藏文翻译家王沂暖选编了《翻译论文集》(1983)、中国对外出版公司选编出版了《翻译理论与翻译技巧论文集》(1983),《翻译通讯》编辑部出版了两卷本《翻译研究论文集(1894—1948,1949—1983)》(1984)。另外,《佛教汉译之研究》(王文颜,1984)和《诗词翻译的艺术》(《中国翻译》编辑部编,1987)所辑论文也有显著的中国传统译论的特色。

(二)译论史

史学研究是翻译研究的基础和支撑。一部好的翻译史和翻译理论史是翻译研究取得进展的关键环节。马祖毅撰写了《中国翻译简史》(“五四”以前部分)

(1984),阐述了从远古至"五四"时期的翻译实践,包括口笔译和少数民族语言的翻译,并有重点地介绍了三次翻译高潮。该书史料翔实、线索清晰,填补了翻译史方面的空白,是目前翻译研究的必备文献。但该书重在翻译实践,对理论的处理比较零散,没有呈现中国传统译论发展的清晰轨迹。同期的翻译史还有《佛典翻译史论》(张曼涛,1978)、《佛典汉译之研究》(王文颜,1984)、《佛光普照——伟大的佛经翻译家鸠摩罗什传》(宣建人,1986)等。

(三)理论研究

在文化萧条的20世纪60、70年代,中国传统译论的理论研究仍然有重要成果。钱钟书对"五失本、三不易"的阐释,援引了塞缪尔·巴特勒(Samuel Butler)、塞万提斯、德国诗人克里斯汀·摩根施特恩(Christian Morgenstern)、雨果、叔本华、伏尔泰、英国诗人斯图尔特·贝茨(E. Stuart Bates)等西方近现代作家和理论家,并提到了颇具现代译学色彩的"对等或类似效果"(the principle of equivalent or approximate effect)(转引自罗新璋,1984:28 - 31)。"信、达、雅"的研究没有完全摆脱早期的漫谈散论的随感式论述方式,研究的重点仍然在于意义阐发,但多了科学的理性分析,在认识上也有所进步。如杉杉认为"'译事三难'作为一个系统来看,信达雅之间便是相互联系、相互制约、相互调节的关系……信达雅为一相互联系的整体,达以尽信而未必能完全信,雅补信之所失而又受信之制约,彼此调节,相辅相成,趋于极致,便'化'为一体。"(转引自沈苏儒,1998:79)卞之琳等说过:"用通俗的话来说,'信'是对原著内容忠实,'达'是译文畅达,'雅'是译文优美。这里包含了相当于内容、语言和风格三个方面。"(转引自沈苏儒,1998:72)另外,越来越多的学者认为"雅"的标准应该与时俱进。许渊冲认为:"严复生在使用文言文的时代,所以提出文要古雅;到了使用白话文的今天,'雅'字就不能局限于古雅的原义,而应该是指注重修辞的意思了。"(转引自沈苏儒,1998:75)

除了个别翻译理论的专门研究以外,论文集的序言跋语中开始总结中国传统译论的发展脉络,概括中国传统译论的整体走向。在《翻译论集》的序言中,罗新璋将中国传统译论置于传统文化的大背景下来阅读,通过还原文本本意,从中抽绎出中国传统译论的发展变化的轨迹,整理归纳出中国传统译论内在的体系。"简而言之,中国传统译论可用一条线来归纳其发展的脉络,即'案本—求信—神似—化境'"(罗新璋,1984:19)。此外,罗新璋在该文中还提出了中国传统译论现代转化的命题,并初步尝试用现代语言理论和文艺理论来阐释贾公彦对"译"的定义。"这条注疏,关于翻译的定义,足以给人不少启发。用现代文艺理论和语言理论,也许可以诠释为:翻译是把一种语言文字换易成另一种语言文字,而并不变更所蕴含的意义——或用近年流行的术语说,并不变更所传递的信息,以达到彼此沟通、相互了解的目的”(转引自罗新璋,1984:1)。他还很有远见地深化了董秋斯30年前提出的“翻译学”概念,强调建立具有中国特色的翻译理论体系的重要性,在译界引起了较大的反响。

这一时期,中国传统译论研究在西方译论冲击之下,在论述的深度、理性的分析、研究的议题、学术视野上有所扩展,有了翻译学理论建设的初步意识。研究方法以细致的文献考证、旁征博引为特色。但研究的视角较为单一,研究的问题较为局限,仍然集中在翻译方法、翻译标准和翻译风格上,即什么是好的翻译,中国传统译论的发展往往被等同于翻译标准的演变。

三、1987年至今:学科意识觉醒期中国传统译论研究的深化

1987年5月全国首届研究生翻译理论研讨会在南京大学召开;同年7月,全国第一次翻译理论研讨会在青岛召开。两次会议上最引人关注的话题是翻译学能否作为一门独立的学科存在、独立的翻译学应该包括哪些内容等。此后一两年内,中国的翻译学理论体系已初步构建问世。进入20世纪90年代,国内译界出现了建立中国翻译学的呼声,翻译理论研究热情空前高涨,中国传统译论研究在研究范围和研究方法上日益丰富和深化。

(一)资料汇编

资料建设本身的质量直接影响到翻译研究的水平和深度。这一时期的资料汇编出现了翻译学人物词典和翻译学专科词典,是翻译学发展的一个重要标志。专门的中国传统译论资料集在资料选取上日益深化和细化,侧重收集当代译论,对此前的资料形成了有益的补充。主要资料集包括《中国当代翻译百论》(杜承南、文军,1994)、《译学论集》(张柏然、许钧,1997)、《翻译思考录》(许钧,1998)、《翻译的艺术》(许渊冲,2006)、《傅雷谈翻译》(傅敏,2006)、《中国佛籍译论选辑评注》(朱志瑜、朱晓农,2006)、《中国翻译研究论文精选》(严辰松,2006)等。其次,中国传统译论的选材范围有明显突破,如朱志瑜教授的《中国佛籍译论选辑评注》专门收录佛经译论90余种,比同类资料集有明显超越。《中国翻译话语英译选集(上册):从最早期到佛典翻译》(Cheung, 2006),援引了海外相关英文文献,并收录了传统哲学中的言意观以及比较文化观等,学术视野更加宽广,有利于在整个传统学术和中外交流史的宏阔背景下来观照把握中国传统译论的特质。再次,和此前的资料汇编相比,这本资料汇编在选材的标准、范围、翻译策略以及评注等方面具有更加自觉的科学方法论意识,开始注重采用严谨的体例进行注释与按语,显示了资料建设在方法上趋于严谨。除了这本资料集,陈德鸿选译了《二十世纪中国翻译理论》(Chan,2004),收录了从严复到许钧、袁筱一的翻译理论。中国传统译论英

文资料汇编的出现说明随着国人的文化身份意识日益强烈，中西译论交流改变了单向输入的状态，中国传统译论开始自觉地向外输出。

20世纪90年代以后，西方译论以系列丛书的形式全面系统地进入国内翻译界。和中国传统译论相比，西方译论严格的概念分析、清晰的理性逻辑、科学的学术规范具有明显的理论优势。在西方译论的冲击之下，中国传统译论话语日益西化。杨自俭、刘学云主编的《翻译新论》(1994)包括三个部分：各文体翻译研究，译学本体论研究，跨学科研究，较为全面地展示了翻译学学科基本构架，代表了国内翻译研究的最新进展。该文集继罗新璋选编的《翻译论集》以后，收录文献价值最高，选材及编排方式最能体现翻译学学科意识，在中国传统译论和当代中国传统译论之间起到了承前启后的作用。但整个话语系统从基本术语、研究问题、理论形式、研究对象、研究方法、理论背景等方面已经明显西化，而中国传统译论在该论文集中几乎找不到自己的位置。这反映了中国传统译论在西方译论冲击之下日益边缘化的趋势，这一趋势一直持续至今。

(二)翻译史和译论史编撰

随着翻译学学科意识的觉醒，翻译史编撰突飞猛进，不仅有通史，也有专史、断代史和专人评传。专史包括佛经翻译史、文学翻译史、科技翻译史、翻译文化史、汉籍外译史，等等。专人评传以严复、傅雷和玄奘最多。翻译史撰写已经不局限于翻译活动自身，不仅仅满足于罗列译作、介绍译家生平、翻译实践经历、翻译主张、点评贡献，而开始将翻译活动与事件与人物置于当时的社会历史文化语境中，从外部考察翻译的缘起、译者的动机及影响制约翻译策略及译作接受的多种因素。但真正有史有论的翻译理论史在国内仍寥寥可数。最早的是陈福康的《中国译学理论史稿》(1992)，这部书资料翔实，注重理论发展线索的统一和连贯，有明确的思路并且注重评论，线索清晰，持论公允，目前是翻译研究的基本参考书。

(三)理论研究

中国传统译论的理论研究首先在数量上稳步增加，并很快脱离了对标准的讨论，研究问题日益深化和细化，研究的范围在扩大，中国传统译论中的主要理论专题及概念、范畴都得到了不同程度的梳理与阐述，在资料征引和义理阐发上也较前人有所进步(孔慧怡，2001；朱志瑜，2001；王洪涛，2005；杨全红，2010；傅惠生，2011；傅惠生，2012a；傅惠生，2012b)。还出现了专人专论，如《论信、达、雅——严复翻译理论研究》(沈苏儒，1998)中辑录了百位学者关于信、达、雅的论述，广采各家观点，是总结式研究专著。其次，研究的视野较前有所拓展，出现了对中国传统译论的整体性、综合性考察。如深入研究中国传统译论范畴的思维特征、认知模式、表述方式及其内在体系结构等，以充分认识、把握中国传统译论的理论形态和理论特质。比如“中国传统译论的美学辨”(张柏然、张思洁,1997),中国传统译论的“中庸”之道(周文革,2011),中国传统译论的分期分类(蒋童,1999),对中国传统译论的性质和体系做整体评价(王晓农,2006;刘英凯,2002;傅惠生,2010)。在西方译论影响之下,中国传统译论研究方法日益科学严谨,考察中国传统译论的理论、视角也日益多样化。比较系统地探讨中国传统译论的有三部著作:《中国传统译论经典诠释——从道安到傅雷》(王宏印,2003)、《中国传统译论范畴及其体系》(张思洁,2006)和《中国传统译论专题研究》(吴志杰,2009)。此类研究是实现对中国传统译论体系的整体把握以及进行现代阐释的一条有效途径,对实现中国传统译论现代价值具有重要意义。但此类研究中也不同程度地出现了以西释中、牵强附会、主体阐释过度、考据不足等问题。因此,随着中国传统译论研究的深入,出现了对中国传统译论研究本身的反思和回顾(李林波,2006)以及统译论现代阐释的方法论、目的与课题等纯理论探讨(王宏印、刘士聪,2002;杨自俭,2004;张佩瑶,2008)。

综观中国传统译论研究的历程,可以看到,中国传统译论资料汇编为译论史研究和理论研究提供了坚实基础,理论研究反过来又促进了译论史研究的深入和资料的富集。这三大类研究相互促进,共同发展,构成了当代中国传统译论研究的基本格局。

第三节 中国传统译论现代阐释中的问题

中国传统译论研究独特的发展历程要求我们正确处理中国和西方、传统和现代的关系,要求我们从现代译学的普遍性出发,去关注中国传统译论的特殊性和个性。而目前中国传统译论的现代阐释主要有两个方面的问题:一是阐释的方法论问题,二是中国传统译论的研究对象问题。

一、“以西释中”的方法论问题

按照阐释的方法,目前对中国传统译论的阐释可以分为两类:一类强调客观性的不足阐释;一类是张扬主体性的过度阐释。前者把中国传统译论忠实地译为现代汉语,不敢稍有发挥。比如马祖毅是这样解释“三不易”的:“圣人是以当时的习俗来谈话的,古今时俗不同,要使古俗适应今时,很不容易,此其一;把古圣先贤的微言大义传达给后世的浅识者,很不容易,此其二;释迦牟尼死后,弟子阿难造经时尚且非常慎重,现在却要由平凡人来传译,也很不容易,此其三。”(马祖毅,1998:38)。这样的阐释以古释古,述而不作,不敢稍有发挥,使阐释形同于字字对译,有利于忠实于原意，但不利于发掘深层理论意义，尤其无法体现当代翻译学的研究兴趣和研究路向。使传统停留于传统，很难真正融入现当代译论。

目前中国传统译论的主体阐释过度更需要引起译界关注。现以研究中国传统译论范畴的两部专著为例。王宏印的《中国传统译论经典诠释——从道安到傅雷》，从中国数千年的中国传统译论中选取出十家具有代表性的译论，包括传统的道安、彦琮、玄奘、赞宁、近现代严复、章士钊、贺麟、金岳霖和当代的傅雷、钱钟书，转化为现代译论的本体论、方法论、认识论、标准与原则、主体性、可译性等，令译界耳目一新。张思洁在《中国传统译论范畴及其体系》中，从本体论、认识论、过程论的角度，确定了由道、诚、有无、意象、心物、虚静、言意、形神、动静、虚实、言意、本、信、神似、化境、意合、文质构成的中国传统译论范畴体系，并在此基础上建构了中国传统译论范畴体系。此类研究既有理论价值，也有方法论上的启发，在中国传统译论研究领域有开创性意义。但仔细比较，同为本体论，两者的界定和阐释差异很大。比如王宏印认为道安的"五失本、三不易"提出了本体论的命题，而张思洁的中国传统译论范畴层级表中，"道"是第一层级的本体论范畴，"有无"是第二层级的本体论范畴。张思洁认定的认识论范畴包括一级范畴"心物"和二级范畴"意象、虚静、言意、形神"，而王宏印所说的认识论则语焉不详。另外，王宏印认为中国传统译论中过程论缺乏，而在张思洁的范畴体系当中，过程论范畴不仅数量最多，范畴的层级也最为丰富。一级过程论范畴为"诚"，二级范畴有"本、信、神似、化境"等译者修养理想范畴，三级范畴主要集中在翻译过程论中，包括"言意、动静、虚实、形神"等译者主体审美范畴，四级范畴包括"意合、文质、隐显"等语言操作与转换范畴。两相比较，阐释结果差异之大会令人无所适从，并有理由怀疑：以上中国传统译论范畴的类别名目、层级次序、结构方式在中国传统译论中到底存在不存在呢？它们究竟是基于文献证据的必然结果，还是主要基于个人学术兴趣的主观构想？

中国传统译论具有深厚的文化、哲学土壤，形成了自己独特的话语系统，如果没有一定的深层逻辑依据和结构原则确实是不可想象的。但从阐释的方法上讲，以上阐释都过多地依赖主体阐释，导致研究结论随着研究者的研究兴趣、研究路向和知识结构的不同而不同，容易流于主观随意性。经过富有创造性的个性化阐释，中国传统译论范畴的理论内涵可能会变得丰富和开阔，但也可能因此成为毫无共性的一家之言。而核心范畴的确定和解释存在过大分歧，传统译学的稳定性和科学性会受到影响，传统译学的理论价值也会受到质疑。比如"道"作为哲学的元范畴，规定并决定着我们的思想方法，在理论上是适用于任何具体学科的，但作为一级译学范畴仍需要论证。因为"道"所表达的不过是一种抽象的哲学观念，并没有稳定地出现在译学文献当中，其主要含义也不能明确地反映人类翻译活动某一方面的具体内容。由于范畴只指那些最一般、最核心的概念，一旦核心范畴界定有误，某些重要概念就得不到应有的关注，而哲学、美学、文论中的外围学科概念占据了翻译学的主导地位，体现不出译学的独立性，也违背了范畴研究的初衷。

以上两家阐释结果虽然差异很大，但方法上有一个共同之处，就是都把中国传统译论置于现代西方哲学和译论中进行定位。这种“以西律中”的阐释方法倾向于以现代哲学或译学理论解读中国传统译论，能够深化我们对中国传统译论的认识，但无法彰显中国传统译论的自身特点与优点。随着西方翻译理论的引介，“以西律中”的阐释方法在中国传统译论研究中有日益扩大的趋势，国内译界开始尝试从现当代西方译论的角度重新阐发中国传统译论。按照“以西律中”的阐释方法，中国传统译论命题和范畴经过被纳入与自己完全异质的另一话语系统，成为西方哲学或译学的一种注释。比如研究对等理论在中国传统译论中的体现（冯德河，2006），对比功能理论和中国传统译论的异同（高方武，2008），研究中国传统译论中的读者关照（贺文照，2002），等等。这些研究虽然能自觉地以西方翻译理论为参照，对有关译论命题或范畴的理论意涵加以阐释，但是容易削中国传统译论之足以适西方译论之履，正好犯了罗根泽曾经批评过的学术研究中“糅合异同”而“流于附会”之忌。因为他们发掘整理资料所依凭的哲学或译学观念，是从西方引进的舶来品。以西方的哲学、译学观念梳理、阐释中国古人的论述，难免有格格不入之处。笔者并不一概排斥西方译论，因为西学不仅是我们今天生活于其中的学术现实，也是我们观察问题、认识问题的重要出发点和基本参照系。笔者反对的是预设西方译论为阐释框架，再依此框架来形塑、规范中国传统译论的简单化做法。这些西方译论大都有成套的术语概念、完整的理论体系和复杂的理论背景，用来解读中国传统译论可能会破坏中国传统译论特有的理论性质和理论形态，以及中国传统译论自身的完整性和内在系统性。

中西译论有某种程度的接近或类似，这正体现了翻译研究的科学性和翻译理论的普遍性，也是普遍翻译理论之所以存在的学理依据。但中西译论各自仍然是在本文化体系内部的自然演进，彼此的思维方法、表述方式和理论渊源仍然有着不可忽视的差异。中国传统译论研究应该充分关注翻译理论的这种文化特殊性，应该尊重每一具体翻译理论的个性，并在普遍翻译理论的高度下关注这种个性。而不应该预设某种译论框架为“公理”，以抽象的、高度概括的共性来替代、抹杀甚至改造中国传统译论的文化个性。如果反思中国现代译论话语形成的过程，便会发现这种西方译论强制改造中国传统译论的方法论偏颇，始终伴随着中国传统译论的现代阐释的实践。

中国传统译论的现代阐释由于注重主体阐释和以西释中，必然造成文献考证的薄弱，具体表现在三个方面。首先是资料征引不足造成证据薄弱，导致望文生义的玄想、空论。其次，现有的文献征引对前人很少超越，而资料的掌握和运用方面不能突破前人，结论也很难超越前人。另外，考证应该是有目的的，而目前中国传统译论研究中的很多考证无关宏旨，无助于论证观点。比如《中国传统译论范畴及其体系》中对很多译学范畴的哲学含义有丰富的引证，但无助于说明这些哲学含义在译学语境中的演变及其和译学的关系。最后，资料的甄别选择上也有些技术性的失误。微观考证（或考据）是中国国学的优良传统和专门学问，重视训诂明而后义理明是中国学人治学的基本原则和优良传统，也应该是我们研究中国传统译论的基本方法论原则。

除了以上专著，大量的分散研究专门阐释某个中国传统译论范畴，但大多数研究在方法上也不同程度地面临着阐释过度、以西律中、考证薄弱等问题，影响到结论的客观性和科学性。由此看来，探讨中国传统译论现代阐释的方法绝非多余，而中国传统译论阐释需要方法论的突破。中国传统译论的现代阐释首先要尽量还原真义，看我们的古人究竟提出了什么样的问题，做出了怎样的回答，这要求我们把理论置于原有的历史文化语境中去把握，要求我们将中国传统译论作为一个完整统一、自成体系的客体来看待，要求我们尊重它特殊的理论渊源、表述方式和思维特质。只有在透彻理解了中国传统译论以后，才有可能更准确地考察中国传统译论在今天还可以如何解释，对于建设现代的翻译理论还有什么价值与意义。

二、中国传统译论的研究对象较为局限

中国传统译论研究更主要的问题是研究对象比较局限，和当代翻译研究的主要理论兴趣和焦点议题相脱节。20 世纪 80 年代最有价值的中国传统译论资料汇编《翻译论集》（转引自罗新璋，1984）先后收录了佛经译论、明末清初的科技翻译、清末民初的西学翻译，乃至新文化运动至中华人民共和国成立后的中国传统译论，以及相关翻译研究资料。所收录内容大都是译文的序言跋语和译后记，直接和翻译相关，而纯粹的哲学、文论和美学都很少收录。2009 年的修订本（转引自罗新璋、陈应年，2009）收录内容基本没有变动。同期的资料汇编（刘靖之，1981；王沂暖，1983；中国对外出版公司，1983；《翻译通讯》编辑部，1984）所收录内容也有同样的特点。进入 20 世纪 90 年代，中国传统译论的选材范围有明显突破。《中国翻译话语英译选集（上册）：从最早期到佛典翻译》（Cheung，2006）收录了传统哲学中的言意观、文论和美学，学术视野更加宽广。如老子的“道”，“信言不美、美言不信”，孔子的道德哲学及文论，以及《左传》、庄子、孟子、韩非和荀子的语言哲学或

文论。张思洁在《中国传统译论范畴及其体系》中，则确定了由道、诚、有无、意象、心物、虚静、言意、形神、动静、虚实、言意、本、信、神似、化境、意合、文质构成的中国传统译论范畴体系，增加了很多纯传统哲学范畴，拓展了传统译论的研究范围。进入21世纪，专门的中国传统译论资料集在资料选取上日益深化和细化，侧重收集当代译论，对此前的资料形成了有益的补充，但选材范围没有更大突破。

资料建设本身的质量决定了传统译论研究的水平和深度，大部分同期的中国传统译论理论研究均以现有资料为对象，很少超越，这使得传统译论的研究范围一直较为局限。仅有个别研究论文在资料征引和阐发上有明显突破。如"玄奘《道德经》梵译思想研究"（傅惠生，2012b：31 - 35）从佛道论衡的历史资料《文帝诏令奘法师翻〈老子〉为梵文事》中发掘出玄奘在主持《道德经》梵译完整过程中表达的主要翻译思想，使我们得以真实了解他对佛经翻译理论发展的历史性贡献。但目前的大多数中国传统译论研究仍然以现有资料汇编为对象，一般都是直接和翻译相关的论述，至多拓展到哲学。

当代文化学派和社会翻译学研究方兴未艾，翻译研究的范围已经拓展到文本以外的社会文化历史语境，主要关注不同文化、不同价值观念之间的冲突或妥协，以及翻译作为一种社会文化实践活动的性质、特征、过程，等等。中国主流的文化观、民族观是中华民族的核心价值观念，对中国的学术思想产生了深刻影响，必然影响到翻译的实践及理论，但一直被排除在中国传统译论研究之外，这无疑是不全面的。任何一个领域的研究，真正的突破在于研究范围的扩大。在文化学派和社会翻译学研究的学术背景下，将中国民族观和文化观纳入中国传统译论的研究范围，能够及时反映和跟进国际翻译研究的宏阔的学术视野，拓展传统译论研究的范围。其次，在历史文化语境中还原中国传统译论的特殊性，在西方译论的普遍性中诉求中国翻译理论历史文化的特殊性，有利于在世界译论中重建中国传统译论的国际话语权。

第四节 当代翻译研究对中国传统译论研究的启示

翻译往来于不同文化系统的交汇地带，牵动着文化研究中最为敏感的神经。依托翻译进行文化研究，或者结合文化交流研究翻译，是文化研究和翻译研究的自然选择。20世纪70年代起，随着文化学的兴起，文化学界表现出对翻译问题的关注。越来越多的西方学者注意到翻译在文化传播中的重要作用，开始把翻译作为文化研究的资源，由此导致文化研究中的"翻译转向"。不少当代顶级的国际文化学家、哲学家、文艺理论家，如德里达、福柯、埃科、斯皮瓦克、尼南贾纳等，都不约而同地对翻译产生了莫大的兴趣。无独有偶，在翻译学界，形式主义语言学途径和传统文艺学途径受到越来越多的质疑，翻译学者期待从更广阔的文化语境来解释翻译。比利时和荷兰的一些低地国家学者中产生了"早期翻译研究派"(early translation studies)，霍姆斯1972年发表的《翻译研究的名与实》(*The Name and Nature of Translation Studies*)一般被认为是这个学派的宣言。后来以佐哈尔和图里为代表的系统——描述翻译研究突破了由单纯的文本构成的封闭空间，主张在目的语社会文化这个大环境中研究翻译，考察翻译与译入语文化的互动关系。霍恩比在1990年的一篇论文中提出"文化转向"的术语，被收入巴斯奈特(Susan Bassnett)和勒弗维尔(Andre Lefevere)合编的论文集——《翻译、历史与文化》中，强调翻译研究应该由文本转向文化和政治，标志着翻译研究领域里的"文化转向"的开端。从这时起，翻译研究范围不断扩展，不仅涉及语言学和文学，还有民族学、文化学、心理学、哲学，乃至国际政治学等，成了一门名符其实的综合性学科。正像巴斯奈特和勒弗维尔所说："翻译研究现在意味着(自认为)与翻译有任何关系的任何东西。"(Bassnett & Lefevere, 2001: 1)。到20世纪90年代，文化学派日益脱离文本，越来越带有强烈的政治倾向，最后发展成为解构主义、女权主义、食人主义、后殖民主义，主要关注政治、权力、民族、种族、帝国主义等政治色彩非常强烈的问题。

翻译研究中的"文化转向"基本上沿袭了文化研究的一整套理念，主张学科交叉，大大扩宽了翻译研究的范围，是文化研究热潮在翻译研究领域的自然延伸。在这一思潮之下，国际译界一批著名的翻译理论家共同致力于从更为宏大的文化交际、比较文化层面上去研究翻译。翻译研究的文化学派是一个非常宽泛、非常笼统的说法，前后也有发展变化。但文化学派的共同特点是：①研究的对象从文本内转向文本外，强调文学翻译中的文化因素，特别是翻译背后的政治、意识形态冲突和权力关系较量；②从原文中心转向译文中心，从规定性研究转向描述性研究；③理论基础和研究方法上的跨学科性，即向其他学科借鉴理论资源、研究视角和研究方法。换言之，文化学派的研究重点不是译本本身，而是通过跨学科的方法研究译本在译入语文化系统中的政治文化功能。

自从翻译理论进入多元化时期，文艺学派、语言学派和文化学派并行不悖，各流派之间的界限日益模糊，而且在研究对象、学科背景和研究方法上相互重叠。而无论语言学派、文艺学派还是文化学派，至今并未形成一个普遍适用的、统一的解释性理论，翻译研究似乎进入了一个静点。特别是20世纪90年代以后，对于翻译学的发展趋势译界并没有形成清晰的思路。目前翻译研究的一个特点是研究途径、角度、方法和研究内容相互重叠交叉，翻译研究各流派日益趋于混同和融合。

在全球化背景下，文化学派翻译研究也正日益走向深化和细化。这主要体现在两个方面，一是翻译研究延续了文化研究的热点问题和对现实政治的关注；二是文化研究的跨学科方法贯穿了翻译理论和实践的探讨。

翻译往来于不同文化系统的交汇地带，牵动着文化研究中最为敏感的神经——价值观念和意识形态的冲突和角力。古今中外无数的翻译事实说明，经典作品，尤其是规模浩大、历时长久的翻译活动，不仅融合了历代译者的主体意识，也要经受不同接受语境的洗礼，形成了独特的翻译文化传统。由于翻译作品承载着本民族观念文化的核心，翻译必然牵动不同文化的根本观念，触及不同主流意识形态的根基，从深层影响两个民族的审美心理和价值趋向。可以说，翻译不仅直接影响到特定时期特定文化的心智气候，甚至能够干预某一文化的整体进程，改造一国文化的基本面貌。比如佛经翻译对我国语言、文学、艺术、宗教和哲学均产生了深刻影响，并通过观念文化进一步波及制度和器物文化，潜移默化地改造了中国文化的精神。可以认为，佛教翻译传统形成了自身的文化，并成为中国多元文化中的一支。因此，翻译同人类的其他物质产品和精神产品一样，也是人类的重要文化现象之一。同样，《圣经》不仅是一部宗教经典，也是一部历史、文化、文学经典。《圣经》在唐代、明末清初、19 世纪三次入华，前后历时 1 300 多年。每一次都受到统治阶级意识形态和中国社会文化传统、文学认知语境、诗学传统等因素的深刻左右，诞生了丰富的翻译思想，涉及译者背景复杂，在很大程度上构成了一道独特的文化景观——具有中国特色的圣经翻译文化。翻译研究的文化学派从更为宏大的文化交际、比较文化层面上去研究翻译，无疑为翻译研究开辟了极为广阔的空间。在世界经济一体化的今天，不同文化体系之间的趋同和存异两种趋势并存，如何把中国的翻译传统纳入世界文明交流的大框架中来重新阐释，是翻译研究未来发展面临的重要课题。中国翻译史和世界文明史要实现跨学科、跨视野的对话，也需要在比较文化的层面上来重新梳理中国翻译的自有传统。

目前，翻译研究的文化学派注意跟进全球化时代的新现象和新问题，开始转向研究翻译中的身份认同、翻译伦理、翻译与全球化、翻译与技术等，凸显了翻译研究的现实指向，至今仍然是翻译研究中最有价值和研究潜力的流派。但是以往翻译中的文化研究过度集中在政治意识形态对翻译实践的操纵和制约上。比如多数研究通过翻译个案来说明意识形态、权力关系对于文本选择、翻译策略以及文本的接受所发生的影响，以验证或修正现有的政治意识形态决定论。学者最为津津乐道的是原文到译文转换过程中，政治考量、文化身份和意识形态如何导致了频繁的背叛、扭曲、变形和不忠。但翻译思想作为对翻译实践的理性思考和逻辑提升，同样体现了权力话语的影响，留下了意识形态的印记，但却并未引起译界应有的重视。

事实上,中国传统译论在发轫之初就留下了意识形态的鲜明印记,后来的主要译论继续充当了意识形态的发声器。我们完全可以在文化研究热中拓展中国传统译论的研究范围,把文化交际、文化比较和文化互动的话语纳入中国传统译论。中国传统译论的社会文化阐释是从外部社会文化环境的角度发掘传统译论中的意识形态——中国中心主义。在文化研究的背景下,本研究将儒家主流意识形态中的民族观和文化观纳入中国传统译论的研究范围,发掘儒家的民族主义文化观念对中国传统译论的影响。本研究基于这样的基本观念:中国传统译论是中国传统学术的一部分,只有在具体的社会历史文化语境之下才能获得更准确的阐释。中国传统译论的阐释应该表明中华民族主体文化的价值取向,强调中国传统译论中的原型文化精华,即中国传统译论的民族性。在中国社会文化语境下发掘儒家的民族主义文化观念对中国传统译论的影响,首先有利于扩展中国传统译论研究的范围,重新认识和评价中国传统译论的理论价值和精神实质及其对于当代翻译研究的意义,深化中国传统译论研究。其次,社会学的方法有利于展示中国传统译论的历史文化渊源及其继承性,还原中国传统译论学理上的完整性和系统性,建立真正"自成一体"的中国译学系统。中国传统译论的社会文化阐释能够为"社会学"和"文化转向"的翻译研究提供具体研究和新的理论认识,扩展和深化文化学派翻译研究的范围,在中国传统译论和现代译学理论兴趣之间找到契合点,对丰富当代翻译研究具有重要意义。

第五节　何为中国传统译论的社会文化阐释

中国传统译论的社会文化阐释不是指运用社会学相关理论为框架对中国传统译论进行阐释。本研究中的"社会文化阐释"有两层意思:一是探讨具体的社会历史文化背景对中国传统译论发生发展的影响,侧重外部研究和关系研究,从研究角度来讲是社会学的;二是说明文化上的民族中心主义,即儒家的"华夷之辨"思想对中国传统译论的影响及其连续性,从内容上讲属于文化批评或文化学派的翻译研究。以往的中国传统译论研究不注重把中国传统译论研究与文化通史融会贯通,不能在宏观历史文化背景中反映中国传统译论的脉络。本研究在具体的社会历史文化语境中探讨中国主流意识形态对中国传统译论的影响,说明孔子的"华夷之辨"在中国翻译的实践和理论中是如何一脉相承的。从研究方法上看本研究是中国传统译论的社会学批评,可以有效避免"以西律中"和主体阐释过度的方法论不足,从研究内容上看属于文化批评,打通翻译研究与文化研究,有利于在"文化研究"的背景下拓展中国传统译论的研究视野。主要内容包括如下四个方面。

(1)“华夷之辨”是儒家处理中外文化的基本原则,是文化上的民族本位主义的体现,即中国以自己的道德文化和衣冠文化、礼仪文化优于外族,在民族交往中应处于主体地位。孔子的华夷观念经过历代经师的反复阐释,被绝对化和经典化,成为中国社会主流意识形态之一,即文化上的民族中心主义,对中国翻译实践及理论产生了深远的影响。“名从主人,物从中国”被视为孔子关于专名翻译的最早论述,发端于孔子时代的春秋格局,是“华夷之辨”的一种表述。

(2)印度佛教文化传入中国之后,其宗教实践和理论与中国传统文化发生矛盾。《四十二章经》和牟子《理惑论》记录了佛教初传时佛教世界观对“华夷之辨”思想的冲击。但“名从主人,物从中国”中的华夷观从未真正动摇过,在佛经翻译理论中,“华夷之辨”和佛教世界观的冲突体现为“格义”方法的争议和“文质”之争。

(3)明末清初的科技翻译中出现了“西学中源”思想,即西方文明中的实用科技,都是源于中国古代,然后流传到西方。“西学中源”反映了面对更先进的西方天文学时,中国科学家固守“华夷之辨”的文化保守心态,体现在徐光启等人实践及理论的矛盾。徐光启主持修订的《大统历》几乎大部分照搬了西方历法,但理论上徐光启却提出“镕彼方之材质,入大统之型模”。

(4)晚清时期,中国传统文化与欧洲工业文明的文化优劣成为新的争论焦点。在“华夷之辨”思想影响之下,19 世纪 60 至 90 年代“西学中源”“师夷制夷”“中体西用”以及“国粹派”等文化保守主义仍然是中国处理中西文化的基本格局。严复、梁启超等人的翻译思想和实践,仍然没有摆脱“华夷之辨”的传统观念。

本研究采用文献法和理论思辨相结合的研究方法。文献法用于搜集、整理、辨别资料阶段,搜集资料要全面客观,又要针对性强,突出重点,把中外文化观纳入文献搜集的范围。在搜集资料的基础上进行理论思辨,用中国传统译论中的史料论证和说明社会历史文化因素如何影响了文化上的民族主义,文化的民族主义在中国传统译论中又是如何一脉相承的。

第二章 “名从主人,物从中国”的社会文化阐释

任何一种新的学术思潮形成,乃至新的学术体系的出现,本质上都是社会现实需要的产物;而每个历史时期的代表作,则又凝聚着特定时期的社会文化心态。中国传统译论发端于中国独特的社会历史背景,并受到儒家主流意识形态的深刻影响。孔子关于专名翻译的最早论述——“名从主人,物从中国”源自“华夷之辨”思想,而“华夷之辨”思想诞生于孔子时代的春秋格局。

第一节 春秋格局与“华夷之辨”

华夷之辨,也称“华夷之辩”“华夷之防”,用于区别华夏与蛮夷,它发端于春秋以前中国的政治统治方式。从夏、商、周三代起,我国就已经实行内外服官制。按照这一体制,内服以天子所居的王畿为中心,外服包括拱卫王畿的华夏贵族建立的侯国,最边远地区为少数民族所居之地。《国语·周语》记载,周穆王时祭公谋父曾阐发过“五服”说:“先王之制,邦内甸服,邦外侯服,侯、卫宾服,夷、蛮要服,戎、狄荒服。甸服者祭,侯服者祀,宾服者享,要服者贡,荒服者王。日祭、月祀、时享、岁贡、终王,先王之训也。”(陈桐生,2013:5)。具体而言,即以王畿为中心,按距离远近,依次划分出正方形或圆形的行政区域——“甸服”“侯服”“宾服”(《汉书》作“绥服”)、“要服”“荒服”。内外服制度,形成了不同的臣服和纳贡关系:即中原王朝的君主是内服和外服的共主,君主在王国的“内服”(中心地区)进行直接的行政管理,对直属地区之外的“外服”(边缘地区)则由中原王朝册封地方统治者进行统治。内服和外服对王朝纳贡、遵命服役,相互保卫。到了西周末年,传统的内外服官制已经陷入严重的危机。周王室东迁以后,王室辖地不断缩减,赋税相应减少,诸侯势力崛起,不仅已不再定期朝贡,甚至开始挑战周天子的独尊地位。与此同时,春秋之际周朝面临着“四夷交侵”的政治危机。《汉书·韦贤传》中转引刘歆的话:“臣闻周室即衰,四夷并侵……及至幽王,犬戎来伐,杀幽王,取宗器。自是以后,南夷与北狄交侵,中国不绝如线。”(班固,2012:2700)。《春秋·隐公七年》记载:“冬,天王使凡伯来聘。戎伐凡伯于楚丘以归。”(杜预,1987:53-54)戎人还侵

曹、侵郑、伐齐、病燕，甚至介入王室内部的权力之争。原先偏居荆江一隅的楚蛮也频频北进，对诸夏构成严重威胁。总之，在西周末年、春秋早期，不仅华夏族内部分崩离析，戎狄之族侵入华夏腹地，也严重威胁诸夏的安全。

在这一特殊的历史时期，不仅华夏族和夷狄相互融合征战，华夏族内部周王朝和诸侯也在不断交融又冲突的紧张关系中，传统的内外服之间的关系也不断转化，民族关系变动不居，各民族之间相互杂居通婚非常普遍。从《史记·周本纪》中可以看到：周族自身的文化也经历了一个由夏变夷、再由夷变夏的曲折历程。到了孔子的时代，经过民族大迁移以后，民族格局已经基本稳定下来，一部分早先的"夷狄"之国如秦、楚、吴、越在中原文明的影响下，已经逐步融入华夏民族并迅速崛起，而最早的华夏诸邦则大量吸收夷狄的文化，出现了某种程度上的夷狄化。如何处理民族关系，以及如何固守和维护华夏文化，成了当时的重大政治文化议题。为解决当时迫在眉睫的政治危机和错综复杂的民族关系，逐渐产生了以华夏礼义为标准进行族群分辨的观念，即"华夷之辨"或"夷夏之辨"，其中最主要的倡导者是孔子。孔子的"华夷之辨"思想继承了西周以来的民族观念和民族政策，也是民族文化融合和冲突交互影响的结果。《论语》和《春秋》中体现的"华夷之辨"可以概括为三点：①华夷有别，华夏和夷狄诸边远少数民族存在明显差别，应将二者作严格区分；②礼别华夷，以中国文化而不是血缘作为划分华夷的主要标志；③用夏变夷，夷与夏的对立不是绝对的，相互可以转化，但转化只能用夏变夷而不能用夷变夏。

"华夷之辨"是"春秋格局"这一特殊历史背景下形成的民族观念，目的是为了维护华夏族政治上的统一和文化的正统地位。有关"华夷之辨"的种种表述散见于《论语》各章。如《论语·子罕》篇中，孔子强调了中原先进文明对后进文明的改造力量：子欲居九夷，或曰：'陋，如之何？'子曰：'君子居之，何陋之有？'"（杨伯峻，2013：67）。这即是说，即使是一个非常偏僻、荒凉的少数民族所居之地，只要有君子居住，就能够教化地方，使之归于文明，就不存在孤陋偏僻的问题。此句中"九夷"代表的是文化落后的少数民族所居之地，"君子"则是儒家理想人格的化身，指代华夏文化。再如《论语·子路》篇中有：樊迟问仁。子曰："居处恭，执事敬，与人忠。虽之夷狄，不可弃也。"（杨伯峻，2013：103）《论语·卫灵公》记载：子张问行。子曰："言忠信，行笃敬，虽蛮貊之邦，行矣。"（杨伯峻，2013：121）《论语·

八佾》中有："夷狄之有君，不如诸夏之亡也。"①（杨伯峻，2013：17）

"华夷之辨"以文化作为区别华夏和夷狄的主要标准，而文化是指《周礼》《仪礼》《礼记》以及《春秋》等体现的华夏族的价值观念、心理、语言、风俗、服饰等，有时统称为"周礼"。孔子认为行周礼者为华夏，拒周礼者为夷狄，即"礼别华夷"。华夏诸国应遵循华夏之礼，奏华夏正声（雅乐）。《论语》中的"华夷之辨"强调文治教化，而《春秋》中的"华夷之辨"则突出了"尊王攘夷"的政治功能。

《春秋》中保留了很多夷夏互变的史实，意在说明夷狄懂得礼义就可以进化为诸夏，而诸夏丧失礼义则退化为夷狄。华夏文化历来重衣冠礼仪。《周易·系辞下》记载："黄帝、尧、舜垂衣裳而天下治。"（杨天才、张善文，2011：610）《左传·定公十年》孔颖达疏："中国有礼仪之大故称夏有服章之美谓之华"（阮元，2009a：4664）因此华夏文化中的衣冠、礼仪往往用来代指文明。齐桓公执政以来，在管仲的辅佐下，经过了内政、经济、军事等多方面改革，积累了雄厚的物质基础和军事实力，适时打出了"尊王攘夷"的旗帜，以诸侯长的身份，挟天子以伐不服，不仅维护政治上的大一统，还为推行华夏衣冠文化做出了杰出贡献。孔子为此高度赞扬管仲的功绩："管仲相桓公，霸诸侯，一匡天下，民到于今受其赐。微管仲，吾其被发左衽矣。"（杨伯峻，2013：112）"被发左衽"是古代中原地区以外少数民族的装束，指散发不作髻，把瓣襟向左掩，以此指代夷狄风俗。孔子高度评价了管仲辅佐桓公、驱逐夷狄的政治功绩，同时高度评价管仲为维护华夏文化正统付出的努力，是"华夷之辨"最经典的表述。

据《史记·太史公自序》记载："《春秋》之中，弑君三十六，亡国五十二，诸侯奔走不得保其社稷者不可胜数。"（司马迁，2014：1501）孔子认为，拨乱反正的当务之急在于恢复"周礼"，即恢复西周以来以血缘关系为纽带的政治秩序和等级制度。孔子编订《春秋》，意在安排政治秩序，为道德人心立法。为此，孔子主张为政必先正名，即强调语言的正确运用。《论语·子路》记载："名不正，则言不顺；言不顺，则事不成；事不成，则礼乐不兴；礼乐不兴，则刑罚不中；刑罚不中，则民无所措手足。"正名的要求是"君君、臣臣、父父、子子"（杨伯峻，2013：98）。即君臣父子各有

① 历来经注家对此句有两种解释。朱熹引程颐曰：夷狄且有君长，不如诸夏之僭乱，反无上下之分也（朱熹，2013：38）。按照这种解释，孔子不像是为华夏之礼乐制度而骄傲，而更像是为当时礼崩乐坏而感叹。《十三经注疏》中，邢昺沿用了何晏的理解，把该句解释为："此章言中国礼义之盛，而夷狄无也……言夷狄虽有君长而无礼义，中国虽偶无君，若周、召共和之年，而礼义不废。"（阮元，2009b：5356，省略号为作者所加）依照这种解释，少数民族地区文化落后，缺乏礼乐教化，即使有君主也不如诸夏没有君主。杨伯峻采用后一种解释，但同时认为："杨遇夫先生《论语疏证》说，夷狄有君指楚庄王、吴王阖闾等。君是贤明之君。句意是夷狄还有贤明之君，不像中原诸国却没有。说亦可通。"（杨伯峻，2013：17）两种解释差异很大，但无论采用哪种解释，华夏和夷狄之间的差异显然已经形成。

其本分,各等级之人各守本分,就可以维护等级秩序和伦理关系。以下犯上,臣杀君、子杀父是乱臣贼子,《春秋》中一律称之为"弑君""弑父"等等;反之,杀乱臣贼子则一律称之为"诛"。因此《孟子·滕文公章句下》说:"世道衰微,邪说暴行有作,臣弑其君者有之,子弑其父者有之。孔子惧,作《春秋》。《春秋》,天子之事也;是故孔子曰:'知我者其惟《春秋》乎!罪我者其惟《春秋》乎!……孔子成《春秋》而乱臣贼子惧。"(杨伯峻,2008:116)"践土之会实召周天子"说的是诸侯霸主晋文公召周天子,命诸侯国以朝见周天子的名义举行的一次会盟活动。此次会盟,标志着晋文公霸主地位的确立,也标志着周天子已沦为大诸侯国的附庸,周王室失去了往昔的尊严。而《春秋》为尊者讳,将此事称为一次狩猎活动——"天王狩于河阳"。少数民族的首领吴楚之君自称王,而《春秋》一律贬之为"子",以此蔑视少数民族那些僭越礼制的人。正名思想贯穿《春秋》全书,孔子通过正名寄寓褒贬,达到惩恶劝善的政治教化目的,确立了儒家的政治伦理和文化正统。"太史公自序曰:《春秋》者,礼义之大宗也。"(司马迁,2013:3976)程颐亦曰:"礼一失则为夷狄,再失则为禽兽。圣人恐人人入于禽兽也,故于《春秋》之法极谨严。"(程颢、程颐,2004:43)。

"华夷之辨"强调在文化上尊周礼,捍卫华夏正统,政治上"尊王攘夷",礼尊周天子,抵御蛮夷对中国的侵略。鉴于西周被犬戎所灭的历史教训,攘夷思想包含有抗击侵略、保卫家园的积极意义。另一方面,"华夷之辨"虽然包含了防蛮夷、卫华夏的思想,但文化上的"礼别华夷"则强调依靠文化实力来吸引和教化落后文化,并不主张无故武力侵犯周边少数民族。因此除了抵御外敌的自卫性战争,整个中国古代很少有征伐周边"四夷"的侵略行为。只有在中国面临外族入侵时,以血缘及地域别华夷的观点才暂居上风,目的也是保护华夏文明与尊严。在战乱频仍、王权更迭的春秋时代,政治上礼尊周天子已经徒具其表,文化上遵从周礼就有了特殊重要的意义。因为华夏族的制度文化和观念文化具有相对稳定性,能够超越地域、超越血缘,成为乱局之中维系中华的精神纽带。春秋时代,"礼别华夷"塑造了华夏民族强烈的优越感与向心力,有利于保持华夏民族文化身份,延续华夏民族文化血脉,也有利于华夏族依靠文化实力同化和吸纳少数民族。"华夷之辨"以文化为中心的政治及民族概念,确保了对中国文化的传承和守护,以及对异质文化的吸收和同化。因此,历史上地缘政治意义上的中国会暂时灭亡,但"华夷之辨"的族群观念最终延续了中国文化的血脉。四大文明古国中的古巴比伦文明、古埃及文明、古印度文明以及众多的其他古代文明,虽然曾经灿烂辉煌,但最终都被历史的长河淹没了。而中国文化却在儒教文明的腹地上线索清晰地延续了下来,影响波及周边国家和地区,这是世界文明史上的一道奇观。中国经历过严重的五胡乱华、金人灭宋、元朝、清朝政府等异族的统治,但最终在文化上却能将异族完全同化,从而得以延续至今,跟“华夷之辨”对本民族文化传统的坚持与固守以及文化上的开放和包容是分不开的。

第二节 “华夷之辨”的经典化

《春秋》被称为儒家的圣经,但言简意深,不易领会。历代对《春秋》的解释、注疏和阐发虽然各有差异,但都不同程度强化了“华夷之辨”的民族主义文化观。

孟子强调“以夏变夷”的单向文化交流,要求夷狄同化于华夏礼义文明。《孟子·滕文公上》明确宣称“吾闻用夏变夷者,未闻变于夷者也”(杨伯峻,2008:94)。《孟子·离娄章句下》记载了一些“用夏变夷”的事实:“舜生于诸冯,迁于负夏,卒于鸣条,东夷之人也。文王生于岐周,卒于毕郢,西夷之人也。地之相去也,千有余里;世之相后也,千有余岁。得志行乎中国,若合符节,先圣后圣,其揆一也。”(杨伯峻,2008:140)。儒家的圣贤君王舜、文王虽然生于夷狄,但“得志行乎中国,若合符节”,孟子一样认同他们的功绩。“用夏变夷”就是用孟子心目中的“仁义”标准来同化夷狄,这种以“仁义”治天下的观念显然继承了孔子的“华夷之辨”。

《左传·定公十年》记载:夏,公会齐侯于祝其,实夹谷,孔某相。黎弥言于齐侯。曰:“孔丘知礼而无勇,若使莱人以兵劫鲁侯,必得志矣。”齐侯从之。孔某以公退,曰:“士兵之,两君合好,而裔夷之俘以兵乱之,非齐君所以命诸侯也。裔不谋夏,夷不乱华,俘不干盟,兵不偪好。于神为不祥,于德为愆义,于人为失礼,君必不然。”齐侯闻之,遽辟之(杜预,1987:505)。

莱人地处东部偏远地区,曾被齐国所灭,是齐国的俘虏,即“裔夷之俘”,意为偏远地区少数民族的俘虏。黎弥想劝齐景公“使莱人以兵劫鲁侯”,可以说是利用俘兵进行军事上的“谋夏”和政治上的“乱华”,被斥之为“于神为不祥,于德为愆义,于人为失礼”,齐景公后来也认识到了这一点,终于放弃了不义之征。“裔不谋夏,夷不乱华”反映了内华夏而外夷狄的思想,同时也表达了抗击外来军事入侵和文化扩张的决心。此外,《左传》多处表达了贵华夏、轻夷狄的思想,其中不乏对少数民族的侮辱性言论。如《左传·闵公元年》:“戎狄豺狼,不可厌也;诸夏亲昵,不可弃也”。(杜预,1987:142)《左传·隐公九年》:“戎轻而不整,贪而无亲;胜不相让,败不相救。”(杜预,1987:57)“内华夏而外夷狄”最经典的表述为《左传·成公四年》:“非我族类,其心必异。”(杜预,1987:299)

《谷梁传》也强调“华夷有别”和贵华夏而贱夷狄的思想。僖公二十二年,宋、楚两国发生了泓之战。《谷梁传》认为,经书将此事记为“宋师败绩”不符合《春秋》的惯例——“未有以尊败乎卑、以师败乎人者也。”（杜预，1987：185）可见《谷梁传》认为，宋、楚二国地位并非平等，宋为诸夏、楚为夷狄，宋贵而楚贱，宋尊而楚卑，因此“宋师败绩”就是“以尊败乎卑”，违反了贵华夏而贱夷狄的春秋大义。类似的表述在《谷梁传》中反复出现。如《谷梁传·成公十二年》：“中国与夷狄不言战，皆曰败之”（杜预，1987：314），《谷梁传·襄公七年》：“不使夷狄之民，加乎中国”（杜预，1987：344），《谷梁传·襄公十年》：“不以中国从夷狄也”（杜预，1987：350），等等，反复强调了贵华夏而贱夷狄的思想。

同样，公羊家以中国为正宗，视中原道德礼仪文化为普遍、永恒的价值，强化中国文化本位思想和中国文化的不可取代性。《公羊传》在解释《春秋》时，掌握着一种夷夏“内外有别”的原则。公羊家认为，《春秋》对当时各国有明确的态度，一般是亲内而疏外，重内而轻外，尊内而卑外。如《春秋·成公十五年》载：“冬十有一月，叔孙侨如会晋士燮、齐高无咎、宋华元、卫孙林父、郑公子鳍、邾娄人，会吴于钟离。”《春秋》记载了叔孙侨如和诸夏各国诸人会盟，但单独记载了与吴人的会盟。《公羊传》解释说：“曷为殊会吴？外吴也。曷为外也？《春秋》内其国而外诸夏，内诸夏而外夷狄。王者欲一乎天下，曷为以外内之辞言之？言自近者始也。”（杜预，1987：320）春秋时期，吴被视为蛮夷之国，本来没有资格与诸夏会盟，孔子单独记载了叔孙侨如与吴人相会，为的是突出内外有别。按照《公羊传》的解释，《春秋》中京师（国）、诸夏和夷狄三者之间有内外之分，就中原诸国来讲，京师和诸夏相比，京师为内，诸夏为外；但就整个天下来讲，则以诸夏各国为内，而以夷狄为外了。《春秋》经文中同时出现了“中国”与“夷狄”，《公羊传》一般总是站在中原的立场上，对“夷狄”抱着蔑视与排斥的态度。如《公羊传·僖公四年》：“夷狄也，而亟病中国，南夷与北狄交，中国不绝若线。桓公救中国而攘夷狄”（杜预，1987：156）。《公羊传·公十年》：“不与夷狄之获中国也”（杜预，1987：111）。其次，《公羊传》强化了“夷夏互变”和“礼别华夷”的思想。如《春秋·宣公十二年》记载：“夏六月乙卯，晋荀林父帅师及楚子战于邲，晋师败绩。”《公羊传》说：“大夫不敌君，此其称名氏以敌楚子何？不与晋而与楚子为礼也。”（杜预，1987：276）这里记载的是一场晋楚之战。楚国在江南，属于夷狄，楚子即楚庄王；晋国地处中原，属于诸夏之邦。《公羊传》认为，《春秋》直呼晋国大夫荀林父的名字，有贬斥之意，但对楚庄王却尊称“楚子”，尽的是君臣之礼。原因是楚庄王虽属夷狄，却“德进行修，同于诸夏”，理应“中国之”。再如《春秋·桓公十五年》记载：“邾人牟人葛人来朝。”《公羊传》说：“皆何以称人，夷狄之也。”（杜预，1987：89）邾人、牟人、葛人虽然都是中原之国的诸侯，但因未能尽臣子之道，桓公作恶却还朝礼桓公，行事违背礼义，所以《公羊传》要“夷狄之”。又如《春秋·昭公二十三年》曰：“戊辰，吴败顿、胡、沈、蔡、陈、许之师于鸡父。"《公羊传》说:"此偏战也,曷为以诈战之辞言之?不与夷狄之主中国也。然则曷为不使中国主之?中国亦新夷狄也。"(杜预,1987:468)"不与夷狄之主中国也"容易理解,但《公羊传》为什么认为中国是新夷狄?何休的注文道出了其中的原因:"中国所以异乎夷狄者,以其能尊也。王室乱,莫肯救,君臣上下败坏,亦新有夷狄之行,故不使主之。"(阮元,2009b:5056)

汉代儒学大师董仲舒全面继承和发展了《公羊传》的夷夏观,肯定了"华夷有别""夷夏互变",认为《春秋》通过"正名"而宣扬的伦理是"礼别华夷"的文化标准。《春秋繁露·精华》说:"《春秋》慎辞,谨于明伦等物者也。是故小夷言伐而不得言战,大夷言战而不得言获,中国言获而不得言执,各有辞也。有小夷避大夷而不得言战,大夷避中国而不得言获,中国避天子而不得言执,明伦弗予,嫌于相臣之辞也。是故大小不逾等,贵贱如其伦,义之正也。"(董仲舒,2011:49)董仲舒认为,《春秋》注重通过遣词造句来明辨夷夏之别,通过将夷夏别为三等以明伦正义,即维护纲常等级秩序和辨明尊卑关系。《春秋繁露·竹林》通过具体历史事实对"夷夏互变"和"礼别华夷"作了解说:"《春秋》之常辞也,不予夷狄,而予中国为礼,至邲之战,偏然反之,何也?曰:《春秋》无通辞,从变而移。今晋变而为夷狄,楚变而为君子,故移其辞而从其事。"(董仲舒,2011:25)董仲舒认为,《春秋》一贯是贵华夏、轻夷狄的,但至邲之战的叙述却是轻华夏而贵夷狄,所依据的标准是华夏文化和儒家的政治伦理。同样,董仲舒也以"亲近来远"之义来辨别夷夏关系,其目的是为了说明王道教化的原则是由近而远、由亲而疏、由夏而夷的。《春秋繁露·王道》记载:"亲近以来远,未有不先近而致远者也。故内其国而外诸夏,内诸夏而外夷狄,言自近者始。"(董仲舒,2011:67)董仲舒还借天降灾异来指责夷狄违仁义、犯诸夏的行为。在董仲舒看来,诸夏主阳,而夷狄主阴,阴阳失序,就必然会天降灾异。董仲舒认为,《春秋》推重的国家统一是天地永恒的原则,是古今共通的道理,要求根据《春秋》"大一统"的原则,实行思想文化领域的"大一统",确立儒学在封建意识形态中的"独尊"地位:"春秋大一统者,天地之常经,古今之通谊也。"(《汉书·董仲舒传》)(班固,2012:2194)

东汉末年的何休是汉代公羊学的集大成者,系统总结并发展了自《公羊传》、董仲舒以来的公羊学夷夏观。何休同样主张"华夷有别""夷夏互变"和"礼别华夷",但他把"张三世"说与"异内外"说相结合,用一种历史发展的观点来看待夷夏关系。何休认为,在"升平"之世("所闻之世"),夷夏的文明程度是不同步的,诸夏文明而夷狄野蛮。如《公羊传·隐公七年》中有:"不与夷狄之执中国也。"何休解释说:"中国者,礼义之国也。执者,治文也。君子不使无礼义制治有礼义,故绝不言执。"(阮元,2009b:4795)根据"内诸夏而外夷狄"的原则,何休强调在"所闻之世”必须要严夷夏之防，共同对付夷狄的入侵，以保护华夏文明。何休同样主张“夷夏互变”和“礼别华夷”。成公三年，《春秋》记载：“郑伐许。”何休的解释说：“谓之郑者，恶郑襄公与楚同心，数侵伐诸夏。自此之后，中国盟会无已，兵革数起，夷狄比周为党，故夷狄之。”（阮元，2009b：4975）相反，如果夷狄仰慕诸夏文明，自觉行仁讲义，则可以“中国之”。何休认为，当历史进入“太平”之世（“所见之世”），夷狄通过不断进化，由野蛮而进至文明，成为诸夏的一部分，就可以像诸夏一样“进至于爵”。如昭公十六年，《春秋》记曰：“楚子诱戎曼子杀之。”何休解释“戎曼子”：“戎曼称子者，入昭公，见王道大平，百蛮贡职，夷狄皆进至其爵。”（阮元，2009b：5047）在隐公元年的注疏中，何休更为全面地表述了他对“太平”之世夷狄的看法：“至所见之世，著治太平，夷狄进至于爵，天下远近小大若一，用心尤深而详。”（阮元，2009b：5047）何休所谓“太平”之世，不仅没有夷夏之别，道德文明高度发达，而且政治、种族、文化也实现了空前的统一。

通过汉代统治者的不断巩固和强化，儒家思想被确立为两汉时期的统治思想，并对中国封建社会产生了深远的影响。孔子的夷夏观被绝对化和经典化，以华夏文化为标准的“大一统”的民族观逐渐深入人心，成为中国社会主流意识形态之一，也是历代中国对待外来文化的基本文化心态。从理论上讲，各个文化是平等的，无所谓先进落后，也不能以某国的文化为标准对其他文化进行价值判断。夷夏的道德文化含义，似乎突破了狭隘的种族血统疆界，超越了地域政治界限，具有道义上的普遍性和正当性。但这种道德文化以周文化的发祥地鲁国为样板，以恢复日渐衰微的周天子礼乐为目的，其真实性、合法性是不能质疑的，这是一种先入为主的人为设定，凸显中国中心主义。《春秋》中的“夷狄”“华夏”都承载了道德文化内涵，道德礼义标准低下的地方叫作“夷狄”，道德礼义标准高的地方叫作“诸夏”或“华夏”。“夷”与“夏”的对立，不是基于地域政治或种族血统，主要是说明文化高低有别，礼仪道德有异，反映了民族交往过程中文化心理上的不平等。

中国历史上是一个统一的多民族国家，民族关系、民族矛盾一直是一个重大的政治及文化议题。“华夷之辨”作为解决民族问题的政治文化战略，一直受到历代政府和学者的极大关注。它将国家与种族冲突定位为文化冲突，在对外关系中重视文化的战略地位与作用，追求以华夏礼乐教化为纽带的民族国家的统一，是一种文化大一统战略思维，也可以说是文化中心主义。它丰富而开放的政治意义和文化内涵使它突破了民族观的范畴，对翻译研究具有重大的文化意义和学术价值。如果说翻译是不同民族的文化互动过程，那么“华夷之辨”理应纳入中国传统译论的范畴进行系统研究。在文化研究的背景下发掘儒家的民族主义文化观念对中国传统译论的影响，不仅意味着中国传统译论研究的范围有所拓展，更重要的是可以凸显中国传统译论的特质,对于重建中国传统译论话语权有着特殊重要的意义。

第三节 从"华夷之辨"到"名从主人,物从中国"

孔子的"华夷之辨"以文化程度、道德水准作为区分华夷的根本标志,以"以夏变夷"的手段实现华夏政治上的大一统为最终归宿。"名从主人,物从中国"是孔子关于专名翻译的最早论述,体现了儒家的"华夷之辨"思想,即中国的道德礼仪文化优于异族文化的大国文化心态。

据《春秋》记载,鲁桓公卷入宋国内乱,并接受了宋国贿赂的一个大鼎。"夏,四月,取郜大鼎于宋。"大鼎是宋人送的,为什么叫郜大鼎呢?《谷梁传》援引孔子的话解释说:"名从主人,物从中国。"(杜预,1987:65)从是遵从、依从的意思,孔子整句话是说事物的专名应该尊重原主人的名称来命名。"郜"国是当时的一个小国,被宋国灭掉以后,郜国大鼎也落入宋国手中。但该鼎原为郜所制造,所以依照"名从主人"的原则叫"郜"大鼎,不叫"宋"大鼎。另外,"郜"国为宋国所灭,为不义之举,孔子把该鼎称为"郜"大鼎而非"宋"大鼎,也有为"郜"国"正名"的用意。孔子的时代,"大鼎"的叫法分歧,但中原地区的人把这种大型器物叫"大鼎",所以依照"物从中国"的命名原则,应该叫作"大鼎"。如果把"郜大鼎"作为一个特有名词或术语来分析,"郜"是专名,即为指称某物的特殊命名,以便于同类事物相区别。"大鼎"是范畴名,用来说明描述该事物的类属及性质。"名从主人"主张专名要尊重原始名称"郜","物从中国"主张范畴名应该以中原地区的说法"大鼎"为标准。孔子以中原地区(当时的鲁国)的说法为标准,为大鼎"正名",和"华夷之辨"表达的文化民族主义是一致的:即中国以自己的道德文化和衣冠文化、礼仪文化优于外族,华夏是各民族的中心,在民族交往中应处于主体地位。联系孔子的时代以及他著名的华夷观,可知"名从主人,物从中国"的原则不是偶然的、孤立的,体现了孔子对华夏文化和周边文化关系的价值判断。"名从主人,物从中国"最早并不是翻译原则,而是孔子提出的定名原则,以便在政治动荡、语言分歧的春秋时代正确指称事物。现在看来,"名从主人"实际上相当于不译之译或"零翻译",避免了因为一名多译或辗转翻译可能造成的混淆,是专名翻译的最佳策略。"物从中国"则要求范畴名以中原地区的说法为准。两者结合,构成了最早的专有名词翻译的完整原则。

另据《春秋》记载,昭公元年六月,"晋荀吴帅师败狄于大原"。"大原"位于今之太原西南。春秋时期一地多名,华夏称此地为"大原",而夷狄称之为"大卤"。《左传》生动记述了战争的过程,但没有解释"大原"地名的来历。《谷梁传》则解释说，此地"中国曰大原，夷狄曰大卤。号从中国，名从主人"（杜预，1987:414）。意为中原诸国称它为"大原"，夷狄之国称它"大卤"，地名遵从中原诸国的叫法，人名遵从主人的叫法。同样，《公羊传》也认为地物之名应该遵从中国的说法："晋荀吴帅师败狄于大原，此大卤也。曷为谓之大原？地物从中国，邑人名从主人。"（杜预，1987:414）无论是"号从中国，名从主人"还是"地物从中国，邑人名从主人"都主张，在地物名称不一的情况下采用中国地物名称，都表达了以华夏说法为标准的"正名"思想。

在当代中国翻译界，流传最广的专名翻译原则是"名从主人，物从中国"，而"号从中国，名从主人"和"地物从中国，邑人名从主人"虽然深层表达了高度一致的政治文化内涵，却很少为人所知。随着时代变化，"名从主人"的主要意思是指专名翻译应注重约定俗成的原则，遵从通行的现成说法，而后半句"物从中国"中蕴含的深刻社会文化内涵却被人忽略了。实际上，"物从中国"具有更加丰富的社会文化含义，它和"号从中国""地物从中国"一样，都是春秋格局的历史产物，体现了儒家"华夷之辨"的民族主义文化观。

"华夷之辨"表达的文化上的"中国中心主义"，直接影响到中国面对外来文化的基本心态。华夷关系是一个政治问题、民族问题，同时也是一个社会文化问题，受到历代统治者和民间社会的极大关注。"华夷之辨"具体表现为三个层次，在社会生活层面以三纲五常为核心的一整套儒家道德伦理规范系统，在政治统治上则造就了一统独尊的意识形态，保证君主专制制度的稳定性，在民族关系上表现为以卫道为名义的抵御外辱，保家卫国。文化上的"变夷为夏"和政治上的"尊王攘夷"相互为用，最终理想是实现"王天下"的华夏文化大一统的和谐局面。"华夷之辨"以人性、人情为基础，将家庭伦理、宇宙世界、民族政治同时纳入一个稳定的框架中，因而具有泛化和稳固性的特征，但也导致了系统自身的封闭性。在漫长的中国历史中，"华"和"夷"的概念一直在变化，但"礼别华夷"和"用夏变夷"的主要含义并没有改变。随着"华夷之辨"的经典化，它作为一种主流社会文化观念逐渐积淀在民族文化心理之中，成为中华民族爱国主义的思想源泉之一。"华夷之辨"代表了儒家传统的大一统文化战略思想，扩大了先进的中原汉文化的影响，对中华文明的延续传播与中华民族多元一体的团结统一起到了重要作用，也对维护世界和平稳定做出了不可磨灭的贡献。

随着全球化进程的不断发展，不同文化之间的融合与冲突日益凸显，文化与战略问题的相关研究成为当今国际政治与战略问题研究的前沿和热点课题。"华夷之辨"是中华文明形成过程中，孔子针对当时的文明冲突，为延续和弘扬中华文明提出的富有远见的文化战略，其内涵和约瑟夫·奈的"软实力"论有相通之处。在中国历代翻译理论与实践中,“华夷之辨”作为儒家正统思想的重要组成部分,一直深刻影响并主导着中国的翻译理论与实践,也奠定了中外文化交流的基调,即融会吸收外来文化以融入中国文化体系为主导的翻译策略。翻译史上的无数事实告诉我们,历史上成功的、和平的文化传播大都是译入语境下的归化式文化输入行为,译入语国家在某种程度上都吸纳和同化了外来文化。而中国的翻译实践是在一种明确、系统的文化观的影响之下进行的。在中国社会文化语境下发掘儒家的民族主义文化观念对中国传统译论的影响不仅有利于扩展中国传统译论研究的范围,深化中国传统译论研究。更重要的是有利于展示中国传统译论的历史文化渊源及其继承性,还原中国传统译论学理上的完整性和系统性,建立真正“自成一体”的中国译学系统。

第三章 佛经翻译中“重质”与“格义”的社会文化阐释

中华传统文化奠基于先秦，特别是春秋、战国时期的诸子百家时期。这一时期政治上多元，文化繁荣，华夏族内部各种文化酝酿、争鸣、融会与集结，几乎未受外来文化的影响。孔子以后直至佛教传入之前，“名从主人，物从中国”主要需要解决“五方殊俗，同事异名”的语言混乱问题，即如何用中央雅言来统一四方土语，并由此解决朝廷对边远地区的政治统治与文化风教。《尔雅》《方言》《释名》等训诂学著作莫不以此为宗旨。这时的翻译是一种强势语言（雅言）对弱势语言（方言俗语、夷狄语言）的规范和统一，通过语言上以雅化俗，实现文化上的用夏变夷和政治上的尊王攘夷。但早期的交流主要是在中华文化体系之内进行的，当中国文化和外来文化发生大规模接触时，“华夷之辨”就有了全然不同的内容。

不同文化的交流是人类文化发展的里程碑，而思想层面的文化交流是不同文明的实质性交流，这一交流只能通过翻译这一渠道来进行。中国历史上思想层面的中外文化交流主要有三次：东汉至元代的佛经翻译，明末清初（17 世纪）的科技翻译和鸦片战争至“五四”（19 世纪）后的西学翻译。关于这三次重大翻译活动，季羡林曾经这样形象地概括：“倘若拿河流来作比，中华文化这一条长河，有水满的时候，也有水少的时候，但却从未枯竭。原因就是有新水注入，注入的次数大大小小是颇多的，最大的有两次，一次是从印度来的水，一次是从西方来的水，而这两次的大注入依靠的都是翻译。”（季羡林，1997：序）其中“从印度来的水”是指源自印度的佛经翻译，而“从西方来的水”是指西方文化，这包括明末清初（17 世纪）的科技翻译和鸦片战争至“五四”运动后的西学翻译。翻译是文化交流的重要形式，华夷之辨所倡导的华夏文化本位主义不仅一直潜移默化地影响着中国历代译者对待外来文化的态度，也在不同的程度上影响了中外文化的对话和相互理解，并直接影响到历次翻译活动的实践和理论。

第一节 两汉三国佛经译论中的重质与格义

佛经翻译时期自东汉起，历时一千多年，这一时期译出的经书多达两万卷以上，史称“千年译经运动”，是中国历史上第一次大规模引进外来文化。佛教是外来宗教，佛教赖以产生和流传的古印度社会历史背景和中国社会历史条件并不相同，佛教的宗教理论和实践与中国文化传统有很大差异。要使佛教为中国人所接受，佛经的翻译和阐释就必须变夷为夏，对印度原始佛教进行适当调整和变通，使之符合中国的文化氛围和社会现实。佛教的“变夷为夏”经历了一个从依附到融合中国文化的过程，体现在佛经翻译的三个方面：一是文本的选择，即中国社会如何应时之需，在什么社会文化背景下翻译了佛经的哪些内容；二是通过什么样的具体策略“变夷为夏”；三是“华夷之辨”对佛经译论的影响。根据这三个方面的变化情况，本研究把佛经翻译大致分为三个时期来探讨：两汉三国、两晋南北朝和隋唐以后。

一、两汉三国佛经翻译的社会文化背景

佛教创立于公元前6世纪—公元前5世纪的古印度，但佛教传入中国的年代，学界尚无定论，只能推定大概在公元前后，佛教开始传入汉族地区。而佛教在中国的传播流行，则有非常特殊的社会文化背景。

汉时的西域一般是指玉门关（现甘肃敦煌市西）、阳关（现甘肃敦煌市西南）以西，葱岭（帕米尔）以东，天山以南，昆仑山以北的广大地区。这一带地方有36国，后来分裂为50多个小国，长期处于匈奴的控制之下。武帝于公元前139年派张骞出使西域，打开了东西交通的大门。其后三次派兵把匈奴追逐到漠北，保证了商路畅通，为佛教最早经西域传入提供了有利条件。此外，西汉时代，中印海道已开通，使者、商人接踵而至，文化也随之传来。尤其三国、东晋以后，从海道来中国弘法的高僧络绎不绝。

佛教传入中国时，儒家经过汉武帝时期“罢黜百家，独尊儒术”后，已经上升为统治地位的官方思想。此外天帝、鬼神、祖先的崇拜和祭祀、占星、望气，特别是求长生不老的神仙方术等，在社会上都很流行。到东汉顺帝时，以黄老学说为基础，吸收传统的鬼神观念和迷信方术，正式形成了道教。简单而言，佛教传入中国时，中国固有的华夏文化主要由三部分组成：一是以儒家为代表的官方文化；二是主要以道家为代表的非官方的精英文化；三是流行于民间的民俗文化（如巫术、占卜、鬼神观念等）。在这三部分文化中，儒家居于主导地位。至东汉，以维护血缘宗法制度的儒家为主干，兼容各家，形成了一个庞大的思想体系。这一体系注重治国安民，伦理纲常，而对不可知的神秘世界则一概存而不论。董仲舒把诸子百家中的道家和阴阳五行思想糅合到儒家思想中，加以改造，形成具有神秘色彩的儒学体系。他提出以“华夷之辨”为基础的“春秋大一统”，宣扬“君权神授”“天人合一”和“天

人感应”学说，并倡导儒家“三纲五常”的行为规范。儒家思想上升为统治地位的意识形态以后，逐渐被神秘化和教条化，失去了自我更新和发展的动力。而道教的教义学说还比较简单，仪规戒条也不是很完备。这些都为佛教的传播提供了有益的氛围，也决定了最初佛经翻译的内容和方式。

东汉后期，政治腐败，内戚专权，宦官干政，利用职权巧取豪夺，横征暴敛，给老百姓带来了深重灾难。与此同时，天灾人祸连连，百姓民不聊生。公元184年爆发了黄巾大起义。起义最后被镇压以后，中原地区陷入了群雄割据、连年混战的局面。这种社会现实有利于宣扬人生无常、众生皆苦的佛教。黄巾利用“太平道”起义，使曹魏政权目睹了道教蛊惑人心的力量。因此曹操为加强统治，在他治下的北方禁绝一切神仙方术，致使道教受到沉重打击，直到魏中期才有所缓和。依附道教的佛教在魏国的传播也因此受到影响，部分僧人随着避乱的人口南迁至吴国。与战乱频繁、不好佛事的魏国相比，吴国国君迷信神仙方术，对佛教也多加扶持。曾经拜支谦为博士，并为康居僧人康僧会造塔建寺，译经中心也由北方的洛阳南迁至吴国的建业。

二、“格义”——佛经初传时的“变夷为夏”

在“华夷之辨”的主流文化观影响之下，佛教要想在中国扎根，必然要经历一个“变夷为夏”的过程，其中最重要的手段是“格义”。简单来说，“格义”就是援引中国固有的思想或概念来比附和解释佛教，以利于人们理解并接受佛教义理。根据其程度和范围，格义大致分为两类。第一类是狭义的格义，主要指以中国文化中的固有概念来翻译具体的佛教名词，是佛教文化词汇的一种翻译技巧。第二类是广义的格义，也就是自觉运用“中国中心主义”的文化心态和立场对待外来宗教，借助中国传统的哲学思想体系去解读佛教。这两种“格义”只是一种大致的区分，彼此没有泾渭分明的界限。狭义的格义由于容易背离原意，在东晋之后渐渐式微，而广义的格义则贯穿整个佛教中国化的进程。在佛经“变夷为夏”的过程当中，广义的格义还表现为一些派生的翻译形式，如佛经的汇编、注疏、专论，乃至假托译作、借题发挥的伪翻译等。此类佛经著述基于翻译，但又不局限于翻译，使佛经翻译与佛教著述的界限趋于模糊。其中佛教义疏特别重视经义的辨析和阐发，具体方法上则注重议论和辩难，比单纯的文字对译多了自由发挥的精神，更有利于实现佛教的“变夷为夏”。而伪翻译假托译作、借题发挥，真实反映了中国接受及吸收佛教的过程，也是外来佛教“变夷为夏”最直接、最极端的方式。伪翻译主要通过三种情况实现佛教的“变夷为夏”：一是为了与中国传统思想相调和，二是出于政治目的鼓吹或歪曲特定教义，三是为了宣传佛教而假托虚设等（假托特定某人、虚设佛教疗病、迎福等神迹)。无论出于何种目的,这些派生的翻译形式都是为了使佛经更好地适应译入语的社会文化环境,通过深入系统地把佛经"变夷为夏",创造性地实现佛教的"中国化",并进一步促成中国学术的转变。

据史料记载,佛教最初传入中国时,是经过西域地区的语言即胡语转译的。根据季羡林考证,后汉至南北朝翻译的佛经多译自西域的语言,南北朝既有梵本也有胡本,即译自梵文的西域佛经译本,隋朝以后的翻译多数是梵本,至唐朝佛经均从梵本译出,胡本一概受到排斥。佛教最初传入中国时,既缺乏梵语佛经原本,又没有同时通晓胡语和汉语的双语译者,佛经翻译主要靠中外高僧私人合作,零零星星地口耳相传或口笔译合作完成。据《魏书·释老志》载:"汉哀帝元寿元年,博士弟子秦景宪受大月氏王使伊存口授佛屠经。"(魏收,1974:3025)这是关于佛经翻译最早的史料记载,说明佛经大约于西汉末,经由大月氏口译传入。当时译事的一般程序是先由"梵客"背诵口授,然后由"华僧"揣摩意义再做笔录。在这种"听言揣意"的口笔译合作翻译中,就已经采用了以"配说"为特征的"格义"方法。如晋人慧睿法师说:"汉末魏初,广陵彭城二相出家,并能任持大照,寻味之贤,始有讲次。而恢之以格义,迂之以配说。"(释僧祐,1995:234)

从汉桓帝建和二年(公元148年)到司马炎建立西晋(公元265年)这一百多年间,共有200多部佛经译入汉语。译者以来自西域的外来僧侣为主,其中来自非印度本土的安息、康居和月氏人最多。所译佛经多为这些僧人所在地区流行的佛教派别,具有偶然性,并非有计划的系统、完整的译介。佛教在印度是以小乘为主,大乘为辅。大乘讲究主体自觉和普度众生,把一己解脱和拯救人类相联系,而小乘只讲究主体自觉和一己解脱。东汉末来华的安世高来自安息,带来的也是流行于安息的小乘佛教。支谶、支曜、支谦等来自月氏,带来的是大月氏境内广泛流传的大乘佛教。这样,东汉三国时期,佛经翻译形成了以安世高、康僧会为代表的小乘佛教和以支谶、支曜、支谦为首的大乘佛教。佛教初传时,儒学被经典化的同时也走向神秘化、烦琐化和教条化,道教尚不成熟,神仙方术流行,其他各家则处于附属地位。最早进入中国的小乘修行法跟神仙方术最为接近,经西域初传至中国后,很长时间只是被当作道术的一种在皇室及贵族中间流传,也就不足为怪了。

虽然格义的实践自佛经翻译之初就有了,但有关格义方法的记载始见于《高僧传》卷四:"时依门徒,并世典有功,未善佛理。雅乃与康法朗等,以经中事数拟配外书,为生解之例,谓之格义。"(释慧皎,1992:152)其中,"外书"是指佛典以外的中国书籍,佛经则被称为"内书"。"经中事数"指佛经中用数字标举的名词概念,如五蕴、四缔、十二缘生、五根、五力、七觉,等等。"拟配"和"格"都是比附、比照、比配的意思。"生解"是中国经典注疏的一种形式,即在大字正文下夹注小字

(称为“子注”)。可见早期的格义是一种注释体例,意在解释佛经字义,以帮助读者贯通文义。简单而言,“格义”就是用中国文化固有的概念来比配、解释外来的佛教名词。这种狭义的“格义”是一种琐碎具体的翻译技巧,但格义的结果具有文化词汇翻译的一般特征:它是中外语言文化杂合的产物,也是印度佛教文化在中土的嫁接,而且是基于译者个人理解的选择性杂合和嫁接。从“格义”的特征和产生的过程来看,从佛经翻译一开始,翻译和解释、口译和笔译就很难严格区分。

最早来华的译经大师安世高译出的佛经中广泛使用了中国道家固有的概念,以至于在一定程度上改变了佛教的原义。《安般守意经》主要是小乘佛教的修行方法,“安般守意”原为通过控制出入息而守住心意,排除杂念,消除烦恼,领悟佛教真谛,最后达到涅槃解脱境界。这与道家的“清净无为”显然不是一回事。但《安般守意经》中却说:“安为清,般为净,守为无,意名为,是清净无为也。”(转引自马祖毅,1998:34)以上译法很明显借用了道家概念,具有“格义”的倾向。这是佛经“变夷为夏”的一种表现,它有利于佛教适应中国的文化氛围,也有利于佛教在中国的传布。除了比附道家,佛经翻译还特别注意与儒家君臣父子的纲常名教和修齐治平的道德修养、政治理想相互调和。题为安世高所译的《佛说尸迩罗越六方礼经》(又称《六方礼经》)和《分别善恶所起经》或者将原文中与儒家孝道不相一致的内容删除不译,或者另外加进了子女应奉养父母的训示,而把原文中夫妻、主仆平等的关系又译为丈夫高于妻子、奴脾侍奉主人,等等。这是佛经“变夷为夏”的一种表现,它有利于佛教适应中国的文化氛围,也有利于佛教在中国的传布。

支娄迦谶(支谶)比安世高稍晚,主要翻译大乘经典。他译的《道行般若经》,亦称《般若道行品经》是佛教般若学的较早的一部佛经,是大乘典籍在汉土翻译的开端,主要宣扬大乘佛教的诸法悉空、诸法如幻的思想。支谶翻译时,已经有安世高取得的最初经验可供借鉴,译文比较流畅。不过翻译的总方针是了不加饰,多用音译。支谶译介的《道行般若经》中也借用了“本无”“自然”等道家概念来表示佛教“缘起性空”的基本思想。如译“诸法性空”为“诸法本无”,用“色之自然”来表达“色即是空”,这显然都是受了道家“有”“无”“自然”等概念的影响。按照支谶对“般若”义理的阐释,般若学讲的无相无生与道家的无名无为十分相似。

支谦修订了支谶译介的《道行般若经》,译出了《大明度无极经》。他同样用中国固有的词汇去翻译佛经里的名词,如把“般若”改译为“大明”,是取自于老子的“知常曰明”,把“波罗密”译为“度无极”(达到无极)则取自于老子的“复归于无极”,意思是达到了与道家所说的与“道”合一的境界。在《大明度无极经》中,支谦一方面比较准确地用“空”这个概念来表达般若的基本思想,强调“诸经法皆空”,

但另一方面仍然沿用了《道行般若经》支谶译本中老庄化的“本无”概念，强调“诸经法本无”。支谦翻译的《佛说维摩诘经》中有《观人物品》，其中“人物”二字按后来鸠摩罗什、玄奘的翻译，当为“众生”或“有情”，支谦译为“人物”，大约与当时兴起的品评人物的风尚有关。此外，《观人物品》中还有“自然”“真人”等词语，更可明显看出道家思想的痕迹。梁启超说：“其文最流便晓畅。然喜杂采老庄理解以入佛典，在译介中实自为风气。”（梁启超，2005：125）。

佛经翻译不仅需要解决文化上的冲突，更需要解决文体形式上的差异。印度佛经大致包括散文和诗偈等不同体裁，跟中国汉代的文学体裁有明显差异。早期的译者主要关注经义的传达，无暇顾及文体的优美。如以安世高与支谶为代表的早期译者，译经时交错使用三、四、五、七言，表达比较自由，没法传达原文的体裁差异。随着翻译实践的深入，译者在传达意义的前提下，开始注重语言形式的表达效果，佛经文体也发生了变化。最早参差不齐的散体句式渐趋整齐，四言句的运用愈来愈多。据颜洽茂、荆亚玲的研究结果，在支曜译《佛说成具光明定意经》及康孟详译《修行本起经》《中本起经》三经中，开始出现了大量齐整有序的四言句式。颜洽茂、荆亚玲抽样统计的汉代三国时期的几部佛经翻译中，四言句式呈现稳定增加的趋势。在支谦翻译的《佛说四愿经》中，四言句式的运用达到了79%（颜洽茂、荆亚玲，2008：179）。我们知道，四言句式在《诗经》运用得已经非常成熟和完美，两汉散文中，以四、六字对句为特征的骈体日益流行。汉语特有的四言句式和谐对称、雅正庄重，表达了汉民族独特的审美品味，比其他文体更适合翻译内容庄重、形式优美的佛经。虽然不排除译经文体选择会表现出个性化的差异，但整体而言佛经文体经历了不规则的散体到四言的转变，发挥了汉语的语言优势，适应了当时流行的诗学风尚和审美品味，是佛经翻译在文体形式上的中国化。

广义的“格义”是指以“华夷之辨”的中国文化本位的立场来理解、看待佛教，这是一种阐释方法而非翻译技巧。佛教初入中国时，这种广义的“格义”常常表现为一些派生的翻译形式，如佛经的述评、汇编乃至假托译作、借题发挥的伪翻译等，也体现在以儒道为代表的中国文化和以佛教为代表的印度文化之间的辩论中。根据阐释的主体不同，广义的格义有两种表现形式：一种是儒道两家以“华夷之辨”的文化心态和立场对待外来宗教，另一种是外来佛教人以顺应“华夷之辨”的姿态来谋求佛教的发展。

广义的格义方法，自佛教进入中国就产生了。汉代人就开始援引黄老思想解释佛学。袁宏在《后汉纪》中说：“浮图者，佛也。西域、天竺有佛道焉。佛者，汉言觉，其教以修慈心为主，不杀生，专务清净。其精者号沙门，沙门者，汉言息心，盖息意去欲，而欲归于无为也。又以人死精神不灭，随复受形，生时诵所行善恶，皆有报应,所贵行善修道,以炼精神而不已,以至无为而得为佛也。”(转引自何锡蓉,2004:123)这段话反映了汉代人对佛教的认识和理解。其中,除了“浮图”和“沙门”采用了音译,其余均是以中国固有的概念来阐释佛教。如用“觉”来阐释“佛”,用“息心”解释“沙门”,将“涅桨”解为“无为”。这段话还用道家术语将佛教概括为“无为”“以虚无为宗”“归于无为”等。“所贵行善修道,以炼精神而不已,以至无为而得为佛”则是把佛教的禅定修行功夫理解为道家的炼形炼神、祈求肉体飞升得为“真人”。汉代人这种佛教观念本身便是一种广义上的格义,这种“变夷为夏”的阐释方法被后代沿用。如汉桓帝时襄楷给桓帝的奏疏中说:“又闻宫中立黄老浮图之祠,此道清虚,贵尚无为,好生恶杀,省欲去奢。”(范晔,2012:855)将浮图与黄老并列为偶像,将佛教与道教共视为清虚无为。正像汤用彤所说《魏书·释老志》这样描写佛教的五戒:“又有五戒,去杀、盗、淫、妄言、饮酒。大意与仁、义、礼、智、信同。”(魏收,1974:3026),自楚王英至桓帝约一百年,始终以黄老和浮图相提并论。

三国时期的西域高僧康僧会在译介佛经时也融合吸收了不少儒家和道家的思想内容。《高僧传》卷一记载三国吴主孙皓问康僧会,佛教所说的善恶报应等道理,究竟有什么新的地方?康僧会借用世俗人们熟悉的儒家经典解释一番之后,孙皓不以为然地说:“若然,则周孔已明,何用佛教?”按照孙皓“华夷之辨”的心态,周、孔为代表的中华文化无所不包,无可超越,外来的佛教还有什么用。康僧会说:“周孔所言,略示近迹,至于释教,则备极幽微。故行恶则有地狱长苦,修善则有天宫永乐。举兹以明劝沮,不亦大哉?”(释慧皎,1992:17)康僧会解释说,佛教思想周、孔并没有冲突,甚至就是以周、孔的标准为标准的,但佛教追求个人解脱和超越,具有规范社会思想与行为的功能,比儒家更加深刻与实用。在这一点上,他试图在调和周、孔学说和佛教的同时,说明佛教优于中国文化的地方。孙皓以中国固有的儒家文化为依据,以“贵华贱夷”的心态来对待外来宗教,而康僧会则代表了佛教顺应华夏文化的姿态,做好了“变夷从夏”的理论准备。

在佛经“变夷为夏”的过程当中,这种广义的格义还表现为假托译作、借题发挥的伪翻译或疑似翻译。早在汉末三国,社会上就出现了最早的一批适应中国本土文化的佛经伪翻译。“伪翻译”之所以区别于真正的翻译,正是它除了继承发扬原始佛教教义以外,还在内容及形式上进行了一些与中国本土文化相契合的创新和改造,从而形成了一种似是而非、中西杂糅的译经,其中包括学界争议不断的《四十二章经》《理惑论》和《六度集经》等。

《四十二章经》有可能是最早带有译述性质的汉译小乘佛教经典,但经历代篡改,不同版本之间有差异。它重点宣扬了佛教的人生无常和爱欲为蔽等思想,行文中夹杂着"解无为法""行道守真"之类的道家思想和"以礼从人"之类的儒家格言,把"孝道"亦列为佛陀的教训,连文体也模仿了儒家经典《孝经》。继《四十二章经》之后出现的汉译佛经,也都程度不同地打上了儒道的思想烙印。马克思说过,理论在一个国家实现的程度,取决于这一理论满足这个国家需要的程度。印度佛教在印度文化中自然形成,作为异质文化传入中国之后,所有和中国本土文化不相容的部分必然遭到排斥和改造,而那些适宜于中国文化自身发展的部分,则被选择性地吸收,直至完全整合进中国文化母体,成为其重要组成部分。当原始佛教的翻译无法满足佛教变夷为夏的要求,就自然出现了假托翻译、似是而非的伪造佛经。世称安世高所译的《佛说尸迦罗越六方礼经》(又称《六方礼经》)和《分别善恶所起经》等就带有伪翻译的性质。

牟子《理惑论》大致成书于汉末。书中采用问答的方式记载了佛教和中国传统文化的辩论,全文载于梁僧祐编《弘明集》,比较集中而全面地反映了汉魏社会各方对佛教的看法和评价。该书反驳当时社会对外来佛教的种种误解、质疑和责难,以论证佛教与传统儒、道的一致性,明显表现出调和三家的愿望。书中的问者为儒生,以"华夷之辨"为理论武器,对外来的夷狄之教进行驳难。如问者道:"孔子曰'夷狄之有君,不如诸夏之亡也。'孟子讥陈相更学许行之术,曰'吾闻用夏变夷,未闻用夷变夏者也。'吾子弱冠学尧舜周孔之道,而今舍之,更学夷狄之术,不已惑乎。"(释僧祐,2013:33)问者引孔孟关于"华夷之辨"的经典表述,将佛教贬低为夷狄之教,表达了鲜明的"贵华贱夷"的文化立场。答者牟子儒释道三家皆通,但同样基于"华夷之辨"的文化心态来糅合三教的差异。牟子举孔子欲居九夷的例子回答说:"君子居之,何陋之有",来反驳夷狄未必不及华夏。并举例说明华夏之人在夷狄获得重用的事实,认为不必拘泥于"华夷之辨"来看待问题。最后他认为周、孔之道和夷狄之教"金玉不相伤,精魄不相妨"(释僧祐,2013:33),完全可以并用不悖。值得注意的是,问者本来借"华夷之辨"表达了文化差别论,但牟子反驳时有意无意地偷换了概念,曲解了"华夷之辨"的原始意义,将"华夷之辨"理解为血统或地域的差别,并以此为由,认为据"华夷之辨"的立场反对佛教太过狭隘。实际上,"华夷之辨"强调的是文化优劣,而非地域或血统的优劣。但论辩双方均引证儒家关于夷夏之辨的表述来寻求支撑,可见"华夷之辨"已经深入人心。《理惑论》中多次提到"彼一时也,此一时也"(释僧祐,2013:39),"言语谈论各有时也"(释僧祐,2013:49),反映了佛经翻译在语言文化上的从今、权宜与顺应,为变夷为夏做好了理论准备。

除了华夏与夷狄的文化优劣,《理惑论》也就佛教义理和儒道思想展开辩论。牟子认为,佛陀与中国的三皇五帝,道家的"至人""真人"并没有本质的不同。第二章中他将佛陀等同于儒家推崇的三皇五帝,同时又认为“佛乃道德之元祖,神明之宗绪。佛之言觉也,恍惚变化,分身散体,或存或亡,能小能大,能圆能方,能老能少,能隐能彰,蹈火不烧,履刃不伤,在污不染,在祸无殃,欲行则飞,坐则扬光”(释僧祐,2013:15)。对于佛教的宗旨,牟子认为,“道之言‘导’也,导人致于无为”(释僧祐,2013:16)“佛与老子,无为志也”(释僧祐,2013:29)。他认为佛道都是引导人们去老子的那种“淡泊无为”境界。当问者质疑这种虚无玄妙之道与孔子之教有异时,牟子回答说:“天道法四时,人道法五常。……道之为物,居家可以事亲,宰国可以治民,独立可以治身。履而行之,充乎天地,废而不用,消而不离。子不解之,何异之有乎?”(释僧祐,2013:16)在牟子看来,佛家的道、老子的自然之道及儒家的五常之道虽然形式上有所不同,但却发挥了同样的社会政治功能,因而各自都有存在和发展的合理性和必要性。显然,牟子有意改造了佛教的出世之道,把佛家的道、儒家的道和老子之道都统一到儒家修齐治平的社会政治伦理上来。

当时人们对佛教的教义了解有限,对佛教的主要责难是佛教具体的宗教实践方式,如剃度、弃家、不婚娶等,背离了儒家的孝道。至汉代,儒家孝道迅速渗透到社会各阶层,形成一种相对稳固的社会行为规范和文化传统,任何不合孝道的外来伦理规范在儒家中国文化环境都难以生存。儒家把儒家经典视为天经地义、不言自明的公理,以之作为亘古不变的标准来衡量、责难佛教,体现出以华夏正统自居的文化优越感。而佛教则顺应“华夷之辨”的文化心态,刻意回避这些与儒家教条的正面冲突,自觉地趋同儒家孝道观念。《理惑论》最初采用“贵道忘迹”的方式来回应儒家的指责,牟子的回答是“苟有大德,不拘于小。”(释僧祐,2013:23)出家人剃发、弃家、不婚不育,表面上看都是不敬其亲,有违孝道。实质一旦成就佛道,父母兄弟都得以度世,这才是最高的孝。可见,佛教的出家修行生活只是行为方式不同,而最终的旨归跟儒家的仁孝并无冲突。为了追求最高的孝,何必拘泥于世俗情感和具体形式呢?

牟子《理惑论》提出的三教一致论,旨在求同存异,将三教统一于传统儒家的王道教化的社会政治功能,深层体现了“华夷之辨”的文化主体意识,为佛教在中国的传布消除了思想认识的障碍。这一灵活务实的策略延续了佛教宗教实践方式,理论上又迎合了中土“华夷之辨”的文化心态,为后世佛教所沿用。这就是为什么佛教为谋求发展生存,一面在宗教理论上大量改动、歪曲教义以迎合儒家孝道伦理,另一方面在剃度、出家、不婚娶等具体的宗教实践方式上却不做大的改动。

康僧会来自康居,但内外兼通,具有复杂的文化身份。他传教的特点是“虽儒典之格言,即佛教之明训”(释慧皎,1992:17)。康僧会按大乘佛教菩萨行的六项内容将佛经的91个故事编译为《六度集经》,大量吸收容纳了儒家仁义孝亲的伦理观和仁政德治的社会政治思想。仁政本是中国儒家的传统思想,不同于印度佛教的慈悲,但康僧会以格义的方法,通过佛经的翻译,尽量使已经流传于印度的佛教故事涂上儒家色彩。他常用孝慈、仁德、积善等儒家学说的字眼来阐释佛经,兼容儒释道三家。《六度集经》里说:"昔者波罗捺国王名波耶,治国以仁,干戈废,杖楚灭,囹圄毁,路无呼嗟,群生得所,国丰民炽,诸天叹仁。"(蒲正信,2001:56)"布施度"里包括了"慰孝悌,养孤独"(蒲正信,2001:117),而布施一切圣贤,"又不如孝事其亲"(蒲正信,2001:105),这显然是儒家的思想。关于如何持戒,康僧会提出"王治以仁,化民以恕"(蒲正信,2001:162),认为"诸佛以仁为三界上宝,吾宁殒躯命,不去仁道也"(蒲正信,2001:145)。关于明度,康僧会认为"为天牧民,当以仁道"(蒲正信,2001:314)。"出世"的佛教在儒家文化的影响下逐渐"变夷为夏",趋同于儒家的孝亲仁政思想。此外,经中还糅合了老子思想,如"昔者菩萨,为大国王,名曰察微。志清行净,唯归三尊,禀玩佛经,靖心存义。深睹人原始,自本无生,元气强者为地,软者为水,暖者为火,动者为风,四者和焉,识神生焉,上明能觉,止欲空心,还神本无。"(蒲正信,2001:333)

早期的佛经翻译是个人自发行为,译者几乎都是外来僧人,但翻译时却能主动依附中国传统文化,有一定的客观原因。首先,佛教东传时,中国文化已高度成熟,对外来僧侣有着一定吸引力是不容置辩的事实。"华夷之辨"已经是主流意识形态的一部分,"华夷之辨"对异族的包容易于化解外来僧侣对中国文化的排斥心理,使他们以顺应"华夷之辨"的姿态来谋求佛教的发展。举例来说,支谦虽是月氏人,但其祖父在东汉灵帝时就率领月氏国数百人主动归化中国,还拜率善中郎将。支谦从小遍览汉籍经典,熟谙并热爱中国文化。其次,佛教教理本来具有突出的自由开放特性,释迦牟尼弘法总是随方设教,因人而异。入灭前,他还告诫阿难说,弘扬佛法要灵活变通,不可僵化保守,要"依法不依人,依义不依语;依智不依识,依了义经不依不了义经。"实际上,佛经传入中国时,印度佛教已经随着社会历史条件的变化完成了小乘向大乘的发展,佛教在数百年结集成文的过程中已经产生了分化。这种随缘教化、应机说法的传教原则为佛教在中国的演变发展留下了空间。佛教就是以这种随顺时宜的态度进入中国,对尚不成熟的道教如此,对于占统治地位的儒家思想更是如此。译述、编译、伪翻译等,都是佛教因时、因地制宜、"变夷为夏"的特殊产物。它们一方面传达了传统印度佛教的基本教义,另一方面又吸纳和融汇了中国本土文化,反映了译入语境的社会文化思潮。译述、编译、伪翻译形式较为自由,为个人依据中国的社会条件改造外来佛经提供了更大空间。虽然这些翻译形式历来不被正统佛教所认可,却为理解佛教在中土的接受过程提供了重要资料。早期佛经翻译中,严格的翻译、注疏、编译、译述乃至伪翻译相互之间并没有清晰的界限,外来的佛经就是以这种中外合璧、似是而非的面目进入了华夏文化。

三、佛经译论中的“重质”与“格义”

格义是佛经进入中国这一异质文化的必然选择,也是不同文化间交流的常见模式,但并不是佛经翻译的唯一方法。最早的佛经翻译中除了格义这种本土化处理,还出现了跟格义相反的音译。格义和音译属于处理文化空缺词的常见技巧。格义是用目的语中的现成文化词汇来替换原有表达,相当于今天常说的归化。而音译则仅用译入语摹写原文的发音,如浮屠、沙门、般若等,相当于极端的异化。除了格义和音译以外,还有一种处理文化空缺词的常见技巧就是解释性翻译。顾名思义,解释性翻译就是在汉语中没有对等概念的情况下,用汉语解释原文的意义,和意译较为接近。在自古至今文化空缺词汇的翻译实践中,这三种技巧必须交替或结合使用,单纯的格义、音译或解释性翻译都是不可想象的。翻译文化空缺词不外乎这三种基本译法在具体语境下的灵活组合和交替。除了这三种方法,佛经翻译必然要运用所有必要的语言转换技巧,如词性转换、增补删减和语序的调整等等,否则便不成其为翻译。

在佛经译论中,除了格义和音译这一对相反的文化词汇的翻译技巧,还出现了“文质”这两种大致相反的翻译风格。那么格义、音译和文质之争是什么关系呢?

“文”在先秦时期就已经成为一个普遍概念,使用远比“质”频繁。最早的“文”可能是指陶器烧制过程中偶然留下的天然纹路,后来演化为文身等人为装饰用的花纹,并扩展到服饰雕刻、音乐文学、言行举止以及礼仪制度等,几乎涵盖了先秦文化生活的各个方面。“质”的出现晚于“文”,最早是指抵押物,由此派生出本质、实体的意思,并进一步扩展为质朴、朴素的特性。孔子第一次将文质并举,用来论人的品格修养。《论语·雍也》中说:“质胜文则野,文胜质则史。文质彬彬,然后君子。”文是指外在的儒雅表现,而质是指内在的道德修养。只有内外协调,两者兼备,才能成就儒家的理想人格。后人移之论文,“文”就转义为“文采、辞藻”等文学作品的形式方面,相当于文章的华丽风格,而“质”指接近于作品的实质方面,侧重文章风格上的朴素。在论及文章时,孔子注重文章的辞彩,如:“言之无文,行而不远。”但在论及品格时,孔子更看重人的内在品质。如《论语·卫灵公》中有:“君子义以为质,礼以行之,孙以出之,信以成之。”道家、墨家、法家都表现出类似的取向,即重质轻文。老子说过“信言不美,美言不信”,基本上否定了语言的修辞功能。而在《庄子·马蹄》中庄子更进一步,认为“文灭质,博溺心”,把“文质”完全对立了起来,体现了道家极端崇尚自然的一贯立场。可以说在传统哲学和文论中，质是本，文为末，或者说质是体，文为用(陈伯海，2006：109)。

翻译是一种派生的创作，翻译理论汲取古典文论的养分，就有了翻译风格上的文质之分。移之于翻译，“质”大致是指重内容的质朴风格，而“文”则是重辞藻的华丽风格，所以原文和译文都可以用文质来描述。比如道安论及“五失本”时，说过“胡经尚质，秦人好文”(释僧祐，1995:290)。而鸠摩罗什则说：“天竺国俗，甚重文制”(释慧皎，1992:53)。这里的文质显然是翻译风格描述。但到了佛经翻译界，文质在描述翻译风格的同时，也可用于描述翻译策略。作为翻译的策略，文指重辞采而轻内容，质指重内容而轻辞采。慧皎《高僧传》中称赞安世高的译文“义理明晰，文字允正，辩而不华，质而不野”。“质而不野”说的是安世高的译文文笔朴素，重义理而不重辞藻，应归于质派。与安世高同时的支谶的译本“贵尚实中，不存文饰”(释僧祐，1995:270)，道安称其“审得本旨，了不加饰”(释慧皎，1992:10)。可见，安世和高支谶同属质派，因过分求实求质必然导致语言生硬，义理隐晦，难于理解。支谦重译佛经时，把支谶的部分胡语音译改为汉语意译，注重译文的可读性。如把“般若”改译为“大明”，是取自于老子的“知常曰明”，把“波罗密”改译为“度无极”，取自于老子的“复归于无极”。支谦处理宗教文化核心词汇时放弃了音译，更具有格义的倾向，应属于文派。

质派的特色在于忠于内容，不加润饰；文派的特色在于畅达文雅，可读性高。晋支敏度《合首楞严记》中赞扬支谦的译文：“才学深澈，内外备通，以季世尚文，时好简略，故其出经，颇从文丽。然其属辞析理，文而不越，约而义显，真可谓深入者也。”(释僧祐，1995:270)可见忠于原文经义并不是质派的专利，文派同样以不背离经文主旨为首要原则。只是在传达经义的前提下，文派更朴素，质派更华丽而已。就此而言，文质的区别只是个程度问题，不是非此即彼的严格概念。这和现代译论中的直译—意译、异化—归化这两对对立的翻译策略正相仿。现代的直译、意译和归化、异化至少在理论上都强调忠实于内容，只是达至忠实的方法有别，对形式的处理有异而已。直译试图传达原文内容，遵从译语规范，同时尽可能地保留原文形式。而意译试图传达原文内容，遵从译语规范，并不刻意保留原文形式。除了内容和形式的矛盾，翻译中还有一对矛盾，那就是原文和译文的冲突。自有了翻译实践，就有了原文和译文两种相反的翻译取向。按照翻译界一般的理解，归化是适应译语语言和文化规范的译法，而异化是适应原语语言和文化规范的译法。直译、意译界定含糊，没有提及文化因素。而归化、异化以翻译中的两个极点——原文和译文——进行界定，定义清晰，而且同时包括了语言和文化两个层面，比较全面。在全球化时代，价值观念、意识形态的差异如何处理是文化研究的热点问题。因此归化、异化逐渐替代了传统的直译、意译概念，而且在归化、异化的讨论中主要关注文化因素。由于各自从不同角度进行界定,直译、意译和归化、异化既有重合也有区别。一般来说,越是直译越接近于异化,越是意译越接近于归化。如果说佛经翻译中的“文”接近于意译或归化,而“质”接近于直译或异化,这应该大致是成立的。但现代译论中的直译、意译和归化、异化则是纯粹的翻译方法或策略,并不描述翻译风格。

佛经译论中,文质聚焦于翻译风格或文体,后来混同于翻译策略或标准,意义更加宽泛和模糊,而格义和音译则是处理文化词汇的具体技巧。这两对概念分属不同层次,反映了佛经译论术语的内在系统性。《法句经序》有将炎“其所传言,或得胡语,或以义出音,近于质直”(释僧祐,1995:273)。而支谶的质派译文“辞质多胡音”,可见音译的译文近于质直,而格义的译文消除了文化障碍,注重译文的可接受性,应该更接近于文丽。安世高和支谶是公认的质派,支谦属文派,但无论文派、质派都采用了格义和音译的技巧,说明格义和音译作为文化词汇的具体翻译技巧普遍存在于佛经翻译实践中。“格义”凸显了翻译中中印文化的碰撞、冲突及调适,是佛教中国化的主要途径,因此在佛学界备受关注,而翻译界更加关注文质之争。

之谦不仅翻译实践成就卓著,在翻译理论领域也颇有建树。支谦在《法句经序》记载了佛经翻译中最早的文质之争,首次阐述了自己的翻译原则,是我国佛经译论的开篇之作。

“将炎虽善天竺语,未备晓汉。其所传言,或得胡语,或以义出音,近于质直。仆初嫌其辞不雅,维祇难曰:‘佛言依其义不用饰,取其法不以严。其传经者,当令易晓,勿失厥义,是则为善。’座中咸曰:‘老氏称:‘美言不信。信言不美。’仲尼亦云:‘书不尽言。言不尽意。’明圣人意深邃无极。今传胡义,实宜径达。’是以自偈,受译人口,因循本旨,不加文饰。译所不解,则阙不传。故有脱失,多不出者。”(释僧祐,1995:273)

翻译界一般认为,《法句经序》记载了佛经翻译中最早的文质之争,而后世用于评价译本的信、达、雅三字均已见于其中。在《法句经序》中,支谦批评竺将炎的译文“近于质直,其辞不雅,”但维祇难认为佛经关键在于教义,佛经翻译只要能够不走样地表达原义,让读者明白就够了。当时在座的人都引用老子、孔子的观点附和维祇难,结果是质派占了上风。这次论战以质派获胜,绝不是偶然的。中国古典哲学中有重质轻文的传统,在文学审美领域里一直发挥着主导作用,对佛经翻译的价值取向有着制约作用。翻译是一种派生的创作,翻译理论汲取古典文论的养分,翻译自然也就重质轻文,或重意义而轻辞藻。此外,大乘佛教对语言的轻视和对意义的关注,也影响到佛经译论重质轻文的结论。大乘经典包含了很多蔑视语言文字的思想。只要不失本旨,传教用语是可以因地制宜的,不一定要拘泥于雅语形式。释迦牟尼佛灭度的时候,教给弟子四依法,其中第二条依义不依语;又作“随义不随字”“取义不取语”,意思是修道者当以义为依,不可以文字、语言为依。这种说法表达了推崇真义而轻视语言的观念,也可引申为随方设教、灵活变通的传教原则。佛经翻译的价值观受佛经言意观的影响,自然也会主张重质轻文。但理论上胜出并不意味着实践中流行,中国佛经译论中的第一次文质之争虽然质派占了上风,但从实践的效果来说,却是文派的译文流行更广,这也可以从后世的翻译理论与实践中得到证明。文质之争在实际讨论过程中涉及翻译中的基本问题,如内容和形式的矛盾,原文和译文的冲突,文体类型和语言风格等。这些问题是翻译的普遍问题,对今天的翻译研究仍然是有意义的。而文质之争正是以中国翻译实践的特殊事实,印证了人类翻译活动的普遍规律,为世界译学大系做出了独特的贡献。它在涉及问题的广度和深度上并不落后于西方译论,在翻译的一般标准上也与西方译论达成了基本的共识,即注重原文意义的忠实传达。

佛教这一外来异质文化进入中国,必须要适应以儒家文化为代表的中国文化,特别是在儒家“华夷之辨”影响之下的文化心态。当时来自西域的外来僧侣,能够自觉顺应“华夷之辨”的中华民族的文化主体意识,在宗教观念上依附道术,在社会伦理观念上迎合儒学。以依附、调和、融汇、顺应为特点的“格义”虽然某种程度上改变了原文的意义,但能够确保打通文化思想关隘,为佛教的深入传播铺平了道路。中国翻译史上第一次翻译论争以质派获胜,意味着翻译理论界重意义忠实而轻辞采华丽,而格义则不惜改变原意以追求译文的可接受性。重质与格义两者之间的矛盾,说明翻译理论和实践之间从一开始就是脱节的。从佛经翻译的实践和理论中可以看出,文质的区别只是程度问题,不是非此即彼、泾渭分明的概念。文质兼有,此多彼少的做法很普遍。同为文派或同为质派,相互之间的差别也很大。翻译实践的复杂超乎想象,正像理查兹说过的:“我们面对的可能是迄今为止宇宙间最为复杂的现象。”(Richards, 1953: 250)翻译标准作为纷繁复杂的翻译实践的概括和提升,首先要基于实践,但永远都是高于实践的。重质是翻译的标准,在重质的前提下需要综合运用所有的手段策略,这包括文化词汇的格义、音译和解释性翻译,也包括了各种微观语言转换技巧。质派理论上获胜而文派译文流行更广,正说明翻译评价的复杂性。重质派是翻译理论界的普遍认识,而佛教的普通受众却看好文派译文。翻译批评因批评主体不同而有不同标准,这也是至今翻译批评所面临的难题。

第二节 两晋南北朝佛经译论的社会文化阐释

一、两晋南北朝佛经翻译的社会文化背景

经过两汉三国时期的粗浅“格义”，佛教在与中国固有思想文化的相互冲突与相互融合中得到了传播与发展。两晋南北朝是中国历史上政治大分裂、各民族大融合的时期。这一时期王朝兴替，连年混战，社会动荡，民生痛苦，有利于佛教的进一步传播。南北朝时，佛教大量译经，广泛流行，渗透到政治、经济、社会、民俗及文化的各个层面。佛教的急剧膨胀，使原来儒、佛、道的相互关系发生新的变化，此时期虽然出现儒、佛、道之争，但由于儒学与政权结合，始终处于正统地位，佛、道二教都不得不向儒家的宗法伦理认同，逐渐形成以儒学为核心的三教合流的趋势。但魏晋时期，居于主导地位的儒家思想自身面临很多问题，今文经学和谶纬神学怪异荒诞，丝毫无助于社会政治问题的解决。而古文经学严守“家法”，注重对儒经的章句训诂，使得儒学日益走向烦琐僵化。人们迫切需要新的价值体系，在政治动荡、混乱失序的社会中寻找精神慰藉。老子、庄子和《周易》为主的玄学思潮兴起。玄学并不否定儒家纲常名教，而是通过祖述老庄，为名教提供新的理论支持，以补充和完善儒学。

这时佛经翻译由“一二胡僧约一信士私相对译”发展成为参与人员众多的译场组织，佛经翻译得到世俗政权的大力支持，重要的翻译家有鸠摩罗什、彦琮、道安、慧远等，其中既有外来僧侣，也有中国僧人。随着印度僧人大量进入汉地，南北朝佛经翻译既有梵本，也有胡本。在东汉三国时期，佛经翻译是零散的、片段的、不系统的。到了两晋南北朝，佛经翻译不仅数量大增，翻译的形式多元化，佛经翻译渐成系统，中国境内对佛教各派别均有译介，形成了糅合佛玄的般若“六家七宗”。

两晋南北朝官方崇佛成一时风气，国家的力量参与到了佛经翻译事业中，佛教的发展获得了直接助力。十六国的北方政权多为少数民族所建立，北朝承继五胡十六国，为胡汉融合的新兴朝代。许多出身夷狄的君主如刘渊、苻坚、姚兴等等皆深染中国文化，所以都提倡儒术，禁止烝妻报嫂等夷狄陋俗。北方政权对于佛教并无中原传统的夷夏之防观念，从而促进了佛教在北方的广泛流行。后赵自石勒起一直把佛教当作“戎神”来崇拜，石虎在宗教方面既信祆教，又崇佛教。“朕生自边壤，忝当期运，君临诸夏。至于飨祀，应兼从本俗。佛是戎神，正所应奉……其夷赵百蛮有舍其淫祀，乐事佛者，悉听为道。”（释慧皎，1992：352）正是对佛教的这种认识基础，使得佛教在北方各国得以广泛流行。前秦苻坚受谋士王猛影响，热爱汉文

化。东晋孝武帝太元四年(379 年),苻坚将名僧释道安送到长安五重寺,奉为国师。后秦姚兴更是笃信佛教,为鸠摩罗什译经创造了优越的条件。北凉沮渠蒙逊迎昙无谶于天竺,令其译《涅槃经》。北魏孝文帝拓跋宏七次下赦,振兴佛教。宣武帝喜好佛法,精通佛理,常在宫中讲论佛经,并广召僧众,辨明义旨,还迎北印度僧人菩提流志译经。由于北部君权更为集中,出现了拜天子即为礼佛的说法。北方崇尚经学,佛经翻译也以经部的基本教义为主,形成谨守经典、少议论、重实行的特点。北方凉州禅学盛行,禅学成为北朝佛学的主流。

两晋南北朝间,南方经济上升,文化氛围比北方更加自由宽松。南方帝王虽然崇佛,一般对儒、道仍加以利用,大都采用儒、佛、道三教并用的宽容、温和的宗教政策。东晋皇室贵族大兴土木,修建佛寺。他们结交佛僧,给沙门以特殊待遇。南朝宋诸帝中,文帝最重视利用佛教以有助于政教,常和慧严、慧观等讲论佛理,还重用僧人慧琳,使之参与政事,出入朝堂,时人称之为“黑衣宰相”。南朝佛教到梁武帝时官方崇佛达到全盛。武帝亲制文发愿,舍道归佛,还曾迎译师真谛从扶南东来译经。由于玄学在南方盛行,南方翻译的重心是论部,即对佛典中教义的解释或重要思想的阐述。

二、两晋南北朝时期“格义”的演进

到了两晋南北朝时期,佛教的“变夷为夏”首先体现在中国社会如何应时之需,对佛经文本的选择性翻译。大乘般若经早在东汉时期已经支谶译入,但汉魏时期人们对般若思想不够理解,也缺乏适宜的氛围,所以般若并不为时人所重视。两晋南北朝时期,以般若学为基本内容的大乘空宗因为契合了玄学而成为佛经翻译的主流。至道安时代,般若学和玄学结合,形成了所谓的“六家七宗”,在中国佛教中基本上确立了主导地位。佛教教理本来具有突出的包容和开放的特性,一直主张灵活变通、随缘教化、应机说法。实际上,佛经传入中国时,印度佛教随着社会生活的变化已经产生了小乘和大乘的分化。佛教教理的开放包容、灵活务实的传教方针使佛教克服了一般宗教的封闭、排外和教条的缺点,为佛教在中国的演变发展留下了空间。中国人从“华夷之辨”文化心态出发,根据自有的文化传统和时代精神的需要,对大乘佛教进行了选择性吸收。大乘佛教之所以流行,除了契合了当时兴起的玄学以外,也因为大乘佛教的教义符合传统儒家的某些观念。大乘佛经的主要内容是说佛身常在和一切众生皆有佛性、皆可成佛,且明确了“我”的含义。这些都是和印度早期佛教相违背的,在印度本土也没有得到广泛流传。而晋宋之际,大乘《涅槃经》译本在中国流行,很重要的原因是大乘《涅槃经》所宣扬的“一切众生皆有佛性,皆可成佛”的思想,与中国传统儒家所宣扬的“人皆可为尧舜”学说颇有契合之处。此外,大乘佛教“自度度人”的弘通思想,关于入世舍身、普度众生的主张适合中国人受自儒家的入世精神,契合了中国的文化传统;大乘经典主张的“不离烦恼而得涅槃”也适合中国人注重现世生活的禀性。故大乘《涅槃经》一经译出,立刻就引起了中国人的普遍认同。相比而言,小乘佛教在中国虽也有一定影响,但远不及大乘佛教的影响那样深远和广泛。显然,中国人选择了大乘佛教是根据固有的传统文化性格所决定的,体现了以我为主的“拿来主义”原则。

这时期“格义”的具体内容是“以玄解佛”。佛教的般若学目的在于论证现实世界虚幻不实,玄学则是立足于中国的传统思想,借天道以明人事,充分肯定现实世界的合理性,两者之间本来存在着根本的分歧。但玄学和般若学同属于本体之学。玄学以自然为本体,以名教为现象;般若学以真谛为本体,俗谛为现象。般若学的核心是万物的空有和人生的意义,和玄学的基本议题相同,并且都注重思辨的论述方式,因而在哲学思路上可以相互启发、会通。玄学家深受中国文化传统中的“华夷之辨”影响,本着以我为主、求同存异的精神把外来的佛教思想引为同道,自觉地结合中国传统文化对佛教进行新的阐释,在领会佛经的基础上对中印文化进行融会贯通。佛教般若学者也能够顺应“华夷之辨”的文化心理,主动地迎合玄学,以玄学的主题为主题。玄佛合流形成的所谓“六家七宗”就是中国传统思想中的天人之学对佛学的“变夷为夏”,同时也是佛学对这种天人之学的丰富和补充。般若学“六家七宗”的形成反映了各家对般若学的不同解释,虽然这些解释还是太具玄学色彩,不完全符合大乘佛教般若学观点,但已经有了各自的体会、解释和融会,比前期格义的纯粹概念、词语的比附有所进步。

道安是佛学大师,也深通中国哲学。在解释佛教教义时,道安不可避免地融会了般若学与玄学,他在《道行经》等序言里阐述了般若思想:“大哉智度,万圣资通,咸宗以成也。地含日照,无法不周,不恃不处,累彼有名。既外有名,亦病无形,两忘玄漠,块然无主,此智之纪也。”(释僧祐,1995:262)道安主张世界的根源是无,万有的现象是末。这种以无为本的思想,与玄学中的王弼、何晏的贵无思想有密切联系。一方面道安用了“本无末有”的玄学贵无的思想来解释佛教的般若空观思想,体现了般若与玄学的融合,但另一方面,他也触及佛学的本义。除了用“本无”来解释“空”外,他仍然以传统道家观点来格义佛教智慧。《合放光光赞略解序》云:“有无均净,未始有名,故于戒则无戒无犯,在定则无定无乱,处智则无智无愚,泯尔都忘,二三尽息,皎然不缁,故曰净也,常道也。真际者,无所著也,泊然不动,湛尔玄齐,无为也,无不为也。万法有为,而此法渊默,故曰无所有者,是法之真也。”(释僧祐,1995:266)他认为佛教智慧有精粗二义,一是有迹可循的可道之道,二是无相、不可言说的常道,并且二者“此两者同谓之智,而不可相无也”(释僧祐,

1995:267)。可见道安所理解的智慧,既有佛教常说的真谛与俗谛,又似庄子所言的可言之道与不可言之道。我们看到,道安仍不免用传统哲学来表现佛学,只是道安的格义,已不仅仅是汉魏时期的词汇比配和概念附会,而是接近意义辨析和阐发,不仅坚持了佛学的立场,还增加了个人的诠释与补充,慢慢接近于原意。可视为格义新的发展阶段。

魏晋时代,以王弼为代表的"言不尽意""得意忘言"一派主张儒、道两家宗旨相同,皆不执着于文字而在于言外之意,象外之旨。"得意忘言"调和儒、道两家,在整个魏晋玄学中处于统治地位,对待经典注重得其意旨而非寻章摘句,故早期格义中概念比附的方法就不可取了。以己度人的格义方法,是佛学传入中国之初必须经历的一个阶段,但真正要借鉴他人发展自己的思想,必须首先对外来的思想有一个正确的认识。早期佛经名词的格义是佛教"变夷为夏"的重要手段,但格义对佛经义理的歪曲已经引起了道安等人的关注。因而到了东晋和南北朝时期,人们对太玄学化的佛学解释产生怀疑和批判,开始探求佛学真义和核心。鸠摩罗什及其弟子对以前的旧译名做了一番清理和重译的工作,其中既有音译,也有解释性的意译,宗旨是还原本义。《维摩经》是印度早期大乘佛教的重要经典,此经在中国前后共有 7 个汉文译本。但所有译本当中,以鸠摩罗什译本流传最广。日本学者中村元将鸠摩罗什译的《维摩经》藏文译本和其他汉文译本对照,发现鸠摩罗什译本同原文有差异。例如藏译本(或印度原文)强调对欲望的否定,但鸠摩罗什译本对人伦义务表示肯定。原文并未出现而由译者插入的"孝""忠孝"等词语比较多。如"若在王子,王子中尊,示以忠孝"(转引自刘建,1994:9)。此外,《大智度论》详细罗列饮酒的三十五条过失,其中十三条为不知敬母,十四条为不知敬父。这种"母先父后"跟印度原住民的母系家族制度有关,但却不符合以父子关系为核心的中国封建宗法制度。在鸠摩罗什或其门下弟子的汉译本中改译为:"十三者不知敬父,十四者不知敬母"(转引自刘建,1994:14)。可见,鸠摩罗什一方面清除粗浅格义对经义的歪曲,使佛经翻译走上了寻求真义的道路,另一方面仍不得不向儒家社会伦理思想靠拢。

两晋南北朝时期,佛教文献类型更加丰富。其中佛教义疏特别重视经义的辨析和阐发,具体方法则注重议论和辩难,比单纯的文字对译多了自由发挥的精神。鸠摩罗什译经时随讲随译,讲解的内容记录下来,就成为义疏。这是随着佛经的译介增多而产生的佛学著述体裁。义疏不同于严格的佛经译本,掺杂了在中国思想土壤上研究佛典的个人心得体会。在中国佛教史上,义疏这种体裁是外来佛典本地化、中国化的成果,也是佛教"变夷为夏"的具体形式。两晋南北朝也是一个伪翻译大行其道的时代。伪翻译假托译作,借题发挥,但真实地反映了翻译的接受环境,是外来佛教"变夷为夏"最直接、极端的方式。在此期间,伪翻译的动机也更加多样化,除了与中国传统思想相调和,也有出于政治目的,通过假托虚设等手段鼓吹或歪曲特定教义。北魏僧人昙靖伪撰的《提谓波利经》以佛教五戒拟配汉儒的五行、五常、五方。这种比配,致力于外来的佛教思想与中国本土固有理念之间的相互融通,也是佛教"变夷为夏"的最好例证。类似的佛教著述通过深入系统的"变夷为夏",创造性地实现佛教的"中国化",并进一步促成中国学术的转变。此类佛经著述基于翻译,但又不局限于翻译,使佛经翻译与佛教其他著述形式之间的界限趋于模糊。

南北朝时期不仅介绍印度佛教,更自觉地结合中国传统文化对佛教进行系统梳理,"教相判释"或"判教"盛行。"判教"是以释迦牟尼一生所说的教法作为一个整体,按其时间的先后或教理的深浅予以分类、分析、判别和解释,以判断其层次、价值和意义。判教盛行于南北朝时代,鸠摩罗什及其门下慧观的判教对中国佛学发展影响深远。判教的结果是对众多佛经的系统整理,但却出于中国人的主观判断,并合理反映时代的需求,成为中国人发挥外来佛教思想的重要途径,也是区别佛教不同宗派的主要依据。如慧观将佛法分为顿、渐二教,于渐教内又分为五时:三乘别教、三乘通教、抑扬教、同归教、常住教。净土宗的先驱昙鸾依龙树《十住毗婆沙论·易行品》之说建立"难行道"和"易行道"理论。认为在无佛时代,只靠自力难成正果,此属"难行道";而凭借阿弥陀佛的弘誓大愿,愿生净土,是"易行道"。后者简单易行,只要每日专称佛号,即可借他力往生。根据判教思想对佛典进行有序整理的是佚名所撰的《众经目录》,它依慧观"五时判教"的学说,设立了"大乘经录""三乘通教录""三乘中大乘录""小乘经录""大小乘不判录"来区分佛典,对佛典的结构体系进行了初步归摄。后世编撰的《众经目录》从各个方面继续对传世佛典进行整理、鉴别、编排,逐步将印度佛典整合成一个相互融合的有机整体,形成了汉文大藏经的完整体系。南北朝的判教在中国佛教史上意义重大,它直接促成了隋唐时期佛教各宗派的产生,初步确定了佛典的结构体系,为汉文大藏经的最终形成奠定了基础。有了系统化的判教,中印佛教之间的系统差异越来越明显,中国佛教日益走向独立。按照中国人的理解对佛教进行"判教",是佛学"变夷为夏"的重要形式。

三、两晋南北朝时期的"华夷之辨"

任何文明只有在另一文明或多个文明系统的参照下,才能发现自身的优势和不足。佛教的传入使中国文化第一次获得了和外来文化参照的机会,促使中国文化对自身进行反思和超越。实际上,广义的格义相当于"以中释西"的文化比较意识。北周道要在《二教论》中指出："西域名佛，此方云觉；西言菩提，此云为道；西云泥洹，此言无为；西称般若，此翻智慧。"此乃"借此方之称，翻彼域之宗，寄名谈实"（转引自何锡蓉，2004：126）。魏晋之间的学者、名流都习惯了释教老庄相提并论，体现了一种文化比较的自觉。随着佛教的传播，外来文化与中国传统文化的冲突也日益凸显，"华夷之辨"日趋激烈。恩格斯指出，宗教一旦形成，总要包含某些传统的材料。因为在任何意识形态领域内传统都是一种巨大的保守力量。"华夷之辨"已经成为中国处理异族文化的主流意识形态，佛教一传入中土，必然要经过中国文化的有色眼镜的过滤。中印文化之间的冲突不仅体现在佛经翻译的策略上，也直接体现在中印文化争论中。

汉代佛教在成熟精深的中华文化体系中生存，主要以依附趋同为主。到了南北朝时期，"华夷之辨"呈现出南北不同的特点。北部君权更为集中，三教斗争更多依附皇权，会借助政权的力量打击对方。在政教关系上，因为佛教无法与世俗政权抗衡，道安很早就确立了"不依国主，则佛事难立"的依附皇权的原则（释慧皎，1992：178），基本上为后世所继承。因此在北方出现了拜天子即为礼佛的说法。据（魏书·释老志》载："太祖明睿好道，即是当今如来。"沙门法果不但自己"常致拜"，而且还对人说："能弘道者人主也，我非拜天子，乃是礼佛耳。"（魏收，1974：3031）而南方帝王虽然崇佛，一般对儒、道仍加以利用，大都采用儒、佛、道三教并用的宽容、温和的宗教政策。因此，南方的夷夏冲突多表现为三教之间的学术辩论。儒、道对佛教的批评攻击有时虽然很激烈，但并未像北方那样演化为武力斗争。正因如此，南方才有夷夏之辩、佛法与名教之辩以及神灭与神不灭等理论论战，也有慧远为"沙门不敬王者"所作的辩解。这从一个侧面反映了佛教的发展及其特点的形成受社会历史条件的影响。整体而言，两晋南北朝时期佛学对于中国传统文化仍处于依附状态，儒、佛、道三教之间始终保持着这样一种基本格局：儒家在吸取佛教思想的同时常以佛教不合传统礼教等为由，激烈地排斥佛教，而佛教对处于主流地位的儒家却总是以妥协、调和、顺应为主；佛道之间一方面互相吸收利用，另一方面相互斗争。随着佛教在三国两晋时的逐渐兴盛，佛道之间的矛盾日益激化。在面对佛教的斗争中，儒道都以"华夷之辨"为工具排斥佛教。

佛教一进入中国就面对着高度发达的中国传统文化的压力，需要从理论上解决华夷冲突的问题。汉末的《理惑论》采用问答的方式记载了佛教和中国传统文化的辩论，牟子借老子的"上德不德"思想，采用"贵道忘迹"的方式来回应儒家的指责，用"苟有大德不拘于小"的理由作为辩解，很有成效，基本上为后来的佛教所沿用。魏晋以来，随着佛教的传播，社会上开始流传佛教《三破论》，声称佛教"入家破家，入国破国，入身破身"。《三破论》原文今已不存，散见于佛教护法文章的引述中。《三破论》主要从三个方面批驳事佛的危害:有害养身(破身)、有违孝行(破家)和有损经济(破国),特别是佛教的出世观念对社会家庭的危害。《三破论》主要攻击佛教的具体危害,而不涉及佛教义理本身,讨论的内容不及《理惑论》全面和深入,但三点责难集中反映了儒、佛的价值观念冲突,能切中要害。佛教宣传的众生平等,无我无法,要求出家人背离世俗,斩断因果,洁净自身,安心修道。儒家则认为人群组成了社会,所有人都必须遵守社会的伦理道德,即三纲五常,都应当承担自己的社会责任。这两者之间有明显冲突。《三破论》攻击佛教的依据正是不证自明的儒家伦理道德标准,反映了典型的“礼别华夷”心态。东晋孙绰在《喻道论》中又提起“贵道忘迹”的旧话,认为在家奉亲算不上真正的孝亲,出家弘法修道,才是光宗耀祖、显亲扬名的最高孝行,并进一步弥合儒、佛的分歧:“周孔即佛,佛即周孔,盖外内之名耳。”(释僧祐,2013:176)东晋名僧慧远认为,佛法与名教形迹有异而实质相同,佛法能在更高层次上尽忠、尽孝,与儒家伦理殊途同归。慧远作《沙门不敬王者论》,一面强调僧人的出世价值观,不礼君亲,平交王侯,另一面调和三家,认为沙门“内乖天属之重,而不违其孝;外阙奉主之恭,而不失其敬。”(释僧祐,2013:318)“其弘教通物,则功侔帝王,化兼治道。”(释僧祐,2013:316)因此,形式上允许沙门不敬王者有助于提高僧人的地位,实质上有利于僧人“助王化以治道者也”(释僧祐,2013:316)。僧俗各方反复辩难的共同之处,就是儒家以居高临下的正统心态指责佛教,而佛教则有意淡化了佛教与儒家的差距,向儒家趋同。

宋齐朝之际,佛、道两教都得到了较大的发展,经常互相诋毁。道教为谋求自身发展,通过模仿抄袭佛经,并向儒家观念认同,已经融儒释道为一身,形成了所谓“杂而多端”的道教文化。从某种意义上说,道教本身就是文化融汇的产物,更能代表中华民族文化,道教往往利用它土生土长的优势而以正统自居、排斥佛教。南齐的道士顾欢作《夷夏论》,以儒家传统“华夷之辨”作为主要理论武器,排斥佛教,附和儒教,捍卫道教,是新时期三教关系的延续。

该文写到:“道则佛也,佛则道也。其圣则符,其迹则反。”(李延寿,2000:1252)。此处的“迹”指思想理念及礼仪风俗。佛和道同为圣人设教,但是佛和道的具体理念、礼仪风俗则大不相同。“端委搢绅,诸华之容;剪发旷衣,群夷之服。擎跽磬折,侯甸之恭;狐蹲狗踞,荒流之肃。棺殡椁葬,中夏之制;火焚水沉,西戎之俗。”(李延寿,2000:1252)其中的“侯甸”“荒流”来自中国古代以王畿为中心、依次划分出的五类行政区域概念——“甸服”“侯服”“宾服”“要服”“荒服”。这几句分别比较了诸华与群夷的服装、发式、敬礼方式和丧葬仪式。从“剪发旷衣,群夷之服;擎跽磬折,侯甸之恭;狐蹲狗踞,荒流之肃”等描述外族的诬蔑性字眼可以看出,顾欢显然是从贵华贱夷的文化心态出发来诋毁夷族。《夷夏论》接着写到:"教华而华言,化夷而夷语耳。虽舟车均于致远,而有川陆之节,佛道齐乎达化,而有夷夏之别。若谓其致既均,其法可换者,而车可涉川、舟可行陆乎?"(李延寿,2000:1253)顾欢借舟车比喻说明道教绝不适合于西戎,佛教绝不适合于东华。舟、车同属交通工具,都能够达到致远的目的。但是舟不能行陆,车不能行川。同理,西戎的佛教及东华的道教,都能在各自的区域发挥很好的作用,却绝对不可以在对方的风俗中产生任何积极的效果。《夷夏论》又说:"舍华效夷,义将安取?若以道邪?道固符合矣。若以俗邪?俗则大乖矣。"(李延寿,2000:1253)顾欢不仅根据孔孟的观念区别夷夏,理所当然地判定佛教是夷狄之术,还进而从地域差异、文化差异推导出绝对的文化隔绝观念。此外,《夷夏论》中道士顾欢驾轻就熟地援引儒家观念,以便达到捍卫道教的目的。《夷夏论》的出现不是偶然的,而是佛教和中国本土文化冲突的必然结果。说明在儒家"华夷之辨"传统的强力制约下,诸夏文化中的非主流成分道家只能通过迎合周公、仲尼之道,激烈攻击外来的异质文化,来获得自己的合法身份。按照"华夷之辨"的传统文化心态来看,中国人接受佛教是举夷狄之法,而加诸先王之教之上,主张严防夷、夏界限,彻底罢黜佛教。这在中国文化史上屡见不鲜,以《夷夏论》表现得最为典型。

顾欢从夷夏两种不同的文化出发,论证了佛、道两教的同异与优劣,其抬道排佛的目的十分明确,因此遭到了佛教僧人的集体驳难。谢镇之、朱昭之、朱广之、袁莱和宋释慧通、僧愍以及南齐明僧绍等人均撰文批驳,爆发了一场规模不小的夷夏文化同异之辩。作为观念形态的文化,都是一定的人类社会的经济、政治、心理、习俗等等在人们头脑中的反映,因此世界各地区、各民族的文化之间,既有着普遍的同一性,又有着各自的差异性。佛教是古印度文化的代表,和中国的道教也是同中有异、异中有同。但顾欢讲的佛道同流是建立在老子化胡之说基础上的。他认为佛教是老子入关后在天竺国创造的,老子就是佛。这显然是抬道黜佛的虚妄之言,不符合历史实际。

关于南北朝时期的三教关系,特别是佛教与儒、道的争论,《弘明集》保留了大量的资料。《弘明集》站在佛教立场上,面对儒、道两教对佛教的攻击,是为"护持正法"、驳斥异教而编集的护教。南朝梁僧祐把当时人们对佛教的怀疑和攻击归纳为"六疑":"一疑经说迂诞,大而无征;二疑人死神灭,无有三世;三疑莫见真佛,无益国治;四疑古无法教,近出汉世;五疑教在戎方,化非华俗;六疑汉魏法微,晋代始盛。"(释僧祐,2013:995)这"六疑"汇集了当时儒、道两家对佛教的主要质疑,其中前三疑主要是宗教争议,但后三疑说明,在南北朝三教碰撞的历史语境下,"华夷之辨"有了不同的表现形式和表述方式。

四、佛经译论中的"格义"与"五失本、三不易"

格义作为文化词汇的翻译技巧对于佛教的传播有一定效果,但其最主要的缺点就是断章取义、曲解原文。任何一个文化核心词汇只有在原文化系统中才能得到最忠实的理解和阐释。"橘生淮北则为枳。"一旦剥离了原有语境,生吞活剥地植入另一陌生的异质文化系统,必然会偏离原义。至道安时代,格义已沿用多年,随着人们对佛经认识的加深,早先机械格义造成的牵强附会、生搬硬套已经引起了翻译界的关注。佛经译论开始批评早期的格义,主张追求佛经真义,但实践中却并没有完全放弃格义,只是格义的程度有所深化,开始注重意义的辨析。所以道安一方面对"格义"的方法有所批评,称"先旧格义,于理多违"(释慧皎,1992:195),另一方面继续格义,但道安的格义已不仅仅是汉魏时期的词汇比配和概念附会,而是接近意义辨析和阐发,不仅坚持了佛学的立场,还增加了个人的诠释与补充。道安经过长期的摸索、研究,在个人翻译经验的基础上提出了著名的"五失本、三不易"。这代表了中国传统译论的一个高峰,是后世佛经翻译公认的指导原则,在传统翻译理论中占有重要地位。他认为:"译胡为秦,有五失本也:一者胡语尽倒,而从使秦,一失本也。二者胡经尚质,秦人好文,传可众心,非文不合,斯二失本也。三者胡经委悉,至于叹咏,丁宁反复,或三或四,不嫌其烦。而今裁斥,三失本也。四者胡有义说,正似乱辞,寻说向语,文无以异。或千五百,刈而不存,四失本也。五者事已全成,将更傍及,反腾前辞,已乃后说。而悉除此,五失本也。"(释僧祐,1995:290)

"本"为原文内容,"五失本"指五种情况下译文可能背离原文内容。具体而言,"一失本"涉及语序问题,梵汉语言的句法差异要求翻译中必须颠倒语序,而颠倒语序必然会失本。二失本是指将重内容的质朴的原文译成重辞藻的华丽文体。三失本是删削佛经中的冗词赘语。四失本是删掉佛经中长行之后的偈颂复述,即篇末总结全文大意的佛经唱词。偈颂一般是诗体,以便于和散文的叙述部分相区别。五失本是说经文中讲完一事,告一段落,先转说他事,再接续前话往下说,显然也属于语篇层次的重复。这些结构性重复都是佛经中"有意味的形式"之一,删去不译即为失本。道安的论述较为集中、全面地涉及了佛经翻译中不同层次的形式损失,五失本的顺序也和翻译的难度相一致。其中颠倒语序和风格的变化是翻译中的普遍问题,适用于任何语种之间的翻译,而语篇层次的删削原文更多地反映了佛经翻译的特殊问题。这五种形式的损失会导致佛经翻译失去原文之"本"。

那么道安所谓"本"究竟意指何物?有人可能认为这是一个不成问题的问题:"本"在翻译理论中一直都指原文,古今中外,概莫能外。但翻译中的"原文"至少包括形式和内容两个方面,而内容和形式的冲突构成了几千年来翻译理论中的基本矛盾,也是中西一切翻译理论争议的根源所在。所以这里需要进一步追问:道安所谓"本"究竟是指原文的内容还是形式?也只有明确了这个基本问题,才能更准确地把握"五失本、三不易"的理论实质。目前关于道安的理论研究对于这一关键问题大都语焉不详。有人含糊其词地认为"本"是原文,"失本"意味着失去句法、风格以及原文的其他形式特征,并不局限于原文的意义(Cheung,2006: 82)。而道安注重形式,所以推论他主张直译或"案本而传"。"本"被有意无意地等同于"形式"了。还有人说"本"是原文的信息,但是没有丝毫论证(王宏印,2003:24)。"五失本"中,"本"虽然没有界定,但在道安的佛经译论中可以间接推论出来。《摩诃钵罗若波罗密经钞序》稍后即有"若夫以诗为烦重,以尚书为质朴,而删令合今,则马、郑所深恨者也。近出此撮,欲使不杂,推经言旨,唯惧失实也。"(释僧祐,1995: 290-291)《比丘大戒序》中道安指出现有戒律的译文有不足之处:"考前常行世戒,其谬多矣,或殊失旨,或粗举意。"(释僧祐,1995:413)《鞞婆沙序》中,道安引用赵政的翻译主张:"唯传事不尽,乃译人之咎耳。"(释僧祐,1995:382)可见,"五失本"中的"本"是指上文中的"实""旨""意"和"事",即佛经原文的内容或意义。

道安认为佛经翻译中有五种形式变化会导致意义损失,本是一种客观描述的中立语气,看不出明显的褒贬,但从上下文以及道安本人的翻译实践及翻译批评中,可以推论出道安主张不失本的"质"派译文,尤其不赞成随意删削。如在《道行经序》中道安说:"因本顺旨,转音如已,敬顺圣言,了不加饰也。……抄经删削,所害必多。"(释僧祐,1995:263-264)道安曾把《放光般若》与《光赞般若》两个译本进行对比研究,认为《放光般若》译文的特点是"言少事约,删削复重,事事显炳,焕然易观也。而从约必有所遗于天竺辞及腾每大简焉",而《光赞般若》则是"言准天竺,事不加饰,悉则悉矣,而辞质胜文也"(释僧祐,1995:265-266)。两相比较,道安仍是主张以质为主的译法,哪怕是不厌其烦地重复啰嗦,也要照样译出,宁可"辞质胜文"。《鞞婆沙序》中,道安非常赞赏赵政的翻译主张:"'传胡为秦,以不闲方言,求知辞趣耳,何嫌文质?文质是时,幸勿易之,经之巧质,有自来矣。唯传事不尽,乃译人之咎耳。'众咸称善。斯真实言也。遂案本而传,不令有损言游字,时改倒句,余尽实录也。"(释僧祐,1995:382)

道安的"五失本"谈到佛经翻译中有五种形式的损失会导致失去原文的意义,实际上传达了"形式即内容"的观点,即通过追求语言形式忠实来追求意义忠实。这两者看似矛盾,实则表达了宗教翻译家的普遍担忧:形式上的改变会引起意义上的背离。面对佛经翻译中的言意矛盾和文质冲突,道安形成了独特的语言哲学——言、意一致,文、质同一,换用现代的术语来讲,形式即内容,失去形式即为失去内容。“五失本”深层反映了佛经翻译对意义的终极追求，和重质轻文的传统语言哲学是一致的，跟支谦表达的“因循本旨，不加文饰”也是一脉相承的，整体上可归于质派。在《道行经序》中，道安清晰地表达了自己重质轻文的主张：“然凡谕之者，考文以徵其理者，昏其趣者也；察句以验其义者，迷其旨者也。何则？考文则异同每为辞，寻句则触类每为旨。为辞则丧其卒成之致，为旨则忽其始拟之义矣。若率初以要其终，或忘文以全其质者，则大智玄通，居可知也。”（释僧祐，1995：263）由于形式不变则不成为翻译，因此“五失本、三不易”也可以理解为传统译论中最早、最为系统的不可译论。

“三不易”又表达了什么内容呢？

“然《般若经》三达之心，覆面所演，圣必因时，时俗有易，而删雅古以适今时，一不易也。愚智天隔，圣人叵阶，乃欲以千岁之上微言，传使合百王之下末俗，二不易也。阿难出经，去佛未久，尊者大迦叶令五百六通迭察迭书。今离千年，而以近意量裁，彼阿罗汉乃兢兢若此，此生死人而平平若此，岂将不知法者勇乎？斯三不易也。”（释僧祐，1995：290）

梁启超在《翻译文学与佛典》中对“三不易”也有概括：“三不易者：（一）谓既需求真，又需喻俗；（二）谓佛智悬隔，契合实难；（三）谓去古久远，无从询证。”（梁启超，2005：145）马祖毅是这样解释“三不易”的：“圣人是依当时的习俗来说话的，古今时俗不同，要使古俗适应今时，很不容易，此其一；把古圣先贤的微言大义传达给后世的浅识者，很不容易，此其二；释迦牟尼死后，弟子阿难造经时尚且非常慎重，现在却要由平凡人来传译，也不容易，此其三。”（马祖毅：1998：38）笔者认为，“三不易”从理论上强调，佛经要进入中国，必须适应中国读者进行调整和变通，与时俱进，从众随俗，符合当时读者的知识水平及欣赏品位，用通俗浅显的话语传达佛经中的深义。这跟“华夷之辨”的文化心态是一致的，也符合佛教的自由开放特性和灵活传教原则。

有学者提出，“五失本、三不易”讨论的是不同层次的问题，“三不易”是翻译的目标，“五失本”是达至目标的具体方法或途径（Cheung，2006：86），也有人从本体论角度，提出“五失本、三不易”是从客体和主体两个方面，说明了佛经翻译之难（王宏印，2003：12－23）。笔者认为，从理论内容来看，“五失本、三不易”涉及了早期翻译理论的共同问题，如原文（作者）和译文（读者）的差异，内容与形式的对立、风格的翻译、可译性问题，并揭示了翻译是一个从原文到译文读者的动态交际过程。其中“五失本”凸显了翻译中内容和形式的矛盾，而“三不易”则强调原文（作者）和译文（读者）的冲突。“五失本”强调通过保留形式来忠实于意义，而“三不易”却强调翻译过程中的形式调整和变通。“五失本”和“三不易”虽然各有侧重甚至相互矛盾,但整体宗旨仍然是追求佛教真义。只是为了忠实于原意,提出了各有侧重、相互矛盾的策略而已。"五失本"和"三不易"的矛盾反映了翻译活动的内在矛盾,即原文和译文的冲突以及内容和形式的矛盾。其次,从理论形式来看,道安从翻译之难入手探讨翻译,是在佛经翻译实践的基础上形成的自发探讨,有一定的理论概括性,但贴近实践,非常具体,具有早期翻译理论的朴素的经验性特点。受到佛经名词多用数字标举的习惯,从道安的"五失本、三不易"开始,佛经译论形成了标举数字的传统。影响到后来的佛经译论,如彦琮的"八备"、玄奘的"五不翻"、赞宁的"六例"等。当然,标举数字并不意味着严格的语义层次,而只是上口易记而已。

和道安同期的西方圣经翻译理论家哲罗姆就曾经探讨过翻译的难度:"在翻译当中,很难保持原文俗语不同寻常的美感,每个用词都含义深刻。有可能很多词我都找不到合适的对译词,如果我大费周章地去找对译词,往往得不偿失,事倍功半。除此以外,翻译的困难还包括词语置换的不易,格用法的差异,修辞格的多样化。而最难的是口语表达中特有的活力。如果每个字词都逐字翻译,译文可能会不忍卒读,如果我不得已改变了原文语序和字词,我似乎又滥用了译者的职责。"(Robinson, 2006:26)哲罗姆提到的翻译难点更加琐碎具体,反映了欧洲语言翻译的特殊困难,表面上看和道安的"五失本、三不易"没有太多共性,也没有道安理论的条理性和概括性。就理论概括的高度而言,西方译论中圣奥古斯丁的翻译理论和道安的理论更有可比性。早在4—5世纪,古罗马神学家奥古斯丁就开始运用亚里士多德的符号理论来谈论翻译,他理解中的人类语言只是符号中的一种"约定俗成的符号",并把人类语言翻译置于符号理论的宏大背景下来考察,并初步涉及符号、人和符号的意义之间错综复杂的关系(Robinson, 2006:31)。有些问题中西译论的看法趋于一致,比如在宗教翻译理论中,中西译论都主张忠实于原文意义,都注意到了原文和译文的差别,内容与形式的对立,翻译方法应该随着读者的不同而不同。但"五失本、三不易"以独一无二的佛经翻译实践为基础,并受制于一种明确的文化观和佛教价值观的影响,具有深厚的中国传统文化内涵,这是中国传统译论的特色所在。

在"华夷之辨"的文化观念影响之下,两晋南北朝时期的佛教本着文化上的趋同心理,不得不依附玄学。到了东晋和南北朝时期,人们对太玄学化的佛学解释产生怀疑和批判,开始探求佛学真义和核心。"格义"这一时期便表现为理清佛学脉络,在深层次上开展佛、玄两种学说的结合,主要以鸠摩罗什和僧肇的般若中观思想为代表。

五、鸠摩罗什对格义的批判

道安之后，在姚氏后秦时的长安，以鸠摩罗什（344—413年）为中心，形成了一个佛经翻译和佛学研究的高潮。鸠摩罗什精通梵语、多种西域语言和汉语。当时的鸠摩罗什口传、口译佛经，学养深厚的高僧随译宣讲、阐释佛学精义，这样的译场实际上成了一个佛经讲坛。鸠摩罗什翻译了一批富有文学色彩的佛典，对中国文学和语言的发展做出了重要贡献。《高僧传》高度评价了鸠摩罗什的翻译成就：“硕学钩深，神鉴奥远，历游中土，备悉方言。复恨支、竺所译，文制古质，未尽善美，迺更临梵本，重为宣译，故致今古二经，言殊义一……故长安所译，爵为称首。”（释慧皎，1992：141－142）此段说明鸠摩罗什译自梵文原本，对以前译本有所考订，但因此前译本“文制古质，未尽善美”，所以加以重译，译本不同但意义则一，获时人高度评价。鸠摩罗什译的《大庄严论经》是优秀的譬喻文学作品。他翻译的《金刚经》《法华经》《维摩经》《阿密陀经》等都被视为佛教文学的杰作，在文人士子间流传很广。

《高僧传》卷六《僧睿传》里记载了一段鸠摩罗什译经的故事，表现出他对于翻译的看法：“昔竺法护出《正法华经受决品》云：‘天见人，人见天。’什译经至此，乃言曰：‘此语与西域义同，但在言过质。’睿曰：‘将非人天交接，两得相见？’什喜曰：‘实然。’”（释慧皎，1992：245）从这段对话可以看出，法护直译意思虽然不错，但表达过质，缺乏文采。鸠摩罗什主张灵活译法，注重表达效果，可归于文派。赞宁（赞宁，1987：56）称赞“如童寿译《法华》，可谓折中，有天然西域之语趣矣。”《法华经》《维摩经》现存译本众多，其中包括更完整精确的玄奘译本，但长久以来流行最广的仍然是鸠摩罗什译本，特别在文人士大夫中间广泛传阅。僧肇比较了《维摩经》的新旧译本，认为所有译本中鸠摩罗什译本“其文约而诣，其质婉而彰，微远之言，于兹显然”（释僧祐，1995：310）。太虚比较了鸠摩罗什的和玄奘翻译的《金刚经》后，认为：“译经有两大派，一即罗什一派。融汇全经之义，以汉文体裁达之，故其所译，往往字句章节，不与梵文尽合；而无幽不显，无微不彰。东方人读之，尤为应机，较为领解，盖依义不依文也，即今人所谓意译也。”（转引自何锡蓉，2004：150）

陈寅恪指出：“若言普及，虽慈恩犹不能及。所以致此之故，其文不皆直译，较诸家雅洁，应为一主因。”（陈寅格，2009b：236）“盖罗什译经，或删去原文繁重，或不拘原文体制，或变易原文。”（陈寅格，2009b：237）陈寅恪曾举出具体例证，如《大庄严经论》即梵本《喻鬘论》译文，卷二“诸仙苦修行，亦复得生天”。“‘诸仙’二字梵文原文本作 Kanva 等，盖 Kanva 者，天竺古仙之专名，非秦人所习知，故易以公名改作'诸仙'二字……须弥梵本一作 Mandara，一作 Vindhya，盖此二名皆秦人所不知，故易以习知之'须弥'，使读者易解。此变易原文之证也。"（陈寅格，2009b：238）这里提到的第一种变易，舍弃了原文的专门表达，仅保留了原文的基本意义，属于意译法。第二种变易是沿用旧译中约定俗成的音译。这样看来，整体而言，鸠摩罗什的翻译属于文派或意译一派。鸠摩罗什翻译佛典时注意适应中国思想文化传统和佛教发展的实际要求，又考虑到易于读者读诵和接受，在注重文采的前提下适度删节变通。其译《中论》，则"乖阙繁重者，法师皆裁而裨之，于经通之理尽矣"（释僧祐，1995：401）。罗什自己也认为由于梵汉语言及文化差异太大，再好的译文都是差强人意。慧皎《高僧传》卷二《晋长安鸠摩罗什》里讲到："天竺国俗，甚重文制，其宫商体韵，以入弦为善。凡观国王，必有赞德，见佛之仪，以歌叹为贵，经中偈颂，皆其式也。但改梵为秦，失其藻蔚，虽得大意，殊隔文体。有似嚼饭与人，非徒失味，乃令呕秽也。"（释慧皎，1992：53）

文质只是大概的风格描述，两者的区别只是程度问题，不是非此即彼、泾渭分明的概念。文质兼有、此多彼少的做法很普遍。同为文派或同为质派，相互之间的差别也很大。到了两晋南北朝，文质的概念频频出现于佛经译论中，概念越来越宽泛，而且文质合一、文质互补的见解也越来越深入人心。梁代名僧慧恺曾参与《摄大乘论》的翻译，并发表了文质互补的见解："翻译之事殊难，不可存于华绮，若一字参差，则理越胡越，乃可质而得义，不可使文而失旨。故今所翻，文质相半。"（转引自马祖毅，1998：49）慧远在《大智论钞序》中提出了最为明确的文质折中的观点："于是静寻所由，以求其本，则知圣人依方设训，文质殊体。若以文应质，则疑者众；以质应文，则悦者寡。是以化行天竺，辞朴而义微，言近而旨远。义微则隐昧无象，旨远则幽绪莫寻，故令玩常训者牵于近习；束名教者，惑于未闻。若开易进之路，则阶藉有由；晓渐悟之方，则始涉有津。远于是简繁理秽，以详其中，令质文有体，义无所越。"（释僧祐，1995：391）翻译无论文质，均要求达旨或存质。翻译界一般认为，鸠摩罗什整体上属于文派或意译派，即注重译文的可读性，但同时主张保留佛经本意，目的在于达旨。据《高僧传》记载，鸠摩罗什临终向众僧告别时说："自以暗昧，谬充传译，凡所出经论 300 余卷，唯《十诵》一部未及删繁，存其本旨，必无差失。"（释慧皎，1992：54）因此，鸠摩罗什对佛经翻译的最大贡献，是使佛经的翻译和解说走上了寻求真义的道路，他的翻译做到了"曲从方言，而趣不乖本"（释僧祐，1995：306）。

早期的佛经名词的格义是佛教"变夷为夏"的重要手段，但格义对佛经义理的歪曲已经引起了道安等人的关注。鸠摩罗什对以前的旧译名做了一番清理和重译的工作，其中既有音译，也有解释性的意译。僧睿记述鸠摩罗什翻译《大品》时说：

“其事数之名与旧不同者，皆是法师以义正之者也……诸如此比，改之甚众。胡音失者，正之以天竺；秦言谬者，定之以字义。不可变者，即而书之。是以异名斌然，胡音殆半。斯实匠者之公谨，笔受之重慎也。”（释僧祐，1995:293）。可见鸠摩罗什参照梵本和胡本校勘旧译名，有的改为意译，有的改为音译，宗旨是还原本义。“不可变者，即而书之”，是说没有办法翻译的内容就不翻译，也就是音译，所以经鸠摩罗什修订过的佛经译本保留了很多音译，几乎占到译文的一半。音译过多会使译文艰涩拗口，鸠摩罗什的译文保留了音译，却仍然流畅可读，说明鸠摩罗什注意音译、格义和解释性翻译的结合。日本学者汤山明举《法华经》为例，指出鸠摩罗什借鉴中亚佛典译本，不少地方采用了“解释性”译法。“中亚佛教的受容，是追求经典的简明易懂，以取得民众的接受。而且这种受容有着它‘解释性’的风土，即专门的僧侣迫于要求理论上的明白解释。罗什对此作了充分的咀嚼吸收，尽量发挥这种‘解释性’的意图，有效地加以利用，对经律论的普及作出了贡献。”（姚长寿，1994:61）“解释性”译法一般用来翻译文化空缺词汇，特别是宗教核心术语概念，目的是使译文明白易懂，但原文富有文化特色的表述方式是没法翻译的。“解释性”译法为译者的个性化阐释和理解提供了充分空间，也为深入注释和阐发佛教义理提供了方便。可以想象，解释性译法比此前的机械格义更利于佛教教义的充分传达。

鸠摩罗什主张在追求译文可读性的同时保存真义，从这一立场出发，他对佛教词汇的格义提出了更加严厉的批评：“自大法东被，始于汉明，历涉魏晋，经论渐多。而支、竺所出，多滞文格义。”（释慧皎，1992:52）鸠摩罗什认为格义篡改了佛教精神，主张摒弃格义方法，创立佛教专用名词或者用音译，还原佛经本来面貌。“格义”实践上弊端明显，但理论上争议很大。自道安提出反对意见后，僧光戒其妄诽先达，可见“格义”的做法在当时影响很深。但理论上的争议往往与翻译的实践并不同步，格义从理论上很容易被推翻，实践中却在佛经翻译中一直沿用。包括道安本人，一面反对格义，一面继续采用格义。三国时期的高僧朱士行因不满足于已有的梵文经典，于魏甘露五年，西渡流沙，从西域携回梵本九十章。后来由其弟子采用老庄学说的术语翻译了《放光般若经》，可见格义在两晋南北朝时仍然沿用。

“格义”之所以屡禁不止，是因为格义，特别是广义的格义，借助中国传统的哲学思想体系去解读外来佛教，相当于一种文化比较的主体自觉，有阐释学的依据。按照现代阐释学的原则，存在的历史性决定了理解的历史性，阐释者在一定历史语境之下，运用自己已有的知识结构去积极参与阐释。早期“格义”的佛经翻译家受制于当时的社会历史条件，在阐释佛教教义时，他们不仅要运用所熟知的儒道观念,还要按照当时的文化思潮,有意迎合信众的既定知识结构和心理,把外来观念和中国观念相比附,使中国观念和外来观念相互阐释。从本质上说,格义的方法属于隐喻式认知方式,这是人类认识世界的基本心理过程。隐喻式认知是人们用某一领域的经验来理解说明另一领域的经验的认知活动过程。一般来说,认知主体从具体语境出发,将一个熟知概念域映射到另一个陌生概念域,通过以此喻彼,在相互冲突的两个认知域中找到共同之处,在不同领域的事物之间建立联系,从而加深对新生事物的理解。隐喻式的认知方式具有建构性、主体性和创造性,容易脱离原文的文本和语境,以己度人或以今度古,但却是人类认识陌生事物的基本心理过程。作为一种粗浅的隐喻式认知方式,格义在今日中国的学术界仍然时有所见。虽然有学者反复强调在各自思想体系内还原两种体系的原貌,但牵强附会的对比仍不在少数。

自道安以后,随着人们对佛教的认识逐渐加深,了解到佛教和儒道的差异之处。鸠摩罗什将中观思想译入中国后,佛教各大主要宗派都已有译介,且梵文原典增多,人们对佛教已经有了更多了解,不需要以佛理附和外书,借助儒道来解说佛经了。鸠摩罗什的弟子僧睿评论佛教般若学时,对"格义"的方法提出了异议:"自慧风东扇,法言流咏已来,虽曰讲肄格义,迂而乖本,六家偏而不即"。(释僧祐,1995:311)"六家偏而不即"是僧睿根据中观思想对东晋佛玄合流思潮的批评,意谓六家对般若学的理解偏离了印度经典的本义,不符合般若性空之旨。僧睿还说"讲肄格义,迂而乖本",认为格义是对佛理作了"恢之""迂之"的解释。

《法句经序》在佛经译论开篇就提出了明确的翻译标准:"当令易晓,勿失厥义"。"五失本三不易"也传达了注重原文本意的翻译宗旨。这种重义轻言,重质轻文的佛经译论不仅是传统语言哲学影响的结果,也跟佛经中表达的言意观相一致。到了魏晋时代,以王弼为代表的"得意忘言"一派主张儒、道两家宗旨相同,皆不执着于文字而在于言外之意,象外之旨。大乘佛教经典包含了很多蔑视语言文字的思想,进一步强化了这种意义优先的观念,也激发了佛教传播中对意义的终极追求:《毗尼母经》卷四引佛陀告诉比丘时所说的"吾佛法中,不与美言为是,但使义理不失"(转引自葛兆光,1998:42)。《入楞伽经·集一切佛法品第二》说,佛陀是"第一义者,圣智内证,非语言法"(转引自葛兆光,1998:42-43)。慧皎说"至理无言,玄致幽寂",语言文字的使用,只不过是"借微言以津道,托形传真",而语言文字本身则是"不真之物,不获已而陈之"(释慧皎,1992:342-343)。释迦牟尼佛灭度的时候,教给弟子传播佛教要依照"四依法",其中提到了"依义不依语",又作"随义不随字""取义不取语",意思是修道者当以义为依,不可以文字、语言为依。这种说法表达了推崇真义而轻视语言的观念。

但普通信众只能通过语言来获得意义,为了使人能理解意义,佛教倾向于语言的通俗化,甚至明确提出针对不同的信众需要用不同的讲经方法。南朝梁代高僧慧皎在《高僧传》卷十三《唱导》第十说:"如为出家五众,则须切语无常,苦陈忏悔。若为君王长者,则须兼引俗典,绮综成辞。若为悠悠凡庶,则须指事造形,直谈闻见。若为山民野处,则须近局言辞,陈斥罪目。"(释慧皎,1992:521)只要能够原封不动地传达佛教的真精神,言说方式只是权宜之计,可适时调整,佛经的真义在通俗的转述中没有什么损失。这种因人设教的特点,使得佛教的传播方式因人而异,保证了佛教能够按照个人的精神需求量身定做,自然容易深入人心。宋文帝曾向名僧求那跋摩询问持斋不杀的道理,求那跋摩说:"帝王与匹夫所修各异,匹夫身贱名劣,言令不威,若不剋己苦躬,将何为用?帝王以四海为家,万民为子,出一嘉言,则士女咸悦;布一善政,则人神以和。刑不夭命,役无劳力,则使风雨适时,寒暖应节,百谷滋繁,桑麻郁茂。如此持斋,斋亦大矣;如此不杀,德亦众矣。"(释慧皎,1992:108)法慎禅师宣传佛经更是做到因人而异:"与人子言依于孝,与人臣言依于忠,与人上言依于仁,与人下言依于礼。佛教儒行,合而为一。"(赞宁,1987:346-347)从人们学习经典的角度而言,佛教的精神、至极的道理不需拘于具体的表达方式或手段,只有排除成见、不执着表达形式,才有可能认识到至理。

西方最早的翻译理论家西塞罗就提出过,好的演说词翻译家应该像演说家那样翻译,要考虑自己的听众。古罗马的圣经翻译家奥古斯丁(Augustine)也认为,针对不同读者应该采取不同语言风格,简明、雅正和庄严。教化普通读者应该使用简明的语言,向熟谙圣经的教徒宣扬上帝的荣光应该使用雅洁的语言,向最广大的人群阐释教义应该使用庄严的语言。译者可以根据情况适时调合三种风格,最终目的跟佛经翻译一样就是清晰明白地传达经义。经典本身有繁复、简约、质朴、华丽等不同风格,都是根据不同的情况而采取的权变方式,但仍能表达同样的真义。

佛经译论虽然表述不同,但自始至终都表达了对佛经真义的关注。出于对真义的执迷,有人主张通过保留语言形式来保存真义,而有人则主张放弃语言形式来保存真义。如支谦提出"当令易晓,勿失厥义",道安的"五失本三不易"一面唯恐形式变化会导致意义损失,一面强调形式上的灵活变通。鸠摩罗什一面坚持译出佛经真义,一面主张译语的可读性,同样表达了对意义的执着。也就是说,无论文质都在追求忠实原意,这与当代翻译理论中的直译、意译与归化、异化如出一辙。只是为了忠实于原意,各自提出了不同的途径或策略而已。这种"同归而殊途"反映了翻译的内在矛盾,即原文和译文的冲突,以及内容和形式的矛盾。这两对矛盾在千变万化的语境下错综复杂地交织在一起,翻译的策略是具体语境下对不同的矛盾进行综合权衡的结果。当代翻译理论中的直译、意译与归化、异化并未能解决这一矛盾,限于古代的认识水平和理论水平,传统译论自然也无法解决这一矛盾。"格义"为追求译文可读性不惜改变原义,引起文、质两派的共同批评也就不足为怪了。但实践中,"格义"虽改变了原意却拉近了与读者的距离,打通了文化关隘,有利于译文的传播,因此文派、质派或多或少地都要运用格义。鸠摩罗什是公认的文派,主张译文的可读性,但为了达旨求真,却宁愿音译、解释而不愿格义,也就不难理解了。

第三节　隋唐以后的"格义"与"五不翻"

隋唐结束了南北分裂局面,是中国历史上政治、经济、文化最强盛的朝代,也是中国佛教史上经典翻译的巅峰时期。隋唐的佛教不仅影响到中国社会各阶层,全面影响到中国文化的各个方面,甚至远播至朝鲜半岛及日本、越南等地区,掀开了佛教传播的新篇章。

一、隋唐佛教传播的社会文化背景

两晋南北朝的佛经翻译为隋唐佛教的兴盛与繁荣奠定了稳固的基础。到了隋唐,国家统一,国势强盛,中外交通发达,中外交流的规模不断扩大,中外僧人交往频繁。从魏晋到隋唐,"丝绸之路"从陆路逐渐扩展到海路。到唐时,已经有了多条畅通的交通线,从海路、陆路均可到达印度。当时来华僧人可分两类:一类为来自天竺、中亚、西域等地的弘法僧人;一类为来自日本、新罗等地的求法僧人,其中唐朝日本来华僧人有百余人。与此同时,为了寻求佛经原典,唐代僧人玄奘、不空等五十余人西行印度,中外文化交流之盛可见一斑。7 世纪印度佛教高度发达,而中国有可能直通印度获得完整的梵文原典,因此至唐朝佛经都自梵本全文译出,胡本佛经一概受到排斥,节译很少。

佛经翻译得到了国家政权的大力支持,佛教成为官方意识形态的一部分。隋朝高祖文帝即位后的589—600 年,立即废止北周毁佛政策,下诏修建寺院,重整经像,以大兴善寺作为译经的中心,计其一生致力于佛教的推广。文帝修建寺院3 000多所,立塔 110 座,写经 13 万卷,佛教的盛况可见一斑。隋炀帝承文帝以佛教治国的方针,不遗余力地建寺、度僧、造像。唐朝皇帝大都对佛教采取护持政策。唐高祖设十大德以统摄僧尼。太宗则于玄奘大师西行求法归国后,于慈恩寺组织大规模的译场,并支持其创立法相宗。武则天更是崇信佛法,诏令僧尼于道士、女冠之前,于寺院中设立悲田养病坊,组织译场,开凿龙门石窟。武则天礼遇神秀大师,使北禅宗大盛,并诏令新译《华严经》,直接促成法藏创立了华严宗。玄宗则崇信密教，对善无畏、金刚智、不空礼敬有加，曾请不空入宫授灌顶法，密宗因之兴盛一时。以后诸帝也多信佛，肃宗、代宗在宫内设道场，供数百和尚早晚念佛，宪宗时迎佛骨于凤翔法门寺，掀起社会上一股崇佛的热潮。

隋唐佛教因有帝王的护持，译经基本上是一种政府行为，译场渐趋规范化，制度完备，分工明确。《翻译名义集》《宋高僧传》《佛祖统纪》等书对此皆有记载，译场的程序分别有译主、证义、证文、书字、笔受、缀文、参译、刊定、润文、梵呗10类分工。隋朝在短短三十多年中，共译经170余部700余卷，主要的译家有那连提耶舍、阇那崛多、达摩笈多、彦琮等。其中中土僧侣彦琮梵、汉俱佳，不仅主持译场，还曾在《辩正论》中提出译经者须具备的“八备”条件，是最系统的译者主体素养论。唐代的译场多由精通梵、汉的中国僧侣主持。著名译师有玄奘、义净、不空、菩提流志、实叉难陀、般若三藏、善无畏、金刚智等。其中玄奘、义净和南北朝的鸠摩罗什、真谛被共同称为中国佛经“四大译师”。至唐朝，印度大乘佛教的精华几乎已经全部译介，而且与前朝相比，所译经论更有选择性、系统性与完整性。

隋唐帝室除了护持佛教，对于儒、道也兼容并包，宗教文化上采取了“三教并用”的策略。因此，佛教与儒、道在当时鼎足而立，相互融合又相互斗争，尤其道教对佛教的明争暗斗一直没有间断。佛、道之争导致了会昌五年(845年)的“会昌法难”，使佛教遭受毁灭性打击，虽然随后几代皇帝也相继护持佛教，但随着唐王朝的日趋衰落，佛教的鼎盛时期也随之结束。唐中期以来，特别是安史之乱以后，内有藩镇割据、宦官专权、朋党之争、财源困乏等一系列问题，外有吐蕃等游牧民族的长期威胁。随着佛、道两教的膨胀，儒学的官方地位不断受到佛道冲击，逐渐丧失了维系社会道德人心的社会功能。唐中期以来的社会危机和文化认同危机要求恢复儒学正统，排斥所谓的夷狄文化。儒家知识分子又开始强调华夷之辨，重申中华文明对夷狄文明的优越性，希望激发唐王朝的民族自豪感和自信心，以图重新凝聚人心，振兴国家。

二、唐时期的“华夷之辨”和佛经翻译的“变夷为夏”

至隋唐时，“华夷之辨”已经成为中国处理异族文化的主流意识形态，儒生依据“华夷之辨”对佛教进行攻击。魏晋以来社会上流传的佛教“三破论”到了唐初又被傅奕重提旧话，傅奕认为佛教的传播使得中国国运不昌，王朝频繁更替，君主寿命不长，但在当时影响有限。唐初的蔡漠和道宣再度强调华夷之辨，重申中华文明对夷狄文明的优越性。中唐以来，社会危机加深，儒学衰落，唐朝的士大夫试图通过恢复儒学的主导地位，达到儒家理想的政治局面，形成了“业儒之人，喜排释氏”的社会文化氛围。这一时期的华夷之辨反映了中唐时期的社会政治及文化现实。韩愈等人以儒家的社会伦理标准来判断佛教，认为佛教的观念来自夷狄风俗，无父无君，抛弃社会责任。夷狄风俗的流行使人背弃先王之道，造成了社会失序和尊卑混乱。韩愈说："今也欲治其心，而外天下国家，灭其天常，子焉而不父其父，臣焉而不君其君，民焉而不事其事。……今也举夷狄之法，而加之先王之教之上，几何其不胥而为夷也。"（韩愈，2014：16－17）除了佛教对华夏纲常伦理的破坏，佛教对国家经济的伤害历来是儒生攻击佛教的口实之一，唐时的华夷之辨也集中攻击佛教对国家经济的危害。就连奉佛的白居易也不得不承认："国家以武定祸乱，以文理华夏：执此二柄，足以经纬其人矣。"佛教虽然可以"助于王化"，但和先王之教却名目不同，容易"贰乎人心"。更主要的是："僧徒月益，佛寺日崇，劳人力于土木之功，耗人利则于金宝之饰，移君亲于师资之际，旷夫妇于戒律之间。古人云：'一夫不田，有受其馁者；一妇不织，有受其寒者。'今天下僧尼，不可胜数：皆待农而食，待蚕而衣，臣窃思之，晋、宋 、齐、梁以来，天下凋弊，未必不由此矣。"（白居易，1979：1368）

唐时的"华夷之辨"再次凸显外来的佛教和儒家主流文化的矛盾，对佛教"变夷为夏"提出了新的要求，加速了佛教宗教理论和实践上中国化的过程。狭义的格义无法满足佛教全面变夷为夏的诉求，不仅在翻译实践中已经式微，翻译理论中也不再是批评的焦点。但广义的格义继续存在，中国佛教的信众普遍用儒家伦理来改造佛教伦理，宣传佛教与儒教的忠孝、仁义的一致性。陈寅恪说："尝谓自北宋以后援儒入释之理学，皆'格义'之流也。佛藏之此方撰述中有所谓融通一类者，亦莫非'格义'之流也。"（陈寅恪，2009a：173）早在北魏，僧人昙靖伪撰的《提谓波利经》以五星、五岳、五脏、五行、五帝、五常、五色等配佛法五戒。到了隋唐，隋智者大师《摩诃止观》卷六上继续以世法之五常、五行、五经与佛教之五戒相配，颜之推等亦完全认同佛教五戒与儒家五常（仁、义、礼、智、信）的比配，名僧如智顗、法琳等加以征引、发挥。柳宗元也说："金仙氏之道，盖本于孝敬。"（柳宗元，1979：683）。针对社会对佛教的批判，柳宗元说："浮图诚有不可斥者，往往与《易》、《论语》合，诚乐之，其于性情爽然，不与孔子异道。"（柳宗元，1979：673）他指出佛教中令人难以抗拒的部分往往合于儒教，不应该完全否定。

佛经翻译经过了两晋南北朝的繁荣期，各主要宗派已经基本译介完成。隋朝补译了此前未译的一些经典。那连提黎耶舍译大集部《日藏》《月藏》《须弥藏》及《宝积》诸品。阇那崛多译《大集贤护》等，使得"大集"和"宝积"部诸经译全。隋朝佛经翻译的一个特点是从经部的翻译转为论部的翻译。论部是对经、律等佛典中教义的解释或重要思想的阐述，使译者有更多自由发挥的余地。论部的系统译出不仅大大丰富了中国的思想领域，而且为中国佛教宗派的创立准备了必要条件，在中国佛教史上占有一定地位。随着经部、论部的系统性译介,高僧大德的佛教著述也日益丰富。其中包括对佛典加以系统分类的经录,针对经论所作的各种佛典注疏,以及结合个人体验和研究所撰的通论专著。对佛典的各类著述均以佛典翻译为基础,融入了中国僧侣的独特见解,并合理地结合了时代思潮,迎合了封建皇权加强政治统治的需要。唐朝又是佛经伪翻译大行其道的时代。据《开元释教录》记载,仅在唐初,可辨别的伪经就有400余部1 000多卷。伪翻译的动机不一,影响也各异。除了与中国传统思想相调和,更多出于现实政治目的鼓吹或歪曲特定教义,或是为了增强宣传效果而假托虚设(假托特定某人、虚设佛教疗病、迎福等神迹)等。

武则天革唐立周,以女身称帝,为儒家名教所不容,需要借重外来经典的力量使个人的统治神圣化、合法化。武周时代,出现了一批迎合武周统治而刻意歪曲原文的佛经伪翻译和注疏。《大云经》南北朝以来就有了译本,讲述了佛祖的预言:净光天女后世舍天身生为女人君临一国,并与弥勒佛信仰结合为一体。武则天授意僧人薛怀义等依据旧译本,阐发新义,形成《大云经疏》,用通俗易懂的语言演绎阐发晦涩的经文,并和当时流行的弥勒信仰结合起来。《大云经疏》为周武统治制造舆论,暗示唐宗室衰微,太后(武后)就是弥勒转世,必定取代唐朝的统治,成为女王,天下之人都将崇拜归顺。印度僧人菩提流志所译《宝雨经》杜撰了月光天子在中国现女人身统治世间的说法,赢得了武则天欢心。《宝雨经》并非注疏,而是佛经,从而解决了武周政权于经无征的问题。《华严经》早在东晋南北朝时期就有了译本,武则天听说于阗国有《华严经》梵本,便遣使求访,并迎请译僧实叉难陀等重译。实叉难陀、义净和法藏等人所翻译的《华严经》有意把旧译本三十九品中的第一品《世界净眼品》改译为《世主妙严品》,声称"佛及诸王,并称世主"。这样,佛就是诸王,诸王就是佛,世间主就被神化了。《华严经》新译本的主体思想是最后一品《入法界品》为代表的"圆教"思想,其主旨成了:封建王国就是"佛国净土"(转引自马祖毅,1998:71)。武后为《华严经》所作的序中写道:"朕曩劫植因,叨承佛记。金仙降旨,《大云》之偈先彰;玉扆披祥,《宝雨》之文后及。加以积善余庆,俯集微躬,遂得地平天成,河清海晏。殊祥绝瑞,既日至而月出;贝牒灵文,亦时臻而岁洽。"(转引自马祖毅,1998:70)序文中先后援引《大云经》《宝雨经》,反复美化、神化女身称帝,并盛赞《华严经》新译本更是后来居上,登峰造极。翻译可以篡改原文,注疏可以歪曲原意,序文可以有意混淆视听,共同为现实政治需要制造舆论。翻译活动中的发起人和译者彼此相互利用,各取所需。翻译作为一种社会文化实践,其政治性、功利性可见一斑。

除了出于现实政治目的对佛经的刻意改造曲解,隋唐时代更多的伪翻译是为了与中国传统思想相调和。隋唐时期三教并用的宗教文化政策，为僧众以儒家的忠孝仁义改造佛教提供了重要条件，佛教的信众普遍用儒家伦理来改造佛教，诸如《佛说父母恩重难报经》《佛说盂兰盆经》等一大批假托佛说的译经在社会上流传，集中宣传佛教的孝道。这些经书认为出家、斋戒、供养三宝等宗教形式都可以为君主延寿，为父母祈福。佛教处心积虑地变夷为夏，意在说明佛教与儒教在孝道方面只是形式上不同，本质上是一致的。也有部分伪翻译是为了增强宣传效果而假托虚设（假托特定某人、虚设佛教疗病、迎福等神迹）等。如《高王经》强调观音亲自把该经授予有名有姓的某地某人，借真人真事的灵验故事劝人信佛。这种伪翻译处心积虑地"托古传道""借名传学"，但都是应时之作，真实地记录了当时的社会氛围及学术思潮，因而有其存在的价值。

隋唐时期开放宽容的宗教文化政策和政府对佛经翻译的大力扶持，为佛教创宗立派提供了重要条件，中国佛教进入创宗立派的独立发展时期，和印度佛教已经形成明显分野。中国僧人依据各自经典创造性地创立了天台、三论、法相、华严、密宗、禅、净、律八大宗派。各宗派继承了南北朝时期的判教成果，在宗教理论、宗教实践方面大幅度地变夷为夏，儒释道三教的冲突基本上得到解决。不少宗派依附皇权，佛经的翻译和阐释成了王朝加强思想文化统治的重要手段。唐代对佛经的广义格义直接促成了佛教中国宗派的产生，是佛经翻译变夷为夏的终极形式。

在宗教实践方面，佛教的出世和儒家伦理之间一直存在冲突。三国时牟子《理惑论》提出儒释道三教一致，统一于儒家的王道教化的社会政治功能。这一灵活务实的策略延续了佛教宗教实践方式，理论上又迎合了中土"华夷之辨"的文化心态，为后世佛教所沿用。东晋南北朝时随着佛教的流行，佛教的社会实践与儒家的政治伦理之间的冲突日益激烈和表面化，引起了儒佛之间的长期争论。慧远作《沙门不敬王者论》，一面强调僧人的出世价值观，不礼君亲，平交王侯，一面调和三家，强调三教统一于儒家王道教化的社会政治功能。慧远认为形式上允许沙门不敬王者有助于提高僧人的地位，实质上有利于僧人"助王化以治道"。隋唐以后，对沙门礼拜君王和双亲的问题继续争论，最终在玄宗时期得到了解决，规定僧尼必须遵守世俗的礼仪，致敬君王，礼拜双亲。

唐王朝对佛教采取了选择性扶持，当时佛教很多宗派，如法相宗、天台宗、华严宗等受皇权扶持，贵族色彩浓厚，依靠士大夫的布施，理论烦琐复杂，因此在普通民众中流传不广。隋唐佛教八大宗派中，净土宗与禅宗影响最大。南北朝时期，净土宗祖师昙鸾以龙树《十住毗婆沙论·易行品》为据，认为在无佛时代，只靠自力难成正果，此属"难行道"；而凭借阿弥陀佛的弘誓大愿，愿生净土，是"易行道"。后者简单易行，只要每日专称佛号，即可借他力往生。唐代的净土宗继承了南北朝时期净土宗的判教成果,简化了印度佛教烦琐复杂的修持过程与仪式,适应中国人不尚玄虚、简易明了的思维特点,独尊念佛。由于念佛法门简便易行,能够做到“事半功倍”,唐宋以后成为中国佛教的主流。

南禅宗六祖慧能继承《楞伽经》一切唯心、万法唯识的思想,吸取了南北朝以来关于佛性论、心性论的研究成果,而舍弃了烦琐的理论论证。慧能认为,指出佛性人人皆有,只要懂得见性成佛的道理,不必注重一切外在的宗教形式,就可以顿悟成佛。禅宗一面简化了烦琐的佛教修持方式,一面强调众生皆有佛性,佛性平等的理念,拉近了众生与佛的距离,对于相信“人性本善”、重视个人修养的文人阶层和社会底层的普通民众都具有吸引力和亲切感。除了宗教理论的中国化,南禅宗更注重宗教实践的变夷为夏。慧能三世徒百丈怀海禅师认为,《瑜伽菩萨戒》和《璎珞菩萨戒本》虽属大乘戒律,却是佛陀根据印度情况而制定的,不便生搬硬套。百丈怀海禅师处于唐朝中叶,当时的僧人大多居无定所,一般依律寺而居,寺院管理困难重重。百丈禅师吸收大小乘戒律中适合中国国情的合理成分,根据唐朝的风情、地理、风俗等,制定出《百丈清规》,为禅宗戒律。其中寺院经济方面规定僧众应饮食随宜,务于勤俭,全体僧人均须参加劳动,倡导“一日不作,一日不食”的农禅生活。而当时在佛教发源地印度,和尚仍多以乞食为生,不从事生产劳动。农禅寺院制度适应中国农耕社会,解决了寺院经济来源问题。此外,《百丈清规》还以忠孝为思想内容,以家族为组织形式,更易于中华宗法社会所接纳。由于在宗教理论、宗教实践方面较能适应新的环境,禅宗获得独立发展的机会。

中唐以来针对佛教的华夷之辨具有深刻的社会政治、文化背景,不仅影响了中国文化发展的方向,还对中国佛教的发展与转变起到了重要的作用。在这种“华夷之辨”的文化心态影响之下,印度本土佛教宗派在中国逐渐衰落,而中国化佛教宗派则日益昌盛,中国式的佛教伦理逐渐占据主流地位。佛教文化逐步实现了以中国伦理文化为主导,最终完成了由印度佛教变夷为夏的过程。印度佛教自此过渡为中国佛教,持续几百年的佛教与中国文化的争论基本结束。整体而言,通过对佛学真义的各自理解和阐释,佛教徒对佛教进行了合乎中国实际的选择,形成了具有中国特色的佛教体系。

三、佛经译论对真义的追寻——彦琮的“十条”和玄奘的“五不翻”

早期的佛经名词的格义是佛教“变夷为夏”的重要手段,但格义对佛经义理的歪曲早在南北朝时期就引起了道安等人的关注。鸠摩罗什参照梵本和胡本校勘旧译名,有的改为意译,有的改为音译,宗旨是还原本义。到隋唐时代,狭义的格义在翻译实践中已经式微,翻译理论中也不再是批评的焦点。隋唐以后的翻译理论继承了传统哲学重质轻文、重义轻言的语言哲学,继续寻求如何传达佛经真义。但隋唐时代佛经译论在形式和内容上均有所创新,出现了相对完整的系统理论,深入和细致地探讨存质和寻求真义的具体做法,代表性译论包括彦琮的《辩正论》中提出的"十条"和玄奘提出的"五不翻"。

大业二年(公元606年),隋炀帝在东都(洛阳)上林园立翻经馆,命彦琮执掌翻译,这是中国佛教史上中国僧人主持佛经译场的开始。彦琮一生共译经22部,约达万卷,补译了前人未译的部分经典。隋文帝在位期间,进行了三次大规模建立舍利塔的活动,彦琮将安放舍利过程中发生的诸种瑞应征兆记录在册,并奉隋文帝之命将有关舍利瑞应方面的《舍利瑞图经》和《国家祥瑞录》翻译成梵语,流布西土。彦琮编撰佛经目录,主张翻译务求精切,在参照前人译经时,重对梵本反复校勘,并在每部经典卷首写出序言,说明译经缘起。

《法句经序》为中国佛经译论开篇,提出了"当令易晓,勿失厥义"的翻译标准,也记录了最早的文质之争。道安的"五失本、三不易"在理论内容和理论形式上都有所进步。但早期的佛经译论都散见于译经的序言跋语之中,而彦琮的《辩正论》则是最早的佛经翻译专论,对此前的佛经翻译理论及实践进行了阶段性的理论反思和总结,这标志着佛经译论在理论形式上的进步。"辩正论"中,彦琮首先肯定了道安的历史功绩,同时指出道安未能区分胡文文本与梵文文本,是其历史的局限。随后提出了区别胡文文本与梵文文本的重要性。彦琮主张学习好佛典,最理想的方法是直接阅读佛经原文,并把佛经理解概括为"十条":(一)句韵,(二)问答,(三)名义,(四)经论,(五)歌颂,(六)咒功,(七)品题,(八)专业,(九)字部,(十)字声(转引自罗新璋,1984:45)。其中句韵是句式和音韵,问答是问与答的形式,名义是佛教名词及其意义,经论是经藏与论藏,歌颂是佛经的文体,咒功是对咒语的熟练掌握,品题是经论的分类及标题,专业是佛教的专业,字部是不同的版本,字声是各种不同的注疏本,还有各种各样的文章论说。彦琮指出,佛法自演说之时就自然形成了对经义的不同理解,译入中国时又隔着时空差异,语言都采用的是当地方言,很难做到与原意铢两相称。为了追求佛经真义,彦琮主张舍弃译文而回到原文,并为理解佛经原文提出了十个方面的具体要求。"回到原文"表面上是对翻译的否定,但也体现了佛经译论中对真义的追求。"十条"的出现,说明佛经翻译界已经认识到,再忠实的翻译和原文相比都会有意义的偏差。为了获得佛教真义,最好的办法是按照"十条"的要求直接阅读梵文佛经原文。可见佛经翻译对意义的关注又提出了更高的要求,呈现不断上升的演进趋势。与此相应,《辩正论》中,彦琮批评了汉魏以来佛经翻译对意义的背离,提出了"宁贵朴而近理,不用巧而背源"的质派观点(转引自罗新璋,1984:50)。《辩正论》还提出了著名的"八备"之说。所谓“八备”是为佛经译者的主体素养提出了八项具体要求,包括:“诚心爱法,志愿益人,不惮久时,其备一也。将践觉场,先牢戒足,不染讥恶,其备二也。荃晓三藏,义贯两乘,不苦暗滞,其备三也。旁涉坟史,工缀典词,不过鲁拙,其备四也。襟抱平恕,器量虚融,不好专执,其备五也。耽于道术,淡于名利,不欲高衒,其备六也。要识梵言,乃闲正译,不坠彼学,其备七也。薄阅苍雅,粗谙篆隶,不昧此文,其备八也。”(转引自罗新璋,1984:46)“八备”是较为详尽的译者素养论,其中一、二、五、六是宗教翻译的人格标准,其余四条是梵汉佛经翻译的专业要求。

玄奘俗姓陈,名祎,出生于河南洛阳洛州缑氏县(今河南省偃师市南境),唐朝著名的三藏法师,汉传佛教史上最伟大的译经师之一,中国佛教法相唯识宗创始人。玄奘于 629 年从长安出发,西行印度,645 年回到长安,带回经书 650 多部。玄奘先后在弘福寺、慈恩寺和玉华宫主持大型译场,译场组织规模空前,分工细密,多达 11 道工序。据《宋高僧传》记载,分别有译主、证义、证文、度语、笔受、缀文、参译、刊定、润文、梵呗、监护大使,钦命大臣监阅。从 645 年到 664 年 19 年间,玄奘与弟子共译出 75 部 1 335 卷,占唐代新译佛经总卷数的一半以上,为中印文化交流做出了重要的贡献。玄奘还著有《大唐西域记》12 卷,记述他西游亲身经历的 110 个国家及传闻的 28 个国家的山川、地邑、物产、习俗等,对研究古代中亚及南亚的历史有非常重要的史料价值。玄奘还将中国哲学思想家老子的部分著作译成梵文。

玄奘参考旧译本,对晦涩难懂的误译、漏译都一一重译。玄奘的译文介于文、质之间,采用了“六代以来那种偶正奇变的文体,参酌梵文钩锁连环的方式,创成一种精严凝重的风格”(转引自马祖毅,1998:65)。除了文体风格的创新和超越,玄奘梵汉皆通,善于将佛理融会贯通为一家之言,甚至改动原本(转引自马祖毅,1998:66)。《大唐西域记》卷末的“记赞”中,辩机和尚留下了一段自叙,其中提到玄奘的译经方法:“至于修《春秋》,笔则笔,削则削,游、夏之徒,孔门文学,尝不能赞一辞焉。法师之译经,亦犹是也。”(转引自陈福康,2000:32)“笔则笔,削则削”是指孔子的笔削褒贬,以一己之意评说历史,完美到无以复加的地步。玄奘的译经类似孔子的春秋笔法,有拨乱反正、为天下立法的作用。这意味着玄奘按照自己理解到的真义来译经,翻译融入了个人褒贬和判断。玄奘所译之经,后人称为新译或今译,以区别于此前的翻译,受到后人极高评价。“若玄奘者,则直译意译,圆满调和,斯道之极轨也。”(转引自罗新璋,1984:62)

玄奘在深刻领会初期、中期格义翻译策略的基础上,注意到某些佛教术语在译本中意义失真的现象,根据佛经具体情况提出了系统的佛教名词音译原则——“五不翻”,这是对此前格义方法的彻底否定。如上所述,佛教名词的翻译有三种主要方法:格义、音译和介于两者之间的意译。所谓"五不翻",就是指在五种情况下只能音译,而不能意译,更不能格义。玄奘"五不翻"原则包括:一、秘密故,如陀罗尼。二、含多义故,如薄伽梵,具六义。三、无此故,如"阎浮树",中夏实无此木。四、顺古故,如"阿耨菩提",非不可翻,而摩腾已来,常存梵音。五、生善故,如般若尊重,智慧轻浅(转引自陈福康,2000:33)。

"秘密故不翻"是说佛经中的神秘咒语,无法翻译意思,只能音译。虽然据《大智度论》,"陀罗尼"有"能持""能遮"的意思,但意译为"总持"或"遮持",都无法传达其奥秘之处。对于当时众多的佛教信徒来说,不知其意的咒语保持了佛语的神秘感和庄重感,具有强大的心理震慑力,易于产生期待中的宗教效应。实际上,"秘密故不翻"是世界宗教翻译中的普遍做法。奥古斯丁提出的音译原则明确要求为了保留宗教的庄严感,一些表达宗教感情的语气词不用翻译,古老的犹太教中希伯来语的宗教语气词,如阿门、哈利路亚等,在世界各种语言中都是音译的。即使在今天,世界各地的宗教中"秘密故不翻"的例子仍然比比皆是。宗教界普遍认为,咒语只有用原始语言诵读才会灵验。古老的萨满教中,口授萨满驱鬼辟邪的经文,只有用古老的萨满文念出的陀罗尼(经文)才能产生驱鬼辟邪的效用。这种做法在印度佛教、伊斯兰教等世界众多教派中不乏其例。音译词因只摹写发音,不表达意思,听来有如天书,充满奇异感和陌生感,有利于营造宗教的神秘色彩,能使信众心生敬畏。

"多义故不翻"是指佛经里术语具有多种含义时,为防止意义缺失宁可音译而不译意思。如梵语"薄伽梵"自梵语 Bhagavat 音译而来,有自在、炽盛、端严、名称、吉祥、尊贵等六种意义,这六种意思共同构成了"薄伽梵"的完整内涵,译成其中任何一种意义都会丧失其他意义,造成佛经意义的损失。词汇的意义复杂,致使原文和译文难以完全吻合,这是翻译中最突出的矛盾之一。宗教词汇属于某一文化的核心词汇,意义比普通词汇更加复杂。为防止意义流失,宗教哲学的核心词汇一般都采用音译。如"气"是中国文化核心词汇,既可以指有形的气,也可指无形的气,可以是呼吸时的气息、中医里的气脉、精神状态、表修养的气度等。没有任何一种语言中的任何词汇能够完整涵盖"气"的所有意义,只有按照"名从主人"的原则,音译为 qì,才能更完整忠实地传达"气"的全部意义。

"无此故不翻"是说梵文所指代的事物在汉语文化中不存在,自然也就找不到对译词,适合音译。如梵语"阎浮树"是印度特产树木,为中国所无,因此不能用汉语中的树名去勉强翻译,只能音译。语言中的词汇是某一民族生活经验和思维方式的反映,由于各民族生活经验和思维方式存在较大差异,其语言中会出现彼有我无或彼无我有的词汇空缺现象。翻译这种文化名词时在目的语中找不到现成的对译词,不得不用音译在目的语中另创新词。这种译法在近千年外来语涌入中原的过程中屡见不鲜。

“顺古故不翻”指对以前已经存在并广泛传播的音译词汇沿袭其原有的音译。如梵语“阿耨菩提”,也可意译为“正偏知”。但自东汉以来,历代汉译佛典都采用“阿耨菩提”的音译,已经约定俗成,所以应该沿用音译。这一点比较容易理解,固定的音译即使不尽准确,一般也都主张沿用,而不主张重译,重译只能徒增混乱。这和当代翻译理论的要求也是一致的。音译的缺点是摹写发音的标准不一,可能不尽准确,或一名多译,造成指称的混乱。因此约定俗成是音译的原则之一。音译名即使不够规范,摹写发音不尽准确,但如果长期使用,已经广为普及了,仍可以继续沿用。

“生善故不翻”是指有些词汇只有音译才能产生理想的表达效果。如音译词“般若”的意思相当于汉语的智慧,但“般若”一词显得庄重,如果意译成“智慧”就显得轻浅。因为“智慧”二字可用于世俗之人,而“般若”是特定的佛教智慧。同样,“释迦牟尼”是音译,“能仁”是意译,但“能仁”低于周公、孔子等“仁人”,难以表达“释迦牟尼”的尊贵。“阿耨菩提”是音译,显得庄重尊贵,而意译为“正偏知”则和老子之教无法区别。“菩提萨埵”也可意译为“大道心众生”,但显得低劣。因此为了保持佛经的纯正与尊严,玄奘主张宁愿音译,而不意译。在翻译实践中,如果勉强意译,佛教概念就会被曲解。可见玄奘的翻译策略实质是为了还原本意,保留原貌。

“五不翻”主要针对佛经文化专有名词的翻译方法提出了详细的理论界定,其宗旨是忠实于佛经的真义。佛教名词的翻译有三种主要方法:格义、音译和介于两者之间的意译。其中格义对佛经意义的歪曲早就引起翻译界的批评,意译表达意思最为明白清晰,但容易丧失原文的语言文化特色,而音译最容易保留原文化词的异域色彩和原汁原味,因此易于传达原文的独特性和差异性。“五不翻”单纯强调音译,详细分析了佛教词汇音译的五种类型,显然是要从理论上纠正此前格义所造成的意义歪曲和意译导致的意义损失,有为佛经名词“正名”的意味。实际上,玄奘在 646 年的《大唐西域记》序言中明确表达了对佛经翻译“正名”的关注:“然则佛兴西方,法流东国,通译音讹,方言语谬,音讹则义失,语谬则理乖。故曰‘必也正名乎’”(转引自陈福康,2000:31)。这里又可以看到孔子“名从主人、物从中国”的正名思想对佛经译论的影响。佛经名词的“五不翻”是为佛教名词“正名”的具体方法,宗旨是忠实于佛经本意。这和中国传统语言哲学以及佛教的言意观是一致的,和汉魏以来佛经译论对意义的执着也是一脉相承的。

宋初僧人赞宁总结前人译经得失,进一步订立翻译所应遵循的“六例”。一是译字译音例,有译字不译音、译音不译字、音字俱译、音字俱不译四种情况。二是胡语梵言例,有胡语、梵言、亦胡亦梵、非胡非梵(纯华言)四种情况。三是重译直译例,重译是指印度佛经先译为西域诸国的胡言,再译为汉语,直译是指直接从梵语译为汉语,另有亦直亦重、非直非重之例。四是粗言细语例,即梵文佛经中凡俗之言和典正之言的区别,有是粗非细、唯细非粗、亦粗亦细、非粗非细四种情况。五是华言雅俗例,译文中有是雅非俗、是俗非雅、亦雅亦俗、非雅非俗四种情况。六是直语密语例,佛教以涉俗(俗谛)为直,以涉真(真谛)为密,译文中有是直非密、是密非直、亦直亦密、非直非密四种情况(赞宁,1987:53-55)。赞宁的"六例"是佛经翻译理论和实践的终极性总结。在理论形式上,"六例"明显受到佛教中观学中的四句逻辑的影响。四句逻辑由四个语句组成:肯定句、否定句、既肯定又否定,既不肯定也不否定。"六例"继承了佛经译论传统,提出了三个方面的问题:一是翻译的原文文本问题(胡语梵言例),二是翻译的方式问题(重译直译例),三是翻译策略问题(译字译音例,粗言细语例、华言雅俗例、直语密语例)。"六例"不仅对佛经翻译实践有指导意义,也标志着佛经翻译理论研究论证形式和理论议题上的深化和细化。

就文化词汇的翻译而言,格义并不是中国翻译实践所独有。从世界翻译史上可以看到,归化是外来文化进入陌生异质文化体系的必然选择。以希腊文化在世界的传播为例。公元前3世纪,罗马征服希腊以后,罗马人成为军事上的征服者和政治上的统治者,但在文化成就上,特别是哲学和文学方面远远落后于希腊。罗马人开始系统地、大规模地翻译希腊作品,以史诗、戏剧、哲学为主,前后将近800年,形成了西方翻译史上第一次翻译高潮。罗马人翻译希腊文化的整体策略是罗马化或拉丁化,既按照罗马人的意识形态和文化价值观念进行改造和归化。如第一位罗马翻译家安德罗尼柯翻译荷马作品《奥德赛》时,用罗马主神朱庇特(Jupiter)替换了希腊主神宙斯(Zues),用罗马神话中诸神的信使墨丘利(Mercury)替换了希腊神话中众神的信使赫尔墨斯(Hermes),等等。普劳图斯编译的希腊新喜剧充满了罗马的人名、地名、官衔和富有罗马特色的政治机构——元老院。经过这种拉丁化或罗马化翻译,希腊文化虽然失去了原貌,但完成了和罗马文化的一体化或文化融合,成为后来欧洲文明的主要源头之一。

不同文化的交流是人类文化发展的里程碑,而思想层面的文化交流是不同文明的实质性交流,这一交流只能通过翻译这一渠道来进行。翻译是一种社会文化实践,翻译活动的发生、译本的流传和接受取决于特定的社会文化条件,整体翻译策略和翻译理论也受制于特定社会文化条件,反映了特定历史时期的社会文化背景。按照译入语的社会文化需要对原文进行归化,使之在译文的语境中发挥新的社会文化功能,这是世界翻译史上的普遍做法,也是外来文化进入陌生异质文化体系的必然选择。世界翻译史上的无数事实告诉我们,历史上成功的、和平的文化传播大都是译入语境下归化式的文化输入,译入语国家在某种程度上都吸纳和同化了外来文化。佛教与中国文化的融合,是文化交流史和翻译史上的成功典范,具有和平的文化输入的主要特点。但中国的翻译实践,是在独特的社会历史文化条件下发生的,而且是在“华夷之辨”这种明确、系统的文化观的影响之下进行的。佛教文化的和平输入经历了漫长的格义,到宋代形成了以儒为主、以佛道为辅的三教融汇的程朱理学,最终完成了佛教“变夷为夏”的过程。在中国社会文化语境下发掘儒家的民族主义文化观念对中国传统译论的影响不仅有利于扩展中国传统译论研究的范围,深化中国传统译论研究。更重要的是有利于展示中国传统译论的历史文化渊源及其继承性,还原中国传统译论学理上的完整性和系统性,建立真正“自成一体”的中国译学系统。这一研究有利于彰显中国传统译论话语权,提升中国学术话语在世界译学体系中的地位。

第四章　明清之际的“西学中源”与“翻译—会通—超胜”

华夷之辨从文化上的“华夏中心主义”立场出发，规定华夷关系，安排尊卑秩序，成为先秦以后中国人对待外来文化的主流思想。在这种明确、系统的文化观的影响之下，佛教文化的和平输入经历了漫长的格义，到宋代形成了以儒为主、以佛、道为辅的三教融会的程朱理学，最终完成了佛教“变夷为夏”的过程。佛经翻译之后，到明末清初，随着西方基督教教士来华传教，西方的天文、历算等自然科学知识传入中国，代表基督教文明的西方文化第一次全面、系统地进入了中国人的视野。跟来自印度的佛教思想相比，来自西方的宗教和科技是“从西方来的水”，与中国传统文化差异更大。这次西方文化的大规模输入主要集中在17—18世纪，在输入的时代背景、输入的内容、输入的方式和输入的效果等方面，跟佛经翻译都有很大的不同。这一时期的翻译理论以徐光启的“翻译—会通—超胜”为代表，几乎是“华夷之辨”在明末清初的翻版，主要探索中西文化关系的处理和翻译的社会政治功用，立意较为宏观，但对具体翻译标准和翻译策略探讨不多，对佛经译论也没有超越。

第一节　明末清初西学翻译概况

一、明末清初的中国与世界

明末清初西方传教士进入中国的时候，无论中国与世界都处在一个转折的关口，即由中古时代转向近代。14—16世纪，欧洲发生了文艺复兴运动，提倡科学，反对宗教蒙昧主义，提倡人本主义，反对神本主义和宗教禁欲。哥白尼提出日心说之后，天文、数学、物理、医学、生物学等领域都有重大发现，最终促成了近代自然科学体系在欧洲的建立。在宗教领域，以马丁·路德为代表的欧洲宗教改革夺取了天主教会在西欧、北欧的大部分势力范围，并迅速发展到北美，猛烈地冲击着罗马天主教会在欧洲的统治。面对宗教改革潮流，天主教会迫于压力，采取了一些自我革新措施，发动了一场反宗教改革运动。目的是通过在世界其他地区谋求发展，夺回已经失去的地盘,维护天主教的威信和影响。与此同时,至16世纪,欧洲的一部分国家已进入资本主义原始积累时期,开始了海外掠夺,向东方扩张。于是西方的宗教势力与殖民利益因扩张的共同目的而一拍即合,把目光投向了东方。

欧洲的文艺复兴和宗教改革风起云涌之际,明代的中国封建宗法制度则由盛转衰,旧有的农耕文化受到冲击,资本主义生产关系开始萌芽。到了明末,社会政治腐败、经济凋敝、流民泛滥、边警频繁、天灾人祸不断,整个社会需要恢复经济活力,治理政治腐败,更新军事装备,巩固社会秩序和边防,维护主流价值体系。不仅明朝统治阶级积极寻找有效方略,以摆脱危机困扰,整个知识界也开始对传统文化进行反思。明初立国,程朱理学遂成思想界的正统。后来的王阳明心学继承并发挥了陆九渊的“心即理”主张,强调“心”的主体作用,与陆九渊并称为“陆王心学”。但程朱理学和陆王心学空谈道德、脱离实际,无法有效化解明末社会危机,从而受到文化界的批判。提倡经世致用的实学思潮兴起,探求新的可以正人心、挽颓俗的方法,为西学的传入提供了有利时机。“经世致用”的实学关注社会现实,面对社会矛盾,并用所学解决社会问题,以求达到国治民安的实效。明清之际的整个学术界空前活跃和繁荣,充满了质疑和批判精神,已蕴含着近代思想,如个人的觉醒,个性的解放,对传统的批判和扬弃等。在明末内外交困的背景之下,“夷狄”文化进入一个高度成熟、繁荣活跃的“华夏”文明体系时,不仅要直接面对“华夷之辨”的文化心态,更要根据“华夏”全新的文化内容进行新的调整与适应。

明朝嘉靖以后,伴随中欧海上航路的正式开通,天主教会反宗教改革的中坚力量——耶稣会士相继来到中国。晚明欧洲势力东来,首先是发展与远东国家尤其是中国的通商贸易关系,在远东地区进行殖民扩张,同时推进天主教在远东各国的传播,以谋求日益式微的天主教会的发展。晚明来华耶稣会士约在70人,其中相当一部分通晓汉语,具有广博的文化修养。他们与中国士大夫合作,翻译了大量西方著作,开启了中国翻译史上的第二次翻译高潮。这是中国首次全面系统地了解到西方科学技术和宗教文化,也是欧洲真实、系统地了解中国社会和文化的开始。通过耶稣会士的系统译介,中国博大精深的古老文化在欧洲引起了反响,在法国还掀起了持续近百年的“中国热”,中西文化交流盛极一时。英国著名汉学家李约瑟(Joseph Needham)认为明清之际的中西文化交流是两大文明之间文化联系的最高范例,荷兰著名汉学家许理和(Erik Zürcher)将其称为中西关系史上一段最令人陶醉的时期。

二、明末清初的西学翻译

明末清初的西学翻译从16世纪末罗明坚(Michael Ruggieri)、利玛窦(Matteo

Ricci)来华始,至18世纪末,历时约200年,中间经过明清改朝换代。在这期间,传教士译出的书籍约300余部,其中宗教书籍占多数,也包括部分自然科学和人文科学。这一时期涌现出一大批著名的翻译家,如传教士利玛窦、邓玉函(Johann Schreck)、汤若望(Johann A. Schall)等,中国出现了翻译家兼第一批本土天主教徒,著名的有天主教"三大柱石"徐光启、李之藻、杨廷筠,以及王徵、孙元化等。明清两朝官方选择性地支持翻译出版历算等实用性科技文献,对宗教文献则十分敏感和排斥。在马祖毅编写的《中国翻译简史》中,此次西学翻译被称为"明末清初的科技翻译"。这反映了西方传教士借科技翻译传播天主教的事实,同时也反映了中国对西学的价值判断和取舍。但实际译介的内容以宗教文献数量居多,科技翻译为辅。因此本书中将此次翻译活动称为"西学翻译",既包括宗教文献翻译,也包括非宗教的实用科技类文献的译介。

明末的西学翻译指耶稣会1582年入华至1644年明亡期间的翻译。这段时间,耶稣会士主要以间接方式,通过接触明末儒家士大夫阶层,逐渐向其他阶层传播天主教义。首批编译出版的主要是世界地图等实用科技类文献,没有多少宗教色彩,这反映了传教士循序渐进的传教策略。天主教文献的翻译主要由传教士编译,与中国士人合作出版。虽然宗教翻译始终没有得到朝廷支持,但晚明天主教书籍的编译出版仍然盛极一时。至明末崇祯时,朝廷统治已摇摇欲坠,穷于应付关外满兵与关内农民起义,财政状况恶化。只有朝廷(崇祯帝)急需的历算、火炮、矿冶等书籍才能得到官方支持。明朝于1629年设立历局,较集中地组织传教士和明朝士大夫系统编译数学、天文书籍。当时除历局外,朝廷与民间均未成立专门的翻译机构。译书基本上由各传教士和明朝士大夫分散合作进行,没有形成大的规模。但此次翻译除宗教文献外,仍引入一些西方科技知识,逻辑推理与科学考证方法,水铳、自鸣钟、自行车等技术传入中国,在一定程度上促进了生产发展和科学研究。自崇祯初年,徐光启受命修订历法,与李天经、传教士罗雅谷(Giacomo Rho)、汤若望合作编译成《崇祯历书》百余卷,清初据以修改了新历法并予以颁行。

由于中国人不通西方语言,科技翻译均采取合作的方式传译,即由传教士口译书中的内容,中国士大夫再根据口述内容整理成文。通过这种合译的方式,利玛窦和徐光启翻译了欧几里得的《几何原本》(前六卷),傅汎际(Francois Furtado)与李之藻合译了亚里士多德的逻辑学著作《名理探》,利玛窦与李之藻合译了几何学著作《圜容较义》和笔算著作《同文指算》,王徵与邓玉函合译了机械工程学著作《奇器图说》,等等。明末的翻译主要是松散的编译,同一译文可能要参考原文及其评注等,而且译、述、评、著也很难严格区分,署名时分别注以"译""述""订""阅""铨订""校阅"乃至"撰"等。直到清初,随着翻译经验的积累,汤若望、南怀仁等人更加精通中文，已能够独立地把某些外文书籍译成中文了。整体而言，可以认为，这次翻译是中外译者通力合作，对西方经典进行重新诠释的过程，也是中西文化在明清之交的一次自由碰撞。

清朝延续了明朝的文化政策，以程朱理学为正统，但思想界失去了明末的开放和活跃状态。清代编译刊印天主教文献的数量大为减少，科技翻译主要集中于康熙朝。以康熙帝个人的兴趣为中心，清初继续翻译了一些历算知识和西方的几何、代数、药露制造、测量等。在康熙帝的支持下，传教士以直接服务宫廷的方式继续任职钦天监，译介西文天文学知识，并制造一些天文仪器，科技翻译取得了一定的成果。康熙四十六年（1707 年）始，康熙帝组织大批传教士分赴各地测绘地图，耗时 11 年，1717 年全部完成关内 15 省及关外地图集——《皇舆全览图》，这是康熙朝学习西方测绘学的间接成果。康熙晚年汇编《律历渊源》（含《历象考成》《律吕正义》及《数理精蕴》），1723 年 6 月完成，整理收录了西方不少学科的翻译资料，包括《崇祯历书》中的天文学与各类数学译书以及音乐知识译书，对于保存与传播明末清初的西学发挥了一定的作用。因梵蒂冈教皇干涉中国教徒“祭天尊孔”，1723 年雍正帝驱逐西方传教士，仅留少数几名供职于钦天监。禁教虽然抑制了天主教在国内的蔓延及洋人势力在华增长的势头，但同时西方科技翻译及正常的外贸活动也受到不同程度的影响。中国与世界更加隔绝，与西方资本主义国家的差异进一步增大。雍正、乾隆虽然不再像康熙那样热衷于西学，但宫中仍留用了一些传教士编译刊刻西洋天文历法、测绘、地理、艺术等方面的著作。

由于中国人不懂西文，在整个翻译过程中较为被动，无法直接参与原文的选择，因此所译书籍更多地体现了外来传教士的用意，而非中国学界的需要。传教士受制于自身知识结构与宗教立场，所译的科技类书籍大多是西方古典科学，对西方文艺复兴的最新科学成就介绍不多。利玛窦和徐光启合译了《几何原本》（前六卷），由于利玛窦不愿评述《几何原本》后面几卷，徐光启则无法译述。宗教类书籍则以中世纪天主教神学为主，跟宗教改革的新教教义格格不入。如意大利人利类思（Louis Baglio）编译的《超性学要》一书，源自托马斯·阿奎那（Thomas Aquinas）所著《神学大全》的第一部。葡萄牙人安文思（Gabrielde Magalhes）编译的《复活论》一书，则译自托马斯·阿奎那所著的《神学大全》第三部。托马斯·阿奎那（1225—1274 年）是 13 世纪的神学家，其《神学大全》从神学教条出发，研究和讲习基督教的教义，否认经验，排斥实践，玩弄概念，在中世纪就已经遭到人文主义思想家的摒弃。耶稣会士们来中国传教期间，代表文艺复兴精神的欧洲近代哲学就已经出现。然而，无论理性主义还是经验主义都直接针对天主教会的宗教蒙昧主义，因而跟捍卫教皇利益的耶稣会士势同水火。利类思、安文思虽然是 17 世纪生人，但受制于自身宗教立场,仅选择翻译了13世纪的宗教神学经典。有学者据此认为,“传教士所传来的西学并不是当时欧洲的新学,而是当时的旧学,这即是说,不是文艺复兴以来资产阶级上升时期的思想与文化,而是与此相对立的中世纪封建教会的神学和经院哲学”(侯外庐,1960:1193)。

即使耶稣会士所介绍的并非当时欧洲最先进的西学,然而对于当时的中国人来说,传教士们带来的西方知识仍是陌生而新奇的。西学翻译带来的实证科学,让一些儒士摈弃虚妄空疏、不切实际的理学和心学,在科学领域开创了重实践、重验证、重实测的新风尚,无论是经世之学还是实测之学,都把重经验的归纳法和重理性的演绎法结合起来,把明清之际的实学推进了一步。通过这次翻译,西方数学、物理、化学、天文、地理、医学和工艺、技术等在我国传播开来,促进了当时我国生产力的发展。同时,西学翻译也使明末的官员和知识分子具有更加开阔的眼界和包容的胸襟,对世界文化的多样性有了一定认识,有一定的思想启蒙意义。此次“西学东渐”也为汉语输入了很多新的表达,包括“耶稣、亚当、天主、弥撒”等基督教词汇和“北极、赤道、地球”等科技术语,丰富了汉语词汇。但整体而言,晚明至清初的西学翻译主要局限于士大夫阶层,并未深入到普通民众中去。而天主教神学不仅落后于世界,甚至落后于当时中国人的已有世界观,并非中国步入近代社会所急需。明末清初由西方传教士主导的西学东渐,因无法推进中国历史进程,也就是明末中国社会的近代化问题,对中国社会生活产生的影响有限。

第二节 从“华夷之辨”到“利玛窦规矩”

一、“华夷之辨”与早期耶稣会的夷夏互变

明末清初引进的西方科学及宗教虽然有诸多局限,但仍然传播了文化知识,开阔了国人眼界,使明末中国知识分子骤然间获得了很多有关外部世界的丰富知识,对国人的认识造成了一定冲击,传统华夷观念在新的历史条件下面临着新的挑战。

宋亡之后,中国人的华夷观念虽因蒙元入主而稍有变化,但其基本倾向仍然局限在传统范围以内,恪守“华夷有别”“礼别华夷”“以夏变夷”,尽力维护以中国宗法制度为一体的天下秩序。在儒家文化认同的基础上,“华夷一家”的民族认同与“天下一统”的国家认同得到强化,各民族之间在饮食、服饰、生产方式到礼仪方面的文化差异渐趋消失。自洪武以来,满洲人、蒙古人等关外民族由于生活苦寒开始南下,明朝政府以宽大的方式接纳安置了他们,给予他们的优待甚至远远高于对汉族百姓的待遇。明朝“华夷之辨”的衡量标准向单纯的文化标准演变,更强调“夷

而进于中国则中国之”“夷狄而中国也,则中国之”。刘基设计的华夷关系也是文明主导,中国以礼义“制夷狄”。也就是说,是否遵循“礼”的教化是区分华、夷的终极标准,而跟其居住地和部落族群无关。

“华夷之辨”不仅是封建王朝处理民族关系和对外关系的理论依据,也是处理外来文化的理论依据。万历中来华的耶稣会士利玛窦,曾经与中国士庶深入接触,对中国儒家的“华夷之辨”深有体会:“中国人认为天圆地方,而中国则位于这块平原的中央。”(利玛窦、金尼阁,1983:6)利玛窦还说:“中国人把所有的外国人都看作没有知识的野蛮人,并且就用这样的词句来称呼他们。他们甚至不屑从外国人的书里学习任何东西,因为他们相信只有他们自己才有真正的科学和知识。”(利玛窦、金尼阁,1983:94－95)。在儒教文化中浸淫日久,利玛窦对这种“华夷之辨”的文化心态也就了解越深。在儒家士大夫心目中:世界是由位居中央、文明鼎盛的华夏和半开化或未开化的四方蛮夷组成,而中国既是地理的中心,也是文明的中心。大明帝国的普遍认知,是以儒家的道德教化力量,达到政治上的四夷宾服。耶稣会要使天主教这种“夷狄之教”进入中国,必须顺应、迎合这种根深蒂固的文化心态,制定有针对性的传教方针,通过使基督教中国化而达到使中国基督教化的目的。

在不同历史时期,“华夏”和“夷狄”的文化内涵一直不断变迁。在明末内忧外患的大背景下,“夷狄”文化具有了全新的意义,既包括重实证的西方科技,也包括完全异质的中世纪天主教意识形态。而“华夏”的文化意义也不再是经典儒学。经过千年的佛经翻译,来自印度的佛教已经被中国本土文化成功吸收。利玛窦等来中国传教时,儒学已经由秦汉儒学发展为宋代以儒为主、以佛道为辅的三教融会的程朱理学,到明末出现了王阳明心学。王阳明心学继承并发挥了陆九渊的“心即理”主张,突出“良知”本体和“致良知”的功夫,强调自我内在的“良知”才是判断是非的标准。即便是公认的儒家圣贤,也要依据自我的良知进行重新的评价。王学以自我内在的“良知”来挑战圣贤,提出不以孔子之是非为是非,进而对从孔子到“未及孔子者”等先圣都进行大胆的质疑。但程朱理学和陆王心学空谈道德、脱离实际,无法解决明末社会的实际问题,引起学界不满,实学兴起。明清的实学既包括经世之学、实测之学,也包括明经致用论、史学经世论和考据实学,比宋元时期的范围更为宽泛。实学批判理学和心学,提倡经世致用,对实用科技尤其感兴趣。在明末内外交困的背景之下,“夷狄”文化进入一个业已形成、蔚为大观、繁荣活跃的“华夏”文明体系时,需要面对“华夷之辨“的文化心态,根据“华夏”全新的文化内容进行新的调整与适应。

实际上基督教在传播过程中,很早就形成了一套文化适应的传教方针。基督教发展的历史就是基督教不断适应地方文化的过程。某种程度上,新约圣经本身就是犹太信仰希腊化的结果,后来又经过了罗马化和中世纪的欧洲化,直至近现代的西方化和全球化。无论传播到哪里,基督教都在根据地方实际情况调整自身,不光教义、教理发生了改变,宗教组织、宗教体制、宗教仪式以及传教方式等都在按照教区的特点不断进行调适,直到适应了当地的水土,和当地文化达成一种新的平衡和协调,才能在新的环境中存活下去并流传开来。在这漫长的过程中,基督教在保持原始教旨的同时,必然掺杂许多本土文化的因素。古罗马的圣奥古斯丁在《上帝之城》中,谈到如何对待地方传统信仰问题。他认为基督教的普遍性与自然理性是相一致的,真正的宗教正如自然法则一样,不可能局限于某一个具体的民族和文化,如果布教地区的传统信仰代表着世俗哲学家的教诲而且符合自然法则,就应该给予考虑或接受。这一主张为后来的中世纪的神学家所遵循。

16 世纪的耶稣会领袖依纳爵·罗耀拉(Ignatius Loyola)曾致信各耶稣会会长,其中提到"适应"的传教方针:"我们的神父已授权,任何一个耶稣会士都说他们所在国家的语言:若在西班牙就说西班牙语;若在法国就说法语;若在德国就说德语,若在意大利就说意大利语,等等……我们的神父还授权,同一会规必须记下,并在耶稣会所在之地遵守,耶稣会应尽其所能地考虑它们所在之地的人民的性情。"(柯毅霖,1999:55)依纳爵·罗耀拉把这一设想纳入耶稣会士的培养计划和生活方式,并提出明确指导,以适于传教。利玛窦也认为,各个宗教团体必须"依基督教的方式修正和适应"(柯毅霖,1999:44)。

天主教的"变夷为夏"经历过一个曲折的发展过程。基督教的聂斯脱利派(又称景教)首次进入中国时,中国正值"贞观之治"的大唐盛世,佛教在中国的传播和发展正处于鼎盛时期,全社会有着浓厚的佛教文化气氛。因此,景教借用了佛教文化中的术语、概念和教义,对其经典教义进行解释。到了元朝,基督教被称为"也里可温教",是景教的余脉。"也里可温教"没有汉、蒙或满语译本,仍使用叙利亚语宣教,因此无法和中国文化进行实质性接触和融合。它主要依靠元政府的宗教宽容政策得以发展,信奉者主要是突厥及少数蒙古族人,在汉族中并不盛行。随着元朝灭亡,这支基督教派很快在中国就销声匿迹了。在罗明坚和利玛窦进入中国之前,基督教东方传教士的先驱沙勿略(Francois Xavier)和范礼安(Alessandro Valignano)都曾经详细考察过东方,都提出过对当地文化要有所适应,采用当地语言、利用知识传教。明末来华的耶稣会士参考范礼安等在日本等地的传教经验,结合个人对中国社会文化的认识,开始了天主教"变夷为夏"的最初尝试。

1582 年,耶稣会士罗明坚(Michele Ruggieri)及其助手利玛窦获准进入中国,起初在广东肇庆居住。罗明坚在中国居留时间不长,1588 年即返回欧洲。罗明坚主导传教事业期间，教会刊刻的天主教中文译著几乎均在他一人主持下完成。他也进行过文化适应的初步尝试。在传教之初，他们对“华夏”文化并不了解，以为佛、道代表了中国主流文化。为了融入中国社会，他们身着僧袍，所住的教堂名为“仙花寺”，还挂了一幅“西来净土”的匾额，充满了佛教意味。在一名福建人的协助下，罗明坚1584年在广东出版了《天主实录》。此书根据日本出版的天主教义的要点编译而成，是第一部汉语的天主教教理知识手册。罗明坚在《天主实录》中用汉语创译了不少基督教词汇，但仍以“僧”自称，书中不时可见“投胎”“僧生于天竺”“得道之真人”与“谒寺诵经”等佛道用语。这是早期天主教“变夷为夏”的初步尝试，但由于罗明坚对“华夏”文化了解不够，这种舍本逐末的变夷为夏非但不能引起明末社会的认同，也导致了天主教自身教法义理的过度歪曲。

二、利玛窦规矩——合儒补儒

罗明坚1588年返回欧洲后，其助手利玛窦取而代之，成为基督教在华传教事业的主导者。多年在华生活传教的经历使利玛窦认识到，儒学才是明朝占统治地位的思想。因此他决定蓄发留须，脱下僧袍，改穿儒服，从“番僧”一变而为“西儒”。耶稣会士为博得明末士人好感，尽快打消中国人“华夷有别”的心防，不仅儒冠儒服，接人待物、举止言谈也是一副儒家派头。与此同时，利玛窦开始仔细研究儒家学说，着手于天主教“变夷为夏”的新尝试。

一种外来宗教在中国的命运取决于对本土文化传统的适应程度，要进入中国这样一种极其稳定完备的文化系统，尤其如此。也就是说，天主教能否在中国扎根，取决于它能否以一种有生命力的方式变夷为夏，与中国文化实现嫁接。和佛经初入中国的东汉时期相比，明末的中国文化构成显然更加复杂。最明显的变化是，佛教作为超越的信仰已经先入为主，对强调入世精神的正统儒家形成了有益补充。佛、道被理学所吸收，已经形成了精深完备的文化体系，并上升为官方哲学的一部分，对任何新的超越的宗教意识形态都构成了一种强大的挑战。而实学的兴起、对科技的重视为天主教进入中国提供了适宜的途径，王学质疑传统权威的批判精神，则为外来宗教进入中国创造了宽松的氛围。传教士们都注意到，儒家思想作为官方意识形态已经深深融入了整个社会，于是只能采取变通策略，扬长避短，以科学技术作为敲门砖，透过科学的外衣，缓图宗教渗透。

利玛窦所撰《天主实义》（又名《天学实义》）在1595年至1603年刊行，是罗明坚之后首部重要的天主教义著作。在《天主实义》中，利玛窦杜绝佛道词汇，并以儒学驳斥佛老，这意味着天主教在华传教策略的重大改变。利玛窦所撰《天主实义》中出现的天主教词汇有：神、公教、陡斯、灵魂（又作“魂、魄”，罗明坚译作中都译为“魂灵”）、造物者（今作“造物主”）、赞美、爱慕、天神、亚党（即“亚当”）、阨袜（即“夏娃”）、耶稣、天主经（即“主祷文”）、圣经、司教、祈祷、救世者（今为“救世主”或“救主”）、领圣水人教，等等。其中不少词汇被明末的耶稣会天主教文献所吸收和改进，构成了今天天主教词汇的基础。

除了具体名词“变夷为夏”的语言转换策略，利玛窦更注重耶、儒两种文化精神内涵的整体嫁接。因此他的“变夷为夏”从一开始就具有中西文化交互阐释的主动因应性质，开启了耶稣会士简单对接中西文化的“索引派”（Figuism）策略：“吾西国古经载，昔天主开辟天地，即生一男，名曰亚党；一女，名曰阨袜，是为世人之祖。而不书伏羲、神农二帝。吾以此观之，可证当时果有亚党、阨袜二人，然而不可证其后之无伏羲、神农二帝也。若自中国之书观之，可证古有伏羲、神农于中国，而不可证无亚当、夏娃二祖也。不然，禹迹不与大西诸国，可谓天下无大西诸国哉？”（转引自李之藻，2013：232－233）。通过以上记载，利玛窦意在说明亚党、阨袜和中国三皇五帝分属人类文明的不同体系，彼此是可以相通的。利玛窦之后，南怀仁等传教士把这种暗示层面的中西文化道统的“假说”加以发挥，明确提出中国文化来自西方的说法。“中学西源”说本意是为了论证基督信仰的普适性，让天主教更易于为中国人所接受，但由于从文化渊源上矮化了中国文化，冲击到“华夷之辨”的普遍文化心态，使天主教在中国四面树敌，遭到中国绝大多数儒家知识分子的激烈抵制。

当然，科技翻译只是手段，耶稣会士真正的用心是把天主教义植入中国既有文化传统，其中最为核心的华夷冲突仍然是儒家哲学和天主教义的矛盾。利玛窦对中国文化进行了深入研究，对中国儒学进行分类、分期，提出了先儒、后儒、古代儒学、新儒学等概念，并根据明末儒学的特征提出了西方宗教进入中国的整体设计。利玛窦的基本思路是采用中国古代粗糙简单的“天”的概念，转化为“天主”，把中国古代研究自然与人性的学问归入“性学”，在此“性学”之上提出“超性学”，亦即形而上学，以完成天主教和先儒之间的文化嫁接工程。

在中国文化进行扬弃的过程中，利玛窦选择了代表“先儒”的“尧舜周孔”，而抛弃了“后儒”的“周孔程朱”。原因是“先儒”最不具有宗教色彩，更易于嫁接天主教的超越信仰系统。而“后儒”发展到程朱理学，则已经糅合了佛道的宗教意识，精密完备，跟基督教更加难以调和。“尧舜周孔，皆以修身事上帝为教，则是之。佛氏抗诬上帝，而欲加诸其上，则非之。”（转引自李之藻，2013：274）理学中的核心概念如“理”“心”“太极”等抽象概念与基督教人格神之间存在着根本分歧。理学强调，“理”是“无形迹”的，不具备人格神的因素，而基督教的主宰“天主”则是造物主兼人格神，两者有明显差异。按照传教士的神学认识论，人类的知识并不是来自经验或理性，而是来自神启。而理学家奉信的“理生万物”、格物致知，和天主教神学有直接冲突。心学藐视宋以来的纲常名教，创造了一种自由开放文化的氛围，有利于外来天主教的传播。但另一方面，心学自身地位并未稳固，它所信奉的内在良知、知行合一和天主教神学的本体论、认识论均有矛盾。

“窦自入中国以来，略识文字，则是尧舜周孔而非佛，执心不易，以至于今。”(转引自李之藻，2013：274)与此前的耶稣会士相比，利玛窦对中国文化的认识更透彻，他在“合儒辟佛”的过程中，除了直接以天主教的立场攻击佛道，也注意策略性地“以子之矛攻子之盾”，用经典的“先儒”批驳“后儒”或佛道。如利玛窦指出，程朱理学已经不是儒家了。“我们试图驳斥这种哲学，不仅仅是根据道理，而且也根据他们自己古代哲学家的论证，而他们现在的全部哲学都是有负于这些古代哲学家的”(利玛窦，1983：102)。利玛窦在《天主实义》“解释世人错认天主”中表示：“余虽末年入中华，然窥古经书不怠，但闻古先君子，敬恭于天地之上帝，未闻有尊奉太极者。”(转引自李之藻，2013：168)利玛窦借助儒家纲常，驳斥佛教的“轮回说”。他指出，如果相信人死后会转生为禽兽，那么经常为人所宰杀的牲畜难道就没有人的父母吗？这样一来，宰杀牲畜就是违反孝道。

在《天主实义》中，利玛窦首先阐述先儒和天主教在本体论上的同一性和兼容性。为此，他从儒家经典中长篇累牍地引申出关于灵魂不灭和天堂地狱之说的内容，证明天主在中国古已有之，为基督教教义寻找理论根据，其中不乏断章取义、牵强附会之处。神的名号是宗教意识形态的代表，神名的翻译直接、集中体现了不同宗教文化之间的冲突，历来富有争议。基督教最根本的教义是“天主”的存在，传教士们必须从“天主”的名号入手，在耶、儒之间相互打通。耶稣会士在附会儒家的过程中，援引大量先儒经典中含有“天”“上帝”的字眼，直接将其阐释为基督教的“天主”。在《天主实义》中利玛窦说：“吾国天主，即华言上帝。”(转引自李之藻，2013：173)这种简单、武断的比配和佛经的早期格义十分接近。利玛窦为说明天主即中国儒经中的上帝，不惜烦琐引用，体现了他对中国古典文化的精深造诣。他先后引证过的经典包括《周颂》：“执竞武王，无竞维烈，不显成康，上帝是皇。”《中庸》：“郊社之礼，以事上帝也。”《雅》：“维此文王，小心翼翼，昭事上帝。”《礼》：“五者备当，上帝其飨。”(转引自李之藻，2013：173)利玛窦引经据典，说明孔子等古圣先贤是把上帝作为有意志的唯一尊神来看待，而不仅是物质意义上的天。通过援引这些先儒经典语录，利玛窦提出：“上帝与天主特异以名也。”(转引自李之藻，2013：173)于是决定根据中国古话“至高莫若天、至尊莫若主”以及儒家的“天”或“上帝”，将基督教的神译作“天主”。

天主教宣传的人性也有双重特征，一方面人是按照天主的形象创造，原初之性美好无瑕，另一方面原罪使人类堕落败坏，需要靠信仰上帝获得拯救。但儒教传统中的性善论已经根深蒂固，为了不冒犯儒家的传统人性观，明末来华的耶稣会士往往更强调原罪并不妨碍人本性之善，因此很容易获得儒家基督徒的认同。天主教的义理体系中大量的宗教道德词汇，如天主三德“信、望、爱”常常以“孝”“敬”等核心儒家价值来表达，有明显迎合儒家思想的用意。

以利玛窦为代表的耶稣会士不仅会通耶、儒，同时还用天主教教义补充和完善儒教。也就是在“合儒”的同时，做一些“补儒”的工作。如果说“合儒”是“变夷为夏”，“补儒”则是在中国的先儒之教中人为地植入天主教义，更具有“变夏为夷”的特征，体现了传教士的真实用心。对于怀有宗教热忱的耶稣会士来说，如果长篇累牍、烦琐引证仅能够说明天学精神与中国传统文化的同质性，那是远远不够的。文化之间的同质性是必然的，也是相对的。如果中西文化完全同质，耶、儒之间毫无差别，那么中国有先儒就足够了，又有什么必要引进天主教呢？“补儒”就是用天主教之长，补儒家之不足，是对儒家的一种提升和完善，这才是耶稣会士的用心所在。在沟通了天主与上帝之间的关系之后，利玛窦又把天主教“爱天主”的说教与儒学中的“仁”协调起来。他把中国古代研究自然与人性的学问归入“性学”，在此“性学”之上提出“超性学”，亦即形而上学，以补儒学之不足。“补儒”的主要举措就是在儒家文化中加入基督教的“事天之学”，力图运用基督教“超自然的东西”来补充儒家不重来世的缺憾，强调基督教精神。“仁”是儒学伦理的根本特征，是整个儒学体系的精神所在，所谓“孔子贵仁”。而“爱”是基督教伦理的根本特征。儒学中的“仁”与基督教的“爱”在内涵和形式上都有差别。儒学的“仁”注重理性道德修养，基督教的“爱”则强调对上帝的信仰。但利玛窦为了假托孔子之名宣传基督教，用天主教的意识形态对“仁”加以创造性地阐释：“仲尼说仁，惟曰爱人”，“仁也者，乃爱天主与夫爱人。”（转引自李之藻，2013：243）经过利玛窦的这一番“夷夏互变”，儒学中的“仁”与基督教的“爱”被人为地等同起来，掺入了“爱天主与爱人”的新含义。

灵魂不灭、天堂地狱之说，是天主教的重要教义，然而在儒家典籍中却缺乏类似概念。利玛窦只能摘取古经传中一些隐隐绰绰、模棱两可的论述，引申为天堂地狱、灵魂不灭之说：“《诗》曰，‘文王在上，於昭于天’，‘文王陟降，在帝左右’。”（转引自李之藻，2013：188）将其引申为天堂地狱、灵魂不灭之说。他据此推断，古经传中既然有天堂之说，那么自然也就有地狱了。再如《西伯戡黎》祖伊谏纣曰：“……非先王不相我后人，唯王淫戏用自绝……祖伊在盘庚之后，而谓殷先王既崩而能相其子孙，则以死者之灵魂为永在不灭矣。”（转引自李之藻，2013：188）。早期的“索引派”这种“合儒”缺乏逻辑论证，简单粗糙，但儒家治学的经学传统本来就并不强调逻辑论证，只注重引经据典和举例说明。因此这种“索引派”的“合儒”既满足了儒家“华夷之辨”的文化心态，又契合儒家墨守经典的经学传统，容易在儒家士人中引起共鸣。

事实证明，跟罗明坚“援佛入耶”的策略相比，这种“援儒入耶”的“变夷为夏”策略更易为中国的士大夫阶层所接受。利玛窦从先儒经典中引章摘句来定义“天主”，容易打通文化关隘，获得士大夫的文化心理认同。《天主实义》刊行不久，很快风行全国，在士大夫中引起了很大的反响，标志着明代天主教的在华传播也随之进入了一个利玛窦主导的全新时期。这意味着“夷狄”之以教在语言和义理上已基本完成“变夷为夏”的过程，在深层内涵上和华夏文化发生了实质性的深层对话和接触。而在整个过程中，“华夷之辨”对耶、儒对话的方式和效果始终发挥着强大的制约功能。

自利玛窦逝去之年以迄明亡（1610—1644 年）的三十多年间，明末天主教虽屡遭教难，但仍获得很大的发展。除了利玛窦的《天主实义》，传教士所著的主要天主教著作还包括龙华民（Niccolo Longobardi）著《灵魂道体说》、艾儒略（Giulio Aleni）著《万物真原》及《三山论学记》、汤若望著《主制群征》、卫匡国（Martino Martini）著《真主灵性理证》、陆安德（AndreJean Lubelli）著《真福直指》等。中国出现了第一批天主教徒，包括天主教“三大柱石”徐光启、李之藻、杨廷筠，以及王徵、孙元化、山西绛州的韩氏兄弟和段氏兄弟，等等。此外，不少儒生如冯应京、毕拱辰等，虽然因各种原因未能入教，但一直向往和同情天主教。在他们的积极推动和参与下，晚明出现了民间编译出版天主教文献的高潮。万历四十三年（1615 年），金尼阁代表在华耶稣会士向罗马教宗申请用中文翻译《圣经》和举行宗教仪式获准。随后，汉译天主教作品的出版程序进一步简化，天主教书籍的汉译出版快速发展。天主教堂逐渐在各省建立起来，不仅传播天主教，同时也翻译出版教会文献。

但天主教的引入未能挽救明帝国覆亡的命运，入清以后，儒家知识分子对天主教的热情逐渐消退。入清以后，起初还严厉禁止满族子弟修习汉文，在宗教文化上举棋不定，但最终仍然接受了周孔程朱为官方哲学。清代失去了晚明时自由宽松、繁荣活跃的文化氛围，思想文化政策趋于严厉和专制。另一方面，耶稣会之外的其他修会如多明我会、方济各会等，陆续进入中国。这些后来的天主教派属于托钵修会，跟耶稣会士不仅传教方式不一样，对教义的阐释也有所不同。不同教派的出现和相互竞争造成信仰的混乱和信众的分化，使立足未稳的天主教的影响进一步削弱。因此入清以后天主教文献的翻译出版数量下降，清初奉教士人在教案频发、官民反教情绪日激浓烈的情况下，撰写了一些辩教、护教的作品，如张星曜的《天儒同异考》《圣教赞铭》《祀典说》，严谟的《天帝考》《祭祖考》《木主考》《辩祭》等。

跟宗教文献相比,科技翻译借助自然科学的致用之利以及康熙帝对西方"质测之学"的个人喜好,仍然兴盛一时。其中不少传教士如汤若望、罗雅谷等,借助修订历书,在改朝换代之际免遭牵连,迅速被清廷所接纳。整体而言,不管传教士初衷如何,清代的宗教翻译已经全面式微,而科技翻译则继续为朝廷所看重和扶持。

一般来说,宗教作品表达了更多的价值观念差异,而实用科技则研究纯客观世界,翻译中较少涉及文化冲突。但实际上,这种差别只是相对的。为了"附会"中国文化,传教士不仅把西方宗教包装成修身事天之学,对于传播宗教的敲门砖——象数之学和格物穷理之学,他们也同样做了一番手脚,以确保西方的知识能比较顺利地被中国人接纳。如利玛窦编绘的《山海舆地图》(又名《坤舆万国全图》)和《两仪玄揽图》,有意把中国放在世界地图接近中心的位置。这显然是为了迎合"华夷之辨"的中国中心论。同样,邓玉函在翻译《泰西人身说概》时,考虑到中国人对死者的尊重和对隐私的禁忌,在书中刻意省略了解剖学中的内脏部分,只译了感觉器官的知识。天文历法在中国的农耕社会中有特殊地位,历法不仅可用于观测天象、推算节气,也被视为王朝确立的象征。中国历朝历代对历法极其重视,传教士投其所好,最注重传播天文学,把它称为"通天捷径"。为了不引起中国人反感,对于西方科技中不符合中国人认知的内容,他们甚至不惜歪曲事实,投中国人所好。

清朝内外条件的变化,决定了"合儒辟佛""学术传教"的"利玛窦规矩"最终难以为继。后来的传教士首先突破了利玛窦"合儒"的方针,把附会的范围扩大到道家经典,进入了"全面附会"期,如法国耶稣会士白晋(Joachim Bouvet)、傅圣泽(Jean Francoise Foucquet)等"索隐派"。他们力证中国古史是世界通史——圣经创世说的一部分,中国人是诺亚后裔,救世的启示和基督信仰在中国经典中古已有之等。同样是立足于天主教神学立场的"变夷为夏",但以"天主""造物主""神"来诠释"太极""道"等做法不仅遭到中国士人的普遍反对,也引起了另一些传教士的质疑,形成了天主教会内部的争议。后来的天主教派坚持所谓正统的传教方法,反对把科学与宣教相结合。1614 年,日本和中国教区大主教卡尔瓦罗(Valentin Carvalho)派遣阳玛诺(Emmanuel Diaz)视察各地教区,并规定除福音外禁止向中国人讲授数学或其他科学。1629 年,日本和中国教区巡视员帕尔梅罗(Palmeiro)看到部分传教士重科学、轻宗教,深感惊诧,于是明令禁止。以正统天主教会自居的人,对于利玛窦把天主教义儒教化的做法也深感不满,认为利玛窦是离经叛道。他们反对中国信徒参加祀天、祭祖和祭孔活动。由于正统派的推波助澜,百年以后,罗马教廷禁止以儒家的"天"或"上帝"称呼"天主",禁止中国教徒参加祭祖祀孔等中国传统习俗,并对儒家进行攻击,引发所谓的"礼仪之争"。这一做法等于否定了利玛窦的天主教儒学化策略论,割裂了天主教与中国本土文化的联系。雍正帝遂驱逐西方传教士,明清时期天主教的在华传播随之中断,而西方科学的翻译活动及正常的外贸活动也由此转向低潮。

第三节　从“华夷之辨”到“西学中源”

中国文明发端较早,历史上长期领先于世界。在古代中国封闭的地理环境和“春秋格局”的历史背景下,自先秦以来就形成了“华夷之辨”的观念,目的是为了维护华夏民族政治上的统一和文化的正统地位。但明末输入的“夷狄”文化给当时高度发达的华夏文明带来了前所未有的冲击。如何面对这种具有颠覆性的陌生奇异的知识?又如何处理中西文化,对待西方传教士在中国的翻译活动?“合儒易佛”是天主教在新的历史文化背景之下,顺应“华夷之辨”所做出的一种艰难的历史选择。但明末的“华夏”已经具有了更加复杂的内涵,因此,这种选择一方面使耶稣会士获得了开明士大夫和正统儒生的认同,另一方面,也意味着耶稣会必然要卷入明末的儒佛争鸣,成为儒僧和程朱理学攻击的目标。更重要的是,在明末边警频仍、海防告急的社会政治危机中,不少儒家士大夫开始强调“华夷之辨”狭隘的地缘政治意义。有部分儒生排斥天主教而接纳实用科技,也有极端保守的儒生不加区别地全面排斥西学。明末士人对西学的回应看似矛盾,实际反映了明末特殊的历史文化背景之下“华夷之辨”和基督教的“普世价值”之间的一种对撞。

利玛窦宣扬的天主教义是以“附会”为特征的文化调适,非常强调附会先儒的既定信条,迎合一般中国人根深蒂固的“华夷之辨”的文化自足心态。但由于“华夏”的内涵过于复杂精深,夷狄跟华夏的思想文化交锋难免捉襟见肘、顾此失彼。另一方面,佛教自汉代传入中国以后,虽然被理学加以吸收,但宋、明以来的正统儒学仍视佛教为异端,儒佛之间的相互攻击也并未终止。程朱理学虽然被钦定为官方哲学,但仍然要面对正统儒家的攻击,还要应付陆王心学的挑战。明末这种学术文化的空前繁荣和活跃,意味着耶稣会士很难做到左右逢源、多方讨好。利玛窦出于传教目的,不满足于单纯的附会,而是掺入很多天主教教义,潜移默化地篡改了先儒经典。他的“合儒”实际上是中西文化的双向阐释和相互改造的结果,具有了中西文化会通和交融的特征,也具有了中西文化比较和对话的性质。但明末士大夫由于文化身份不同,对于天主教神学的理解却似是而非,并不完全符合天主教徒的期待。即使认同天主教义的中国官员也是从中国文化本位的立场出发来解读天主教的,和天主教会传播福音的初衷貌合神离。以“华夷之辨”的中国文化本位的立场来理解天主教,常常表现为一些翻译的派生形式,如中国人撰写的天主教义的述评、汇编等。这些译述、编译等形式较为自由，为个人依据明末的社会条件解读和改造外来天主教提供了更大的空间，也为理解天主教在中土的接受过程提供了重要资料。

整体而言，中国人都是从“华夷之辨”的既定观念出发，对天主教进行取舍和解读的，因而对天主教的重释带有浓重的儒家的经世致用和世俗道德伦理色彩。徐光启、李之藻、冯应京等人承认基督教具有良好的社会功能，但出发点却是服务中国社会的实际需要。如徐光启在《辩学章疏》中说：“臣尝论古来帝王之赏罚，圣贤之是非，皆范人于善，禁人于恶，至详极备。然赏罚是非，能及人之外行，不能及人之中情……必欲使人尽为善，则诸陪臣所传事天之学，真可以补益王化，左右儒术，救正佛法者也。”（徐光启，1963：432）徐光启将天主教理解为一种道德和政治教化理论，认为天主教具有一种道德劝善功能。李之藻在《寰有诠·序》中说：“此天非指天象，亦非天理，乃是人所以然处。学必知天，乃知造物之妙，乃知造物有主，乃知造物主之恩；而后乃知三达德、五达道，穷理尽性，以至于命；存吾可得而顺，殁吾可得而宁耳。故曰儒者本天。”（转引自徐宗泽，1989：199）以上论述以儒家的“三达德、五达道”“穷理尽性以至于命”来解读“造物者”，是跨文化文本诠释的典范。

由此可见，中国士大夫们所看重的并非基督教教义，实际上他们对天主教神学并无真正兴趣。他们从儒家的价值标准来会通天主教，更感兴趣的是天主教有利于王道教化的社会政治功用。在明末中国的天主教徒心目中，天主主要是一种绝对至上和普遍有效的伦理规范的终极源头和保障。这种创造性的解读反映了明末儒家知识分子对待西方天主教的泛伦理化、世俗化倾向，一方面改变了天主教的本质，同时也拓展了天主教的意义深度。比如儒家天主教徒接受了利玛窦的译法，把天主教的“Deus”（神）理解为先秦典籍中的“天”或“上帝”，是“主宰”的意思。这样一来，先秦典籍中的“天”和“上帝”的外延就发生了变化，而西方天主教“Deus”的内涵也被赋予中国化的诠释，儒家天主教徒常常以“大父母”来称呼“天主”。虽然从表面上看，他们理解中的天主教也是儒教和基督教的结合，但立场和基点却是中国本位的，这是另一种形式的“变夷为夏”。这是利玛窦等耶稣会士始料未及、也不乐见的。对比天主教徒旁征博引儒家经典以证明天堂的存在及灵魂不灭，中国天主教徒的理解其实是反其道而行之，跟耶稣会士的苦心经营完全背道而驰。

不少开明士人表面上承认世界文明具有多样性，可以超越民族或地域的界限实现互通，但仍然带有“华夷之辨”的文化道德优越感。冯应京曾给《天主实义》作序说：“语性则人大异于禽兽，语学则归于为仁，而始于去欲。时亦或有吾国之素所未闻，而所尝闻，而未用力者，十居九矣！”（转引自徐宗泽，1989：145）李之藻在

《〈天主实义〉重刻·序》中说:"彼其梯航琛赞,自古不与中国相通,初不闻有所谓羲文周孔之教。故其为说,亦初不袭吾镰洛关闽之解,而特于小心昭事大旨,乃与经传所纪,如券斯合。……信哉东海西海,心同理同,所不同者,特言语文字之际。而是编者出,则同文雅化,又已为之前茅,用以鼓吹体明,赞教厉俗,不为偶然,亦岂徒然。"(转引自徐宗泽,1989:147)以上序言表明,儒家看来,真理无分中西,中西文化可以会通,因此西方宗教可以用来"鼓吹体明,赞教厉俗",共同归于儒学之旨:服务于政治教化、经世致用的道德哲学。

开明儒生视维系人心的天主教为"补儒"良方,对西方的实用科技更乐于接受。1628 年,李之藻编刻了中国天主教史上第一部丛书《天学初函》,全书分为"理"编和"器"编两部分,其中"器"编收录的都是西方科学技术成果。《天学初函》的分类显示,明清士大夫眼中的"天学"并不限于天主教,还包括道德、哲学、科学、技术之学。明末的"天学之儒"邵辅忠在《天学说》(2000:2)一书中指出:"我明国从来不知有天主也,自神宗朝泰西利玛窦始倡天主之教,其所立言,以天文历数著,一时士大夫争慕向之,遂名天学云。"(转引自翁同苏,1966:3)"天学"就这样被创造性地理解为宗教和科技双重内涵。在这个过程中,宗教含义无疑被淡化,而实用科技则得到了重视。这种取向本身体现了予取予求的拿来主义,不仅符合当时中国社会实际需要,更主要的是体现了儒家的价值取向。儒学在其发展过程中,很早就形成了重道德修养、轻视科学技术的倾向,具体科学只是道德哲学和政治哲学的附属。如果天主教和儒学这两种"形而上"学中应以儒家既有传统为主,外来天主教为辅。那么按照儒家的既定认知,各具体科技皆属"形而下",原本就从属于儒家道德哲学,完全可以吸收纳入中学,共同补益王化。明末社会的这种"取我所需"迫使传教士不得不把更多的精力投入到传授西方科学技术之中。《几何原本》中译本正是在徐光启的一再坚持下才由利玛窦与徐光启合作完成的,其他一些西方科学技术著作的翻译也有类似情况。

在儒学意识形态影响之下,明清两朝官方对西学的政策是"节取其技能,而禁传其学术",也就是看重其"器",而抛弃其"理",集中体现了以儒家为代表的中国知识界对待外来文明的取舍。明朝官方仅刊刻出版历算、地理、音乐、工艺美术等实用性西学文献,对宗教文献则十分敏感和排斥。清朝则几乎完全沿袭这一文化政策,《四库全书》的编纂几乎是以"节取其技能,禁传其学术"为根本指导思想编纂而成。除收录了一部分有关实用科技的书以外,对宗教和人文方面的书要么少收,要么改动后再行收录。如李之藻的《天学初函》原是二十篇,收录进《四库全书》以后却改为十九篇,略去了《西学凡》后所附的《唐景教碑》,理由是编者认为西学虽然长于测算,但同时也崇奉天主,以炫惑人心。

传教士选择尧舜周孔而非佛，是上古儒学而非宋明理学，则必将遭到程朱理学卫道者的猛烈还击。利玛窦著《天主实义》、龙华民著《灵魂道体说》、艾儒略著《万物真原》及《三山论学记》、汤若望著《主制群征》、卫匡国著《真主灵性理证》、陆安德著《真福直指》，都从天主教教义出发，批驳宋明理学。黄贞斥责天主教“独标生天生地、生人生物者，曰‘天主’，谓其体无所不在、无所不知、无所不能”（转引自夏瑰琦，1996:150）。这种言论触动了“华夷之辨”的中国文化中心主义的底线，在中国儒生听来就成了“以吾中国万物一体之说不是，以王阳明先生良知生天、生地、生万物皆非也”（转引自夏瑰琦，1996:150）。传教士不仅批驳理学，在“合儒”的过程中，还需指出先儒之不足，以佐证天主之优长：“议孔圣‘太极’之说为非，子思‘率性’之言未妥，孟氏‘不孝’有三之语为迂，朱子‘郊社’之注不通，程子‘形体主宰性情’之解为妄。”（转引自夏瑰琦，1996:327）传教士既对抗程朱理学，又指责古圣先贤，必然会伤害儒士的文化自尊和文化情感，引起先儒和后儒的齐声讨伐。明末反教风潮中涌现了一批批驳天主教的文献，收集在《圣朝破邪集》中。这些文献对一切攻击宋明理学和古圣先贤的天主教言论进行反驳。其中著名的文献包括许大受的《圣朝佐辟》、黄贞的《请颜壮其先生辟天主教书》和《尊儒亟镜》、钟始生的《天学初征》与《天学再征》、林启陆的《诛夷略论》、虞淳熙的《利夷欺天罔世》、虞淳熙的《破利夷僭天罔世》、陈侯光的《辨学刍言》等。这是明末耶、儒对话的真实记录，也是华夷之辨在明末特殊的文化背景之中的延续。对比反佛言论，明末清初儒士对天主教的批判更显情绪化，但核心理论武器仍然是“华夷之辨”。

随着中西文化交流的深入，晚明清初的思想家都有了某种文化比较的自觉，很多人开始思考中西文化的优劣。马克思指出，前一时期的任何文化成就（不管是政治制度、法律，还是文学艺术）都会遭遇到后一时期的“曲解”，在特定的发展阶段里，“被曲解了的形式”是跨时空文化理解与接受的“普遍的形式”。西方的中世纪神学和古典科学跨越时空，在明清之交进入一个完全异质的中国文化体系中时，注定了要在相互碰撞中彼此曲解。由于耶稣会士和明末士人的文化身份迥异、知识结构不同，由他们所主导的文化对话中出现了一些似是而非的假设，但都是在“华夷之辨”的框架内进行的中西文化会通的初步尝试，对现代社会中异质文化间的交流仍有一定启示。

信奉理学的保守儒士站在维护儒家正统的立场上，对传教士们的言论进行了反驳。他们否认天主超越宇宙而存在，否认天主有意志，以万物一体说驳斥天主教，还批判了天主教在伦理等方面与儒学的相悖之处。他们从已经制度化了的中国儒家教条出发，整体否认西方宗教，认为对天主的崇拜是“逆伦”的大害。陈侯光说，利玛窦“独尊天主为世人之大父，宇宙公君，必朝夕慕恋之、钦崇之。是以亲为小而不足爱也,以君为私而不足敬也,率天下而为不忠不孝者,必此之言夫”(转引自夏瑰琦,1996:246)“至尊者莫若君亲。今一事天主,遂以子比肩于父,臣比肩于君,则悖伦莫大焉”(转引自夏瑰琦,1996:247)。黄贞呼朋结社,专以辟天主教为己任。他甚至斥利玛窦曰,利先生天学“只为太极之乱臣贼子,为素王之恶逆渠魁。”“利妖之灭太极,即灭中庸也。”(转引自夏瑰琦,1996:163-164)。总之,保守的儒家学者认为基督教是左道惑众的夷教,以儒家纲常伦理来强化华夷之别。

明末清初反教儒士大多对天主教教义缺乏深入了解,他们对天主教的批驳,不是一种理性论辩,更多表现为“华夷之辨”的排外情绪。他们以捍卫儒学本位为己任,将外来宗教指斥为邪教。如明末黄贞表示:“愿以无用之身,用报孔孟,用报君亲,用救天下万世生灵,勿为夷邪所害,共还中国衣冠。”(转引自夏瑰琦,1996:168)杨光先以“华夷之辨”为基本立场,极端反对天主教,他首先指责传教士“造传妖书惑众,邪教布党京省,邀结天下人心”以及“香山澳盈万人,距为巢穴,接渡海上往来。若望借历法以藏身金(京)门,窥伺朝廷机密”(杨光先,2000:5-6)。这些指控虽然未必真确,但从明末海防安全出发,言语耸动,反映了典型的严“华夷之大防”的心态。其次,他依据理学信条,指责天主教“得罪名教”。“邪教之力如此重哉!三光晦,五伦绝矣,将尽天下之人胥沦于无父无君也!尚可以已乎?此而可已,孰不可已!斯光先之所以不得已也”(杨光先,2000:3)。他甚至提出全面排外思想:“宁可使中夏无好历法,不可使中夏有西洋人。”(杨光先,2000:79)。明清之际的反教风潮中,这种极端言论表达了“华夷之辨”的强烈的民族文化情结,对明末社会有一定影响。明末社会发生的多起教难,反映了保守官员对外来文化的顽强对抗。这些文化上的保守主义警醒国人警惕传教士通过宗教教化,进而奴役中国人民,有一定积极意义,但他们的全面排外思想客观上阻碍了当时的科学翻译活动。

随着宗教翻译的深入发展,反教儒士对基督教思想实质有了更深的认识。儒生和西方的文化对话更加理性,对问题的探讨也较为全面和客观。如浙江儒士钟始声指出了天主教的“天主”跟中国先儒典籍中“上帝”的区别:“吾儒所谓天者有三焉,一者望而苍苍之天,所谓‘昭昭之多,及其无穷’者是也。二者统御世间主善罚恶之天,即《诗》、《易》、《中庸》所称上帝是也。彼惟知此而已。此之天帝,但治世而非生世,譬如帝王,但治民而非生民也,乃谬计为生人、生物之主,则大谬矣。三者本有灵明之性,无始无终,不生不灭,名之为天,此乃天地万物本原,名之为命。故《中庸》云:‘天命之谓性’。天非苍苍之天,亦非上帝之天也;命非谆谆之命;亦非赋界之解也。”(转引自翁同苏,1996:930-931)。钟始声认为,基督教所谓的“天”仅仅是儒家所言“天”的一个方面而已,这一见解体现了明末中西宗教文化比较的深度。由此可见,部分儒士已经能从哲学宗教思想的角度对天主教进行分析和反驳,而不是盲目地情绪化排外。这种儒、耶对话虽然同样出于捍卫儒家本位的初心,也无法完全避免“华夷之辨”的情感渗入,但显示了明末部分儒生对中西宗教哲学内涵的深入理解,代表了更高水平的中西思想交流,对天主教的批驳更能切中要害。

由于天主教跟中国文化风俗有差异,加上边患和海防危机,自传教士进入中国,民间反教的声音和事件一直不断,但影响有限。利玛窦去世后不久,在反教风潮的影响之下,明神宗万历四十四年(1616 年)发生了著名的“南京教案”,这是基督教在中国所遇到的第一次较大挫折。南京礼部尚书沈榷向万历帝连续上书,站在儒家的立场上,极力批判天主教,导致天主教被定罪,一些传教士被捕,天主教堂被毁,一些墓地也遭到破坏。后来出于修订历法的需要,崇祯皇帝重新起用传教士,天主教在中国才又恢复了活动。沈榷的奏书中所列举的传教士罪状主要有三方面:一是传教士送礼物给中国人是为了收买人心,以致在适当时候可以倾覆中国;二是传教士以西洋方法治历,违反尧舜一向的做法,是有意变乱中国传统;三是传教士破坏儒家文化,教导人不拜祭祖先。可以看到,奏书重弹“夷夏大妨”的老调,是“华夷之辨”在明末耶、儒冲突中的一种翻版。

利玛窦以后,南怀仁等传教士在《道学家传小引》中,较为明确地提出了中国民族文化来自西方的说法,声称自天地混沌初开,最早的人类祖先是西方的亚当和阨袜,而中华创世始祖伏羲乃是其后裔,“……乃将土化为人祖,男则名亚当,女则名阨袜,配为夫妇,以传人类。父子公孙,代代相继。传至诺厄,洪水之世,由诺厄夫妇三子三媳八人,传至第十三代子孙,名号伏羲者,乃始入中华,为首御物之君,华地始有民居。”(转引自徐宗泽,1989:225)这种说法在传教士中普遍流行,从文化根源上矮化了中国,招致明清学者的强烈批判,指斥传教士“倡邪说以诬民,思用夷而变夏”。儒家士人从中国文化本位主义立场出发,对这种假说大力批判。陈侯光在《辨学刍言》的序中说:“孔子之道,如日中天,大西何能为翳,惟夷教乱华,煽惑浸众。”(转引自夏瑰琦,1996:244)张广恬在《辟邪摘要略议》中说:“近有外夷,自称天主教者,言从欧罗巴来……潜入我国中,公然欲以彼国之邪教,移我华夏之民风,是敢以夷变夏者也。”(转引自夏瑰琦,1996:276)

清朝顺治年间,李祖白与意大利传教士利类思合著《天学传概》,重炒“中学西源”的命题。主要内容说上帝创造人及万物,人类初祖之子孙聚居如德亚国,其后生齿日繁,散走遐逖,在中国即为伏羲氏,即非伏羲氏,亦必先伏羲不远,并引《尚书》95 言、《诗经》110 言、《论语》26 言、《中庸》20 言、《孟子》59 言,证明先圣先贤皆天主教的后学,六经四书皆天主教的法意微言。李祖白与利类思的中国文化西源说，从根本上否定中国文化传统的原创性，遭到杨光先等保守派的激烈反对。此书缺乏依据，骤下结论，措词轻率，也为杨光先排教提供了口实，成为清初历史上的“康熙历狱”事件的重要导火线之一。李祖白等5人被处死后，由于政治风向的变化，“中学西源”学均遭到排斥，而“西学中源”说渐居上风。

“西学中源”说顾名思义，认为西学源自中国。明末学者认为，西夷的文化礼仪是从中国学来的。《破邪集·为翼邪者言》云：“独奈何夷族之讲求瞻礼者，我中国之章绝也，夷书之撰文辑序者，我中国之翰墨也，夷类之设为景教堂者，我中国之画轩华栋也。迁乔入幽，用夷变夏，噫嘻嗟哉！是尚可忍言也?”（转引自程恭让，1997:17）方以智说：“万历之时，中土化洽，太西儒来，脬豆舍图，其理顿显。胶常见者，骇以为异，不知其皆为圣人之所已言。（转引自邓建华，1998:63）。

黄宗羲与西方传教士有过交往，研究过西方天文学和数学。在《叙陈言扬勾股述》中，黄宗羲作了类似的论述：“勾股之学，其精为容圆、测圆、割圆，皆周公、商高之遗术，六艺之一也。自后学者不讲，方伎家遂私之……珠失深渊，罔象得之。于是西洋改容圆为矩度，测圆为八线，割圆为三角，吾中土人让之为独绝，辟之为违天，皆不知二五之为十者也。”（黄宗羲，1993:37）黄宗羲首先指出了西洋数学是中国早已失传的勾股之学，被“罔象”（传说中的水怪，此喻西人）所得，传于西方。把西人喻为“罔象”，完全采取歧视异族的观点，体现了“华夷大防”的思维。

王锡阐批评《崇祯历书》的编撰违背了“取西历之材质，归大统之型范”的初衷，主要采用了西方历法。在《历策》一书中，王锡阐提出：“今者西历所矜胜者不过数端，畴人子弟骇于创闻，学士大夫喜其瑰异，互相夸耀，以为古所未有。孰知此数端者悉具旧法之中，而非彼所独得乎！”（转引自李忠林，2018:62）王锡阐列举五个证据，表明西法的创新皆为中法所已有，将“西学中源”说论证得淋漓尽致。

清初算学大师梅文鼎时代，“西学中源”的言论臻于成熟。梅文鼎也强调，在“西学中源”的框架下，“去中西之见”，会通中西文化。梅文鼎在其所修《明史·历志》中则将“西学中源”说进一步系统化。在《历学疑问》和《历学疑问补》中，他提出西方天文学中包括“地圆说”在内的许多论断均可见于中国古代的典籍之中；他又在《几何通解》《勾股举隅》等数学著作中认为，西方的几何学即是中国古代的勾股学。梅文鼎说：“谓众角辏心以算弧度，必古算所有，而流传西土，此反失传，彼则能守之不失，且踵事加详。”（梅文鼎，1985:8）其后，梅瑴成在所编撰的《数理精蕴》开头出现了这样一段话：“我朝定鼎以来，远人慕化，至者渐多，有汤若望南怀仁安多闵明我，相继治理历法，间明算学，而度数之理，渐加详备。然询其所自，皆云本中土所流传。”（1936:8）。

李光地的《历象本要》还认为，中国传统天文学不仅包含地圆说，而且还包含西方天文学有关宇宙结构的知识。李光地认为，屈原的天九重说与西方天文学的宇宙结构知识是一致的，而且，西方天文学的宇宙结构体系可以用中国的“阴阳五行”说加以解释。清中期的儒家学者戴震将中国古代策算、度量衡、律历、弧矢割圆与西方的平三角、弧三角法比较，认为三角八线源于勾股，其抑西扬中的立场十分明确。

在这种思想影响下，康熙帝也认为西洋算法都出自《易经》，源自中国，而后传于西方。西学中源的理论经康熙帝“钦定”之后日益流行，一度成为官方主流意识形态。中土人士倡导“西学中源”不足为怪，洋教士附和“西学中源”则有可能曲意逢迎“华夷之辨”的固有心态，借中学的威望以自抬身价，最终便于西学的传播。当时的外国传教士为取悦康熙帝，把代数学的译名“阿尔热巴达”（Algebra）转译为“东来法”或“中国法”，以保证在华传教顺利进行。嘉道年间，在整个学坛考据成风的大背景下，学者们满足于从中国传统学术中考证西学出处，乖谬之处所在多有，“西学中源”的理论反成了阻碍科学进步的工具。“华夷之辨”强化了文化自信和传统文化的自我保护意识，有一定积极意义，但这种心态也使得中国社会错失了正确认识、全面引进西学的历史契机。

在对待西方科学的态度上，清中期的大儒阮元也继承了明清之际的“西学中源”说。他在《畴人传》的“凡例”中说：“西法实窃取于中国，前人论之已详。地圆之说，本乎曾子。九重之论，见于《楚辞》。”（阮元，2009c：4）。

明清之际“西学中源”说的形成与儒家主流文化有密切的关系，特别是儒家的经学传统有关。在引经据典的治经方法影响之下，所有的学问需要从古代经典中寻找依据。可以认为，明清之际的“西学中源”说，与传统的经学研究方法有关。但不可否认的是，儒家“华夷之辨”作为一种业已形成的世界观，左右着当时中国对于西方的认识。中西学术的相合或暗合是必然的，这正体现了科学研究的规律性和客观性。但这种相合是否等同于“西学中源”或“中学西源”，则需要更系统周密的论证。“西学中源”或“中学西源”在今天看来虽然不尽科学，却反映了中西文化在明末清初的首次碰撞中彼此曲解的历史真相，而且贯穿了西学在中国首次翻译和传播的全过程。

在此之前，儒学和天主教代表着两种迥然不同的文化传统，彼此基本上是在相互隔绝的状态下独立发展的。明末清初，西学借天主教徒入华，首次全面而系统地进入中华大地。以基督教为代表的宗教意识形态、西方哲学以及各类具体科学，均对以儒学为代表的中国学术产生了前所未有的冲击。从字面上来看，“西学中源”或“中学西源”本身就是文化交融的产物，论辩双方受制于各自文化身份，均力证自己的文化，特别是形而上的意识形态才是最优越的，外来文化是自有文化的派生或支脉。此次中西学术辩论耗时之久，涉及范围之广，论辩双方之博学，在中外交流史上非常罕见。论辩涉及儒学和基督教两种文化系统的优劣高下，无疑要触动“华夷之辨”的敏感神经。“西学中源”说无疑是古老的“华夷之辨”在明清之际的重新演绎，对比佛教东来引发的儒佛之争，这一点显得尤其明显。不仅基本心态是“华夷有别”“礼别华夷”“变夷为夏”，连论辩中的基本文化标尺——三纲五常都没有太大变化。反教的理学家们恪守修身养性、完善道德的程朱理学为经世之道，极少有人根本上否认华夏而肯定夷狄。这说明，“华夷之辨”的文化优越论作为一种文化上的保守意识形态，始终制约着明末清初中西文化交流的实践和理论。

“西学中源”是明清之际中国儒生对待西学的普遍文化心态，就连注重科学精神的著名中国科学家也不例外。究其原因，儒学作为一种根深蒂固的文化传统，对中国士人意识形态的影响不下于一种宗教。因此此次中西文化道统的优劣之争，难免成为宗教情绪的相互对话，注定了双方只能是自说自话。今天看来，这场中西文化优劣的“道统”之争，受限于当时整体学术水平的发展，双方的论证及结论也牵强武断，存在的问题是非常明显的。康乾之后，特别是经过康熙历狱，由于“华夷之辨”和当时政治因素的影响，“西学中源”说在中国学术界渐居上风。由于康熙帝的积极提倡，“西学中源”说表现为带有政策性的理论观点，并直接主导着清代中后期中国民族文化理论建构的走向。

第四节　徐光启的“翻译—会通—超胜”

与佛经译论相比，明清之际的翻译理论不仅非常零散，在涉及的议题、讨论的深度和条理性上都远为逊色，大多都泛泛谈及翻译之难，涉及具体字面转换的论述也很少见。如利玛窦在《几何原本》(1607 年)译序中说：“东西文理，又自绝殊，字义相求，仍多阙略。了然于口，尚可勉图，肆笔为文，便成艰涩矣。”(转引自陈福康,2000:49)。利类思在《超性学要》的序文中说：“自惭才智庸陋，下笔维艰，兼之文以地殊，言以数限，反复商求，加增新语，勉完第一支数卷，然犹未敢必其尽当于原文也。”(转引自陈福康,2000:49)但无论中西译者，都表达出对原文原意的尊重。利玛窦自称与徐光启合作时“反复辗转，求合书本之意，以中夏之文重复订政，凡三易稿”(转引自陈福康,2000:49)。意大利传教士艾儒略在《万日略经说》中提到：“会撮要略，粗达言义。言之无文，理可长思，令人心会身体。虽不至陨越经旨，然未敢云译经也。”(转引自陈福康,2000:50)。李之藻强调翻译需“借我华言，翻出西义”，不敢“妄增闻见，致失本真”(转引自陈福康,2000:59)。但联系各自“以中化西”和“以西化中”的翻译实践，可见翻译理论和实践的不相一致，几乎是翻译史上的普遍现象。理论上对原文原意的尊重并不妨碍中西译者根据一己之见,对西学进行有目的性的解读和阐释。李之藻曾将自己的翻译称为"创译",可见字面上的创造性变通。

另外值得一提的是乾隆初年魏象乾在《繙清说》提出了"正"译的标准:"夫所谓'正'者,了其意,完其辞,顺其气,传其神,不增不减,不颠不倒,不恃取意。"(转引自陈福康,2000:66)这段文字概括了汉语译为满文应当遵从的翻译原则,重申佛经译论的"信"的标准,包括意义和风格两个方面。就理论认识虽然没有特别新意,但因为表述得集中、精练,在明清之际的翻译理论中占有突出地位。魏象乾认为,译者应完全忠于原文,深入了解原文意境,然后才能传达其神韵。他提倡"直译",反对任意增词减字或颠倒词序,也反对随意发挥。但原文中含蓄的意思,可酌情增词使之明晰;反之,原文中的重叠词藻,翻译时可减词使之精练。在必要的情况下,也可以颠倒词序,采用意译。但意译仅是一种权宜之计,只有直译无法实施的情况下才能采用。魏象乾提出的"正"译标准,是对我国古代"翻译之道"的一个精彩小结。

明清之际有突破性的翻译理论是徐光启提出的"翻译—会通—超胜"说。"翻译—会通—超胜"并不局限于字面转换,而是聚焦于明清之际西学翻译中的文化策略,侧重论述翻译在译入语境下的社会文化功能。"翻译—会通—超胜"思想并不自徐光启始,究其根源,仍是"华夷之辨"在西学翻译中的一种传承和衍生。"翻译—会通—超胜"在明末的翻译理论中独放异彩,因为它在明清之际错综复杂的中西文化冲突中形成,具有全局性、共识性的理论认识,左右着当时以及后来中西文化交流的实践和理论。

"翻译—会通—超胜"一说以"翻译"为前提,通过翻译了解西学,才有了中西会通交融的可能。"会通"意味着融会之后的贯通或会合之后的变通,是指疏通各家异说,打通中西,有时需要以中释西,有时需要以西释中。会通一般需要在纵向继承的基础上,进行横向的打通和创新。这在传统学术体系之内更容易做到,因为中国传统学术都以儒学价值为共同取向。中外文化之间的会通涉及意识形态领域的冲突,触碰到"华夷之辨"的儒家核心价值,情形更为复杂。明清之际进入中国的西学和中国传统文化、印度佛教文化都迥然不同,但必然也要纳入"华夷之辨"的儒家核心价值观念之内。通过中西文化的交互阐释,会通归一,最终达到创新和超越的目的。

儒学在其发展过程中,很早就形成了重道德修养、轻科学技术的倾向,视科技为"雕虫小技""奇技淫巧"。具体科学作为一种技艺,只有工具性,这是儒家的普遍价值取向。程颐曾讲过:"士之所以贵乎人伦者,以明道也。若止于治声律,为禄利而已，则与夫工技之事，将何异乎？”（程颢、程颐，2004：579）在程颐看来，科学是道学的附庸，与禄利一样，为士所不齿。即使醉心于西洋科技的儒家学者，也难免受制于这种思维，将西方科技视为“小道末技”，而将儒家道德哲学看作经世大法。徐光启在《泰西水法序》中对比天主教，谈及西方科学：“余尝谓其教，必可以补儒易佛；而其绪余，更有一种格物穷理之学……格物穷理之中，又复旁出一种象数之学。象数之学，大者为历法、为律吕，至其他有形有质之物，有度有数之事，无不赖以为用，用之无不尽巧极妙者。”（转引自徐宗泽，1989：308）王徵也认为远西奇器“属技艺末务”。他们承认，西洋实用科学虽然有益于民生世用，但仍属“形而下”的层面，因而不能够动摇儒家道德学问的地位。

如果天主教和儒家伦理道德这两种“形而上”学中应以儒家既有传统为主，外来天主教为辅。那么按照儒家的既定认知，各类具体科技皆属“形而下”，原本就是儒家道德哲学的附属，完全可以吸收纳入中学，共同补益王化了。这就是以徐光启为代表的明末士大夫对西方宗教和科技的普遍认识。徐光启这样对科学的工具性功能进行定位：“我中夏自黄帝命隶首作算，以佐容成，至周大备；周公用之例于学官以取士，宾兴贤能而官使之；孔门弟子身通六艺者，谓之升堂入室，使数学可废，则周孔之教踳矣。”（转引自徐宗泽，1989：265）他认为，作为具体科学之一的数学，本身就是儒家教育的内容，是儒家士子“升堂入室”必备的能力，鄙弃象数之学等于违背圣人之训，将会导致儒家道统之不传。因此，虽然徐光启有时也称科学为“下学工夫”，但他对科学进行高度评价：“大者修身事天，小者格物穷理。”（转引自徐宗泽，1989：258）科学对儒家的道德哲学是一种有益的补充，下学由此有了上达的功能，这就是儒家由“格物”而“致知”，从而共同补益王化的整体思路。这种中西文化会通的进路显然是以中学为主体、按照中国社会实际需要整合和消化西学的。

在儒学一统天下的明末，儒学不仅统摄着形而上的道德领域，中国古代的具体科技如数学、天文、医学和农学等，也大都带有明显的儒学化特征。这种儒学化主要表现为科学家首先是儒家学者，科学研究的对象大都源自儒家经典，而且深受儒家经学方法的影响。从汉代独尊儒术的文化政策开始，汉代经学就注重儒家《五经》之间的打通和今古之间的兼容。受儒学的治经方法影响，具体科学不能违背儒经的既定信条，注重通过注疏、诠释的治经方式继承儒家经典，并在此基础上有所补充、发展、改进，形成各具体科学的经典。即使有所创新和发展，也主要是在经典的框架内做出适当的改变和发挥。这样，古代的科学研究成果多表现为以儒学为框架的“集成”和“会通”之类的继承性成果。可以说在中国独立的科学发展史上，“会通”或“集成”一直以尊奉儒学为前提，而明末清初中西学术的“会通”，自然也要纳入儒学框架。实际上,明末清初大多数西学的译介并非严格的原文和译文的对照式翻译,而是中西文化精神的整体会通,主要表现为明清儒生基于本土文化立场对西学的一种回应。

明末的中国开明知识分子很早就提出了会通的说法,但同样是在儒学框架内,以中学为主的会通。程颐主张通经明理,"学贵于通",而陆九渊的"东海西海,心同理同"成为明末会通与融合的普遍认识。万历四十一年(1613 年),李之藻为利玛窦《同文算指》作序,有感于欧洲算学的简便易学,提出"遐方文献,何嫌并蓄兼收"的主张(转引自徐宗泽,1989:267)。王徵与邓玉函合译《远西奇器图说》时,赞赏西学的实学色彩,倡导"学原不问精粗,总期有济于世,人亦不问中西,总期不违于天"的实用原则,呼吁实行有效的拿来主义。方以智呼吁学习西方以发展自己:"借远西为郯子,申禹周之矩积。"(方以智,1937:总论第 3 页)。顺治九年(1652 年)前后,薛凤祚至南京,与波兰传教士穆尼阁(Smogulecki)合作,协同翻译西方天文历算著作《天步真原》。以三十余年的努力,薛凤祚完成了《历学会通》一书,并提出:"中土文明礼乐之乡,何讵遂逊外洋?然非可强词饰说也。要必先自立于无过之地,而后吾道始尊。此会通之不可缓也。"(《历学会通·正集叙》)

明末清初的西学东渐是东西两大文明体系的第一次全面会通,这次文化的会通以徐光启的翻译实践最具代表性。利玛窦、徐光启合译的《几何原本》是明清之际西学翻译中最有代表性的成果,它是中西文化会通交流的产物,也是"翻译—会通—超胜"思想的集中实践。

希腊的《几何原本》开创了古典数学的研究,以一系列的公理、定义、公设为基础,创立了欧几里得几何学体系,是运用公理化方法建立起来的经典数学演绎体系。而中国传统数学以提高机械化的计算技术来解决实际问题为目标,没有形成哲学层次的结构形式。利玛窦和徐光启为汉译《几何原本》各自写下一篇序言,即利玛窦的《译几何原本引》和徐光启的《刻几何原本序》。在《刻几何原本序》中,徐光启对利玛窦之学做了精要概括:"大者修身事天,小者格物穷理,物理之一端别为象数。一一皆精实典要,洞无可疑"(转引自徐宗泽,1989:258)这里,徐光启把儒学体系和西方知识体系进行对接,使得西学中的神学和哲学、科学、工艺制造,跟儒家的"修身之学""格物之学""象数之学"一一对应。徐光启翻译《几何原本》的本意是利用西方数学思想充实儒学,恢复原始儒学的活力。"私心自谓不意古学废绝,二千年后,顿获补缀,唐虞三代之阙典遗义,其裨益当世,定复不小。"(转引自徐宗泽,1989:258)很显然,对于古代数学或是政治主张,徐光启都以唐虞三代作为基本理想,这仍然体现了一种以我为主、会通西学的思路。这种创造性的中西打通显然是以既定的儒学体系为框架对西学进行认知和解读,这从另一个层面体现了"华夷之辨"对中西交流的方式所产生的强大制约作用。

徐光启不仅在中西文化体系的宏观层面上打通中西,同时也注重在具体数学问题上横向比较和纵向贯通。《几何原本》中讲到西方几何原理"长者增之可至无穷,短者减之亦复无尽"时,借用庄子《天下篇》对"短者减之亦复无尽"进行阐发:"尝见庄子称一尺之棰,日取其半,万世不竭,亦此理也。何者?自有而分,不免为有,若减之可尽,是有化为无也。有化为无,犹可言也。今已分者更复合之,合之又合,仍为尺棰,是始合之初,两无能并为一有也。两无能并为一有,不可言也。"(利玛窦、徐光启,1985:15)显然,《几何原本》不停留于字面翻译,而是中西相互阐释,将西方天文历算之学与中国科技传统直接融会贯通。实际上,这也是希腊古典经典作品对外传播的主要形式,每一次的翻译都意味着跟本土文化一次富有生命力的对话。西方古典几何学中的道理和中国庄子有限、无限的形象比喻,借助翻译的途径发生了交会,在深层内涵上实现了会通。

《几何原本》译介完成以后,徐光启在该译本的基础上编撰了一系列中文著述,包括《测量法义》《测量异同》《勾股义》。这些书都是依托《几何原本》,对传统中国数学进行补充阐释,属于翻译作品的衍生成果,本身是融会中西的学术创新。如徐光启跟利玛窦合作,以很多年前关于测量法的一部草稿为基础,采用《几何原本》的定义,参照《周髀算经》和《九章算术》进行整理和说明编写而成《测量法义》。徐光启《题测量法义》云:"泰西子之译测量诸法,……与《周髀》、《九章》之勾股测望异乎?不异也。不异,何贵焉?亦贵其义也。"(转引自徐宗泽,1989:269)。《测量法义》完成之后,徐光启按照同样思路,独立完成了《测量异同》。《测量异同》是《测量法义》的后续成果,该书将吴敬《九章算法比类大全》"勾股卷"中的六个测量问题与西方的测量术进行比较,通过"对题胪列,推求同异"。在《测量异同》中,徐光启说:"《九章》算法勾股篇中,故有用表、用矩尺测量数条,与今《测量法义》相较,其法略同,其义全阙,学者不能识其所由"(转引自徐宗泽,1989:270)。《勾股义》则运用《几何原本》和《测量法义》中的基本定理来解释或证明中国传统的勾股测量法,使之更加严格。在《勾股义绪言》中,徐光启说《九章》"能言其法,不能言其义也。所立诸法,芜陋不堪读"(徐光启,1963:84)。在徐光启看来,中西数学之最大区别,是《周髀》《九章》诸书,皆以算法为贵,以算法为根本目标,而缺乏义理依据。在这些方面,西学可以补中学之不足。

徐光启通过中西数学的系统比较,发现了西方科学通过事物之间的数量关系来寻找客观规律的推理逻辑,并将这种推理方式概括为"由数达理"。他认为,中西数学最大的差异是中国科技仅停留在经验事实的记载,未能将观察、观测的结果适度提升,概括到"义"的层面,即具有普遍适用性的理论认识。也就是说,中国传统算术注重经验事实的记录和描述,缺乏对现象背后原因的探究,没有上升到理论的高度,没有成为独立的学术。而西方数学著作"有理、有义、有法、有数。理不明不能立法,义不辨不能著数。明理辨义、推究颇难;法立数著,遵循甚易。"(徐光启,1963:358)。徐光启对中西数学的深刻认识以及科学方法的重视,有助于克服中国传统科学研究的不足,推进中国数学对形式逻辑的重视,并在逻辑推演的基础上加强理论体系的建设。可以认为,《测量法义》《测量异同》《勾股义》都是在具体学科上会通中西、推陈出新、以求超胜的学术成果。

徐光启以"华夷之辨"的中国文化本位的立场会通中西学,他最大的成就是编修《崇祯历书》。崇祯年间使用的历书是元朝郭守敬等人编制的《授时历》,明代立国后更名为《大统历》,继续沿用。至明末,这部历书已施行了三百多年,因失于修订,误差也逐渐增大,已不能准确地反映天体运行规律。与此同时,西方传教士东来,在传播天主教的同时,还带来西方先进的天文历法知识。1629 年,徐光启依据西历预报的日食符合天象,而钦天监依据《大统历》的日食预报明显有误。同年 7 月,时任礼部侍郎的徐光启等趁势提出修订历法,得到批准。礼部在宣武门内的首善书院开设历局,由徐光启督修历法。

在古代中国,历法与皇权有着十分密切的联系。颁历被视为君临天下的标志,奉王正朔则被当作服膺称臣的象征。因此,引进一种异族的天文历法势必会引起所谓"用夷变夏"的担心。传教士在传教的同时费尽心机地从事天文历法工作,并试图参与中国的改历活动,在某些人看来有觊覦神器之意。在这种保守氛围之下,徐光启仍大胆引进西方历法,但他并非全盘照搬。他认为《大统历》有其独特长处,西方历法必须与《大统历》"会同归一"。徐光启在 1631 年上呈《历书总目表》中,说过这样一段话:"臣等愚心,以为欲求超胜,必须会通;会通之前,先须翻译。……翻译既有端绪,然后令甄明《大统》、深知法意者,参详考定。镕彼方之材质,入《大统》之型模;譬如作室者,规范尺寸一一如前,而木石瓦甓悉皆精好,百千万年必无敝坏。"(徐光启,1963:374-375)"翻译既有端绪"是说翻译西方历法是修订历法的前提,翻译西书有了良好开端,才可能进一步修订历法。可见在徐光启的理解中,"翻译"只是会通中西的途径和渠道,充其量只有工具性质。有了翻译的西历以后,仍需要通晓《大统》历法、深知"体"与"道"的中国学者对西历参酌详审、考据订正。也就是修订历法的主体应该由精通中国历法、深谙道统的儒家学者来进行定夺,这决定了修订历法的整体走向。只有这样才能保证以中国《大统》历法为"型模"来接纳、消化、整合、吸收西历的具体测量技术。他将打通中西比作盖房子,所有的规范设计都沿用现成模式,即房屋整体设计是传统的,而仅采用外来的部件和材料(木石瓦甓),这样造出的房子必然屹立百千年而不会敝坏。将西历的测量技术翻译过来以后，必须参照西法，对传统历法校正讹谬、增补缺略，中西融通，“和之双美”，使之完全本土化，成为中华知识体系中的一部分，才能够创造出一部“超胜”的中国新历法。徐光启认为，在以中国历法为主体、融会西方历法的基础上编写出的新历法不仅能超越《大统历》，还能超胜西历。这就是徐光启所提出的“欲求超胜，必须会通；会通之前，先须翻译”之中西会通的进路。不难看出，“镕彼方之材质，入大统之型模”几乎是“华夷之辨”在明清之际的另一种表述，也包含了后来“中学为体，西学为用”的基本内涵。正因为理论上整体原则符合儒家传统的“华夷之辨”，《崇祯历书》的修订排除了保守势力的干扰，得以顺利进行。

为编纂历书，徐光启参考了当时欧洲历史上大量重要的天文学著作，对比中国历法，提出了自己对中西天文学的整体认识。徐光启认为，中国古代天文学注重经验概括和事实记录，忽略理论体系的逻辑推演。而西历的方法要求从系统的观察和实验开始，通过逐次归纳上升为更为普遍的概括，在归纳综合的基础上通过演绎推理以得到对更为复杂事物的科学认识。在天文学研究中，徐光启再度呼吁：“一义一法，必深言所以然之故，从源溯流，因枝达干，不止集星历之大成，兼能为万物之根本。”（徐光启，1963：377）

《崇祯历书》中介绍的天文学结合了哥白尼日心体系和托勒密地心体系，它提出地球是宇宙的中心，太阳和恒星均围绕地球旋转，但同时也认为五大行星是绕太阳旋转的。与中国传统的地心体系和当时已在中国流传的托勒密地心体系相比，这一折中体系要相对进步一些。《崇祯历书》是中国传统历法和西方天文学相结合的最早学术成果，是中西会通的结晶。《崇祯历书》标志着中国历法走上了一条以我为主、吸收和融合西方天文学的发展道路，推动了中国天文学的近代化。

在编历的具体实践过程当中，徐光启会通中西天文学的方式十分灵活，不仅尽取西方“材质”，在“型模”上也并未完全恪守传统历法的规范。例如，西历中一些单位制和某些基本数学常数与中历差别较大，也无明显优势，他将之“改从大统”，但在角度制、黄道坐标、圆周率以及时刻制等方面都直接采用了西历，或根据西历对传统历法进行了调整。可以认为，最后成书的《崇祯历书》从整体设计到部件材料主要采纳了西方历法，并没有践行“镕彼方之材质，入大统之型模”的理论原则。也就是说，在理论上徐光启虽然提出了“镕彼方之材质，入大统之型模”的会通中西的原则，但在具体实践方式上，他被认为是明清之际最早的全盘西化派，跟“镕彼方之材质，入大统之型模”的原则是背道而驰的。徐光启这种做法引起了王锡阐的批评，在《晓庵新法》自序中，王锡阐说：“且译书之初，本言取西历之材质，归大统之型范，不谓尽堕成宪，而专用西法。”（王锡阐，1936：4）这种理论和实践上的背离一方面说明“华夷之辨”对中西文化交流的定式思维起到了强大的制约作用。

无论中西会通的具体实践方式如何，中西会通的整体原则都必须向"华夷之辨"妥协，即必须以中学为主体。只有这样，才能在理论上有助于打通中西文化关隘，顺利引进西方科学知识。

《崇祯历书》编纂完成后，适逢明清易代，加上保守势力的反对，当时并没有传播开来。及至清朝顺治年间，另一位西方传教士汤若望将其刊刻成 103 卷的《西洋新法历书》，在中国广泛传播，这部历法才逐渐被中国人所接受。

"翻译—会通—超胜"说是明清之际西学翻译中最具代表性的理论，它显示了徐光启对中西文化交流的性质具有清醒的认识，对中西文化差异有开阔的胸襟，对翻译的功能也有明确的定位。"翻译—会通—超胜"说几乎不涉及文字转换，主要探索中西文化关系的处理和翻译的社会功用，立意较为宏观。它以"华夷之辨"为基本文化立场，蕴含了中西融会贯通的宏伟设想。在中西交流的大背景下，它代表了一种整体文化实践和整体文化战略，主张通过对西方文化的融会、吸收，实现对传统文化的改造和提升，为走出明末传统儒家文化的困境提供了一种出路，进行了可贵的文化重建的尝试。这种设想既体现了中国文化为本位的文化坚守，又体现了求同存异、取长补短、追求超胜的最终追求。这一思想有深厚的传统学术会通渊源，奠定了明清之际中西学术交流对话的基调，成为当时中西交流对话的基本文化心态和文化自觉，对此后的中西文化交流有重要的参考价值，在文化交流已经日常化的今天仍然不失其指导意义。

明清之际，西方文艺复兴方兴未艾，古希腊传统科学正处于向近代科学转化的革命时期。科学革命以后，西方建立起以古典力学为特征的近代自然科学体系，这种新的体系直接从希腊科学发展而来，把系统的观察和实验同严密的逻辑体系相结合，形成了以实验事实为根据和系统的科学理论为特征的近代科学。从世界科学革命的大背景来看，此期的科学翻译实践未能实现中国科学范式的转变，中国科学方法论仍然基本上属于现象的描述、经验的总结和猜测性思辨，科学成果也仍然是直觉的和零散的。原因很多，其中西方科学在中国的译介方式是一个不可忽略的因素。如前所述，在这次中西学术交流中，由于中国人不懂西文，在整个翻译过程中较为被动，无法直接参与原文的选择，因此所译书籍更多体现了外来传教士的用意，而非中国学界的需要。传教士囿于自身的知识结构和宗教立场，固守中世纪的神学体系，对西方科学的译介主要局限于古希腊科学，致使中国错失了吸收近代科学的机会，更谈不上在翻译的基础上跟进世界科学的潮流。也就是说，16、17 世纪的中西文化交流带给中国的主要是欧洲传统科学，而不是当时方兴未艾的科学革命成果。"翻译—会通—超胜"的用意虽然无可指摘，但由于翻译主体的复杂性和他们知识结构的局限性，翻译这个重要的起点已经偏离了世界科学进步的方向。

与明末其他中国科学家相比,徐光启能够超越时代和僵化的“夷夏”观,做到以开阔的国际化学术视野接纳并传播先进的西方科学,对中西学术的优劣形成独立的比较和判断,其中不乏对中国传统科技的中肯批评。虽然在道德哲学上,徐光启未能摆脱“华夷之辨”的儒家主流意识形态,但在具体学科上能够做到持论公允,在当时已属难能可贵。通过翻译和会通,徐光启本人并未建立起完整的近代科学理论体系。《崇祯历书》《农政全书》等仍然是以经验观察为基础的资料收集,没有理论化和系统化。但徐光启的翻译和会通代表着对传统学术的一次重要超越,推动了中国科学近代化。这主要体现在他对近代科学方法的清醒认识和自觉应用,以及他身上所体现出来的近代科学精神。有人据此将徐光启称为“中国的培根”。就徐光启对中国知识界的启蒙作用来讲,这种评价不无道理。尽管不能就此认为徐光启及其翻译实践象征着中国科学近代化的分水岭,但他译介的科学思想为国人与欧洲文化的交流充当了桥梁和中介,至少促成了中国近代科学思想的萌芽。

徐光启的翻译思想既有深厚的传统学术会通渊源,又有开启中西学术交流对话的基调和整体设计,对此后的中西文化交流有重要的参考价值。入清之后,在“西学中源”的背景之下,会通中西逐渐成为学界共识,其影响延续至清末民初的西学翻译。自清中期以来,中西文化关系日趋紧张,“翻译—会通—超胜”说很快就显示了徐光启的远见卓识,也成为清末中西交流对话的基本文化心态和文化自觉。

第五章　清末民初西学翻译中的“中体西用”

第一节　清末民初西学翻译概况

一、19 世纪的中国与世界

明末清初的西学东渐因无法推进中国历史进程，也就是明末中国社会的近代化问题，对中国社会生活产生的影响有限。这一次中西文化交流的结果，使中国错失了融入世界文明体系的契机。1723 年天主教被禁，清廷仅留用了少量传教士，负责编译刊刻西洋天文历法、测绘、地理、艺术等。文化上中国与世界更加隔绝，与西方资本主义国家的差异进一步增大。但第一次鸦片战争以前，中西贸易并未中断，而且中国一直保持着贸易顺差。至 19 世纪中叶，西方世界经历了思想启蒙、资产阶级革命和工业革命，资本主义世界体系已初步形成，进入了一个新时期。这个新时期的主要特点就是整体化和现代化，为了夺取原料产地和销售市场，西方列强加紧对外侵略，把封闭、落后的国家纳入统一的世界市场，中国在这一世界大势下被动卷入近代化过程。

经历了一个多世纪的与世隔绝，清朝的封建统治已经全面衰落，面临内忧外患、分崩离析的状态。第一次鸦片战争打开了中国的大门，中国一步步陷入半殖民地半封建社会，农村自然经济开始解体。李鸿章把资本主义列强觊觎中国社会的危局称为“数千年未有之变局”或“三千年未有之大变局”。与此同时，国内阶级矛盾日益加深。在太平天国起义冲击下，清王朝摇摇欲坠。面对国内外的双重压力，清朝统治下的各阶级开始了反思和探索。政治运动风起云涌，思想文化界开始冲破封建主义的束缚，探索向西方学习的途径。清朝统治集团内部出现分化，其中的洋务派为了解除内忧外患，维护清朝统治，提出通过学习西方，实现富国强兵，开启了中国近代史上著名的洋务运动，也由此掀起了中国历史上第三次翻译高潮。

这次翻译活动从第一次鸦片战争一直持续到五四运动时期，是中国第二次大规模引进西方科学技术和文化。与以往相比，这次翻译活动最大的特点是完全被动性，是在西方列强的军事侵略下文化领域的被动回应，有着极其特殊的历史文化背景。从翻译题材、翻译方式、翻译主体、翻译组织、翻译规模的变化来看，这次翻译几乎和中国当时的政治运动基本同步。翻译活动作为功利性、目的性很强的社会文化实践，在这次西学东渐中表现得尤为明显。其次，翻译的交通、通讯、印刷技术条件较从前大为改进，翻译传播的效果也更为可观，对中国社会的影响持续至今。从社会文化角度反观这次翻译活动，探讨晚清至民初的社会历史文化背景下，儒家的“华夷之辨”对晚清中国翻译实践及理论的影响，可以有效打通翻译研究与文化研究，拓展中国传统译论的研究视野，对当下的中西文化交流提供新的理论启示。

二、清末民初的西学翻译概况

早在第一次鸦片战争以前，基督教新教来华传教士马礼逊在 19 世纪初来到中国。马礼逊在华期间出版的西书和报刊数量有限，但成为日后林则徐、魏源等了解世界情况的重要资料。

第一次鸦片战争开启了晚清西学传播史上的新阶段。香港割让、五口通商以后，传教士率先在通商口岸出书办刊，传播西学。传教士的译作包括合信（Benjamin Hobson）的《全体新论》等 5 种医学著作、蒙克利的《算法全书》、哈巴安德（Andrem Paffon Happer）的《天文问答》、合信的《天文略论》等。后来，传教士逐渐与中国知识分子合作翻译，由外国人口译原书大意、中国人负责笔录润色。外国译者中，仅傅兰雅（John Fnyer）一人就与华人合译了 67 种西书，译书数量最多。其他传教士，如林乐知（Young John Allen）、丁韪良（William Alexander Parsons Martin）、李提摩太（Timothy Richard）、韦烈亚力（Alexander Wylie）等也译书不少。最早参与西书翻译工作的中国知识分子以李善兰、王韬、管嗣复、张福禧等为代表。徐寿、华蘅芳等人也曾与传教士合作，对西学的传播做出过重要的贡献。中外合译的代表作有伟烈亚力、李善兰合译的《代微积拾级》，伟烈亚力、王韬合译的《重学浅说》，艾约瑟、李善兰合译的《植物学》，华衡芳与玛高温（Daniel Jerome Macgowan）、傅兰雅合译的《金石识别》《地学浅释》，季风苞与金楷理（Carl Traugott Kreyer）合译的西方军事技术著作等。

这一时期翻译的主要题材是国际常识和世界史地知识，表达了中国经历了长期封闭后了解世界的迫切愿望。代表性译作有裨治文（Elijah Coleman Bridgman）的《美理哥合省国志略》、郭实腊（Karl Friedlich Gutzlaff）的《大英国统志》《贸易通志》；后来有林则徐组织翻译的《四洲志》、梁廷枬的《海国四说》、魏源的《海国图志》、徐继畲的《流寰志略》；再后来有丁韪良译《万国公法》、傅兰雅译《公法总论》《各国交涉公法论》，还有介绍英、法、美、俄、德、日等国的新志、通史等。这些译作全面展示了世界各国的地理、历史、政治、经济、文化、宗教、风俗、名人以及国际交往惯例,为中国迈进国际舞台提供了系统的知识和资料。同期也输入部分西方自然科学,如傅兰雅编辑的系统科学启蒙教科书《格致汇编》以及格致书院和益智书会所编的大部分普及性通俗教材。

此时翻译的模式是中外合作,西译中述。中国译者如李善兰、徐寿、华衡芳等虽然参加了翻译工作,但他们不懂外文,不能独立译书。但随着中国知识分子的参与,翻译的选材开始更多地体现了中国译者的愿望和中国社会的实际需要。如前所述,明末利玛窦和徐光启曾合译《几何原本》(前六卷),但利玛窦囿于自身宗教立场,不愿述评《几何原本》后面几卷,徐光启则无法译述。到了晚清,在李善兰的倡议下,《续(几何原本)》最终译介进中国。管嗣复更是表示:只译科学书籍,不译宗教作品,在接受西方文化时显示了中国知识分子的主体性和选择性。

在中外合译过程中,由于最终笔录成文的是中国译者,所以仍不免以己度人,不少翻译因为过度歪曲了原文,成为昙花一现的笑谈。如西方民主国家总统 president 一词,在中文没有现成的对等词,西方译者只能解释说,这是国家元首。而在中国传统文化中,国家元首无非皇帝。于是,中文笔录者理所当然地将 president 译为“皇帝”。在 19 世纪六七十年代出版的书刊中,充斥着美利坚国“选举皇帝”“皇帝四年受代”等字眼。后来,林乐知发现以“皇帝”译 president 概念相差太大,于是专门撰文《译民主国与各国章程及公议堂解》予以澄清。这种过度归化的翻译,因为过度扭曲了原文,在 19 世纪末即招致批评。应该看到,这种译文是中外合译这种过渡方式的产物,同时反映了中国在长久封闭之后与西方世界的现实差距。尽管有一定不足,但是这一时期的翻译仍然给闭塞落后的中国输入了新鲜的西学知识,其历史贡献是不容否认的。

第二次鸦片战争以后,清政府通过进一步割地赔款,换取暂时和平。新增的一系列通商口岸,不仅便利了西方列强对中国的政治侵略和经济掠夺,也便利了他们对中国的文化渗透,实质上也成为翻译活动的中心。咸丰皇帝去世后,慈禧太后掌权,中国内外政策有了重大调整。洋务运动获得朝廷支持,设立了总理各国事务衙门,创办了京师同文馆,后开设江南制造局翻译馆,以学习西方坚船利炮、声光化电。这是中国政府被动因应局势、吸收西学的标志,也意味着翻译从先前的零散、无序、自发状态逐渐演变为有目的、有计划的政府性行为。19 世纪后期的几十年中,江南制造局翻译馆所译西书,在各种译书机构中,数量最多,影响也最大,说明了国家翻译机构在晚清西学东渐中的主导作用。政府的大力扶持、传播渠道的进步以及印刷条件的改进,使得西学的影响逐渐扩大到社会各个阶层。从知识分子到普通市民,沿海到内地,从民间到宫廷,研习西学已成为一时风尚。

鸦片战争的失败,一方面迫使封建地主官僚阶层重新审视一向被贬为“蛮夷”的西方文化。另一方面,在传统“华夷之辨”思想影响之下,当时的中国对西方文化没有正确的认识。魏源是近代中国最早睁眼看世界的代表性人物,他在《海国图志》的序文中,提出“师夷之长技以制夷”,但他所认识的“夷之长技”,不外乎一战舰,二火器,三养兵练兵之法,即所谓的西方实用军事科技。1861 年,冯桂芬在《校邠庐抗议》中,主张“以中国伦常名教为原本,辅以诸国富强之术”(冯桂芬,2002:57)。这种接受西学的“用”,摒弃其价值观念的做法,与清代帝王“节取其技能,禁传其学术”的西学观完全一致。这是“华夷之辨”在新的历史时期的翻版,后来演化为洋务运动处理中西文化关系的基本主张“中学为体,西学为用”。

在这种思想指导之下,翻译的内容以西方练兵之法和富强之术一类的“用”为主,几乎不涉及西学的“体”。洋务运动前期以军事上“自强”为旗号,兴办了一批近代军工企业。江南制造局翻译馆译介了新式军队、先进兵器、西方兵法的系列书籍,包括《行军指要》《水师操练》《克虏伯炮说》《制火药法》《防海新论》等。洋务运动后期则以“求富”为目标,兴办了一批民用工业。江南制造局翻译馆翻译出版了探矿采煤、冶金制器、农工经济等方面的实用书籍,如《宝藏兴焉》《工程致富》《探矿取金》《西艺知新》《农学初级》《农务全书》等。与此同时,西方自然科学作为冶炼制造的基础知识也得到广泛译介和传播,数、理、化、天、地、生各门学科的基础知识均有译作。由于内容较为枯燥专深,自然科学译作一般都针对读者对象分为普及性与学术性两个层次,甚至细化为须知、入门、启蒙、图说、纲要、揭要、浅释等等,以增强可读性,取悦不同层次和品位的读者。单从名目上来看,这一时期的翻译与佛经翻译和明末西学翻译一样,翻译既是文化产出,也是商业运作,翻译的方式非常自由。随着洋务运动的推进,中国的近代化开始由经济领域逐渐向文化教育领域渗透。为培养精通洋务的人才,洋务派兴办新式学堂,派遣留学生,培养了一批包括翻译人才在内的具备西学知识的新式人才,为中国社会迈向近代化准备了最初的文化条件。

洋务运动前后大约 40 年中,西学在中国得以广泛翻译和传播。据统计,1860—1900 年 40 年间,共译出各种西书 555 余种,其中哲学社会科学 123 种,内含哲学、历史、文学、教育等,占总数的 22%;自然科学 162 种,含算学、重学、电学、化学、光学、动植物学等,占总数的 29%;应用科学 225 种,含工艺、矿务、船政等,占总数的 41%;其他 45 种,包括游记、杂著、议等,占总数的 8%。总量是此前半个世纪所出科学书籍的 5 倍多(熊月之,1995:157)。这一时期涌现了一批著名译作,如《化学鉴原》《化学分原》《地学浅释》《万国公法》《佐治当言》《泰西新史揽要》《民约通义》等。京师同文馆、上海广方言馆以及江南制造局的译书馆,是当时翻译的中心。西学的大量翻译出版打破了传统文化的单一格局,大大促进了中西文化交流与融合。

甲午战败,宣告了洋务运动的失败,迫使人们重新认识和反思西学、中日关系、日西关系。甲午战争以前,中国对日本一直是单向性输出,中国也从来没有平视过日本。战争的结果使中国认识到,日本如何短期内迅速强大,不仅仅因为日本在物质上,而且在文化思想制度上师夷,脱亚入欧。由此中国进一步认识到西方的精神文明,典章文物制度也优于中国。而且中国人很快发现,西方强大的真正原因在于西方不仅有一套稳健的民主政治制度,还有支撑着民主政治和科学的精深的民主政治哲学思想。严复在甲午战争后连续发文,反思洋务运动失败的原因,批评洋务派对西学的片面认识。在他看来,西学的根本是“于学术则黜伪而崇真,于刑政则屈私以为公”,也就是科学与民主。梁启超在《戊戌政变记》里也提到:“泰西之强由于学术。”基于这种认识,维新派登上了政治舞台,他们认为引进西方技术并不能富国强兵,只有从思想和制度着手,实行立宪才能救国。晚清西学东渐也进入了新阶段,即从 1895 年甲午战争到 1919 年“五四运动”的西学翻译。

这一时期的翻译不仅数量空前,翻译的内容、方式也为之一变。甲午战争前,中国介绍、吸收西学,主要是从英文、法文、德文等西书直接译为中文,而且多采用“西译中述”的合译模式。甲午战争后,特别是 1900 年以后,大量的西学经由“梁启超式”模式译介进中国。所谓“梁启超式”模式,即通过日语辗转输入西学。原因是甲午战争中国战败后,意识到日本学习西方的成功,希望模仿日本,走“明治维新”的道路。另外,俄罗斯入侵中国东北促使清政府与日本交好,再加上地缘之便,大量中国留学生到日本学习。急于求成的维新派主张“译西书不如译东书”,强调翻译东籍(日本书)的便利和速成,翻译的社会功利性可见一斑。康有为在推行新政时,经常引用日本学习西方政体制度的成功经验,梁启超介绍的西学有许多是在留日期间通过日语间接了解到的。由于当时的日文汉字较现代的日文汉字更多,许多粗通日文的中国人也能大致阅读甚至翻译西学的日语译本,因此日语成为晚清时期(尤其是 1895—1914 年)中国学习西方文化最重要的中介语言,日语一度对中国的西学东渐发挥了重要影响。最明显的例证是数百个重要的西方新概念,如“政治”“社会”“文化”“经济”“哲学”“化学”“物理”等,都是经由日语翻译,辗转译入汉语后广为传播,沿用至今。以 1902 年至 1904 年为例,3 年共译西书 533 种,其中日文书 321 种,占总数的 60 %(熊月之,1995:158)。比译自英、德、法等主要西方语言书籍的总数还要多。由于译者的急功近利和对西学缺乏了解,这种转译无论内容和准确性都存在着不少问题。1914 年以后,日本对中国政府提出“二十一条”,国内反日情绪高涨。与此同时,洋务运动中派遣的留学生陆续学成归国，这些人具备双语文化语言知识，能够直接从西方语言译入汉语，且更受重视，因此日本作为中国引进西学的中介角色开始弱化。

这一时期，翻译的题材有了显著变化，社会科学比重增大，其次是自然科学，应用科学数量最少，跟洋务运动时期的翻译比重正好相反。甲午惨败，宣告了洋务派"中体西用"思想的破产，也使一批资产阶级改良派认识到：西人之强不仅仅在于器物之"用"，而在于其社会政治制度之"体"。维新派翻译家开始大量译介西方具有先进民主思想的政治、法学等社会科学书籍，翻译的重心为之一变。当时的相关书录清晰地记载了这种变化。梁启超1896年所著的《西学书目表》共收录西学书目352种，其中自然科学259种，占总数的73.6%，社会科学93种，占总数的26.4%。有感于社科类译作偏少，梁启超在《西学书目表》的"序例"中说：在西学书中"格致诸书，虽非大备，而崖略可见；惟西政各籍，译者寥寥。"（转引自胡思庸，1985：141）。这种情况在《译书经眼录》中有了根本改变。《译书经眼录》收录1900年至1904年所译书目491部，其中自然科学164部，占总数的33.4%，社会科学327部，占总数的66.6%。另据《日本译中国书综合目录》一书的统计，从1868年至1895年，中译日文书8种，几乎全是自然科学，1896年至1911年中译日文书958种，其中自然科学（含应用科学）172种，约占总数的18%，社会科学786种，约占总数的82%（转引自龚书铎，1992：79－80）。这说明，这一阶段中国所急需的西学，已从器物技艺等实用物质文化为主转为以思想学术等核心的精神文化为主，西学东渐在题材上正逐渐深化，由"用"及"体"。

翻译的主体、模式也发生了变化。如上所述，甲午战争前，传教士在西学东渐中发挥了主要作用，中外合译是西学东渐的主要模式。梁启超的《西学书目表》收录第一次鸦片战争后到1896年的西学译书341种，其中传教士译139种，传教士与中国译者合译123种，中国译者独立翻译38种，匿名译者翻译41种。整体而言，传教士译书或与中国学者合译书占总数的76%，中国学者译书只占总数的11%。大概从1895年之后，这种情况有了反转。随着时间的推移，洋务运动中派遣的留学生陆续学成回国。他们积极传播西学，并逐渐取代传教士成了西学东渐的主体。顾燮光的《译书经眼录》收录1900年至1904年的526种译书，其中外国人译35种，中外合译33种，中国人独立翻译415种，匿名译者翻译43种。总体而言，外国人独立翻译和中外合译占11%，中国人独立翻译占76%，跟此前的比重几乎正好相反。这表明1895年后，中国人已逐渐成为西学传播的主体。这些中国译者身份各异，但都是一些通晓西学的开明之士，如严复、梁启超、章太炎、蔡元培、马君武、黄遵宪、王国维、伍光健等。从这个时候开始，近代中国有了第一代精通双语的翻译人才，中国知识分子在西学传播过程中的地位逐渐上升，由被动变为主动，在翻译过程处于主导地位。虽然个别译者如林纾,仍然依靠外国译者合作翻译。但整体而言,西译中述这一西学传播的过渡形式逐渐退出历史舞台。

随着国内政治文化思潮的转向,翻译的具体内容也在变化。甲午战败后,整个社会和文化界的主题是救亡图存。严复的《天演论》倡导"物竞天择,适者生存",起到了振聋发聩、警醒国人的警钟作用。《泰西新史揽要》以进化论为灵魂、以革故鼎新为主题;《中东战纪本末》针贬时弊,向国人发出亡国灭种的警告;《文学兴国策》则号召教育兴国,呼吁借鉴日本变法。维新派热衷于译介外国历史,以为中国变法提供借鉴。梁启超《波兰灭亡记》和康有为的《突厥削弱记》记述某些国家因循守旧、不图自强而导致灭亡。康有为的《日本维新三十年史》等论述别国维新改良的成功,因改弦更张、维新变法,而导致国事昌盛。唐才常的《各国种类考》等综合考察某些国家民族盛衰兴亡的历史,总结出"尊新必胜,守旧必亡"的规律。康有为的《法国革命记》等讲述近世资产阶级革命的残酷,警告清朝统治者实行变法,以抵制人民群众的暴力革命。1900 年以后,民主革命风潮日盛。卢梭《民约论》的第一章,在 1898 年由日译本翻译出版,至 1902 年出版全译本。孟德斯鸠《论法的精神》则于 1903 年译出,弥勒的《自由论》由严复和马君武于 1903 年分别译出。一时间,西方社会政治学说成为革命志士的神圣经典,卢梭、伏尔泰、孟德斯鸠、弥勒等西方哲学家取代了孔、孟、程、朱,成为更受青年崇拜的偶像。民主思潮风起云涌的同时,更为激进的社会主义、无政府主义学说也陆续在中国翻译出版。克鲁泡特金、巴枯宁的无政府主义学说被大量译介,《新民丛报》《浙江潮》《民报》等连续刊载介绍西方社会主义学说。今人习焉不察的许多名词、术语都是这一时期翻译的产物,如政党、政府、民族、阶级、主义、思想、观念、真理、知识、唯物、唯心、主体、客体、主观、客观、具体、抽象等。这些新思想、新学说的传入,改造并武装了当时一整代知识分子的思想,直接影响到当时的中国政治风潮,为"五四"时期的白话文运动和后来的民主革命打下了基础。这一时期翻译的方式仍然非常自由,有不少基于翻译作品的自由撰述,更有基于外来思想的理论创新。这些译述、编译等形式较为自由,为个人依据晚清的社会条件解读和改造西学提供了更大的空间。比如资产阶级革命派把西方的国家学说发展为三民主义,并以其为指导发动了辛亥革命。"五四运动"后,马克思主义开始成为新思潮的主流,为中国社会的变革提供了理论武器。

西方文学,尤其是西方小说的译介,也自晚清始。林纾、包天笑、周瘦鹃、曾朴等人翻译了大量西方小说,其中以林纾的影响最大。他与人合译的《茶花女》《唐吉诃德传》、莎士比亚故事等,在晚清拥有大量读者,对于中国小说的发展产生了影响。晚清的文学翻译同样具有鲜明的经世济民的政治取向,热衷于借文学引进政治思潮,作为实现政治理想的工具。翻译的作品多与中国时势相关,如林纾所译的《黑奴吁天录》,借异国被压迫者的呐喊唤醒中国民众,达到开启民智、变革国家的目的。林纾文学翻译也擅长“以华文之典料,写欧人之性情”,充分利用传统诗学资源,以期为晚清的读者所喜闻乐见。

随着“西学东渐”的深入,1905年科举制被废除,新的教育体制开始确立,中国思想文化开始由传统向近代转型。中国传统学术的基本框架“经、史、子、集”完全被打破。传统学术受到西学的冲击,有的逐渐没落,有的吸收西方学术而加以改进。到民国时期,整个西方式的中国现代知识体系和学科架构初步形成。辛亥革命后,南京临时政府成立了教育部,对教育的内容和学制进行改革,科学启蒙成了自上而下的政府行为。实行新政和新的学制以后,出版发行了各种学科、不同层次通俗普及性西方科学教科书,发行范围遍布城市乡村、沿海内地,影响深远。

西学东渐对中国思想文化影响之大,在中国历史上只有百家争鸣可与之媲美。中国人经过西学的洗礼,对于世界、历史、政治、经济、社会、自然界万事的看法,都发生了巨大的变化。而中国传统学术依照西学的标准重新定位及评价,部分诸子百家思想重新获得重视,而儒家思想及一些民间信仰则遭到强烈的批判。西学翻译史正是一部中国近代史的缩影,它见证了近代中国的政治和思想锐变。

第二节 “华夷之辨”与“中体西用”

孔子的“华夷之辨”以文化程度、道德水准作为区分华夷的根本标志,以“以夏变夷”为手段,以实现华夏政治上的大一统为最终归宿。通过历代统治者的不断巩固和强化,以华夏文化为标准的“大一统”成为中国社会主流意识形态之一。它既是解决民族问题的重要政治文化战略,也是中国面对异族文化的思维定式。在中国翻译史上,“华”和“夷”的概念一直在演变,但“华夷之辨”的中国文化中心主义并没有改变。外来的夷狄文化必须以合适的方式被吸纳入本土文化系统,“变夷为夏”,才能完成在中国的翻译传播。明末清初,西方文化第一次进入中国时,中国知识界在“华夷之辨”的框架下思考中西文化的关系,提出了诸如“心同理同”“礼失求野”“西学中源”等各种说法。其中徐光启提出了“镕彼方之材质,入大统之型模”和“翻译—会通—超胜”,蕴含了以我为主、融会中西、追求超越的宏伟设想,代表了当时中西文化交流的最高认识,也为引进西学排除了舆论障碍。

清朝延续了明朝的文化政策,以程朱理学为正统,但失去了明末的开放和活跃状态,思想文化政策趋于严厉和专制。到了晚清,中国封建制度已经全面衰落,官方儒学既无法应对外强的入侵,也无法应付国内起义,更无法维系道德人心,惩治腐败的吏治。鸦片战争以后，随着西方列强侵略日益加深，阶级矛盾尖锐，民族危机空前。19 世纪中叶爆发的太平天国革命借外来天主教为思想武器，强烈否定并攻击儒家文化，引发曾国藩以“卫道”为名义的追缴和镇压。国内吏治腐败践踏了儒学的道义，列强入侵则打击了儒学中的“夷狄”观念和天朝大国意识，儒学面临全面危机。因为应变、救时的需要，晚清的儒学不仅调和汉宋两家，而且兼采陆王心学及诸子学派，讲究匡时济世、通经致用，呈现出崇实黜虚、注重启蒙的特点。这种变化反映了儒家作为主流意识形态，地位已经动摇。

虽然至晚清中国已经全面落后于西方，但在文化心理上，中国仍然没有摆脱“华夷之辨”的优越感。第一次鸦片战争前，清朝官员仍然以“天朝上国”自居，认为外国人是蛮夷之邦、化外之民。直到 19 世纪中叶，中国人还把远渡重洋而来的欧洲人士一律称作“夷人”，还把外交、外贸和所有的涉外事务一律称之为“夷务”。中国对别国文化采取轻蔑与排斥态度，表现出一种“四夷宾服”“万方来朝”的“天朝上国”的优越感。由于长期的闭关锁国，国人对外界茫然无知，加之“夷夏观”的长期浸淫，当时的中国对于讲求西学的新派人物仍然称之为“名教罪人，士林败类”，整个社会依旧笼罩在一片陈腐氛围下。鸦片战争的爆发，使得中国社会独立发展的历史进程被迫中断，中国开始被纳入世界体系之中，中西文化的交流趋势不可逆转。中国逐步放弃了对西方列强贬称，开始用“洋”字代替“夷”字，用“洋务”代替“夷务”。1858 年中国政府与英国政府签订的《中英天津条约》中出现了这样的条文：“嗣后各式公文……自不得提书‘夷’字。”从此，“夷务”才全部为“洋务”所代替，人们也越来越习惯用“西学”代替“法、术、艺”称呼西方文化。

晚清西学对传统学术的强力冲击，“天变道变”的趋势不可逆转，给当时的知识界带来了强烈的心理震撼。“师夷制夷”成为后来洋务运动的指导思想。“师夷长技以制夷”的说法简洁生动地包含了“华夷之辨“的全部内涵。“师”字表明了当时中国对西方文化的开明态度。“夷”字说明了中国人尽管战败，仍然保持原有的夷夏观。“师夷”既表达了中国的文化自信，同时也表达了对外来文化的包容和接纳。“长技”说明西方仅长于物质文明，“制”字更是意味深长。中国经历过严重的五胡乱华、金人灭宋、元朝等异族的统治，但最终在文化上却能将异族完全同化。大清帝国刚刚经历过鸦片战争的败绩，仍能有信心“制夷”，表达了一种在文化上反制外族的豪迈气魄。“华夷之辨”中的“夷夏有别”“礼别华夷”“用夏变夷”在“师夷长技以制夷”中几乎可以逐字拈出。

“以敌为师”是晚清中国知识分子所面临的两难困境，这种两难困境在思想观念和政治立场上表现出十分复杂的特点，如早期改良派的“西学中源”说和洋务派的“中体西用”论就是这种复杂心态在文化领域里的突出体现。

“西学中源”说从源流来探寻中西两种异质文化的关系，把中国文化视为西方文化的源头，西方文化不过是中国文化的衍生，把中西学两种不同质的文化体系看成同一文化在不同地区、不同历史时期的表现形态。这实际上反映了面对西方学术的优势，中国人仍沉醉于“华夏中心主义”的文化优越感，盲目自大的扭曲心态。早期的改良派对西学有浓厚兴趣，但他们认为近代西方的自由、平等、民主和博爱等观念，都源自中国的古籍，现在重新学习这些西学不过是要以中国自有的学问，还之于中国。洋务运动时期倡导西方科技的学者均对“西学中源”津津乐道。如曾国藩、李鸿章、奕䜣、张之洞、薛福成、黄遵宪、王韬、冯桂芬、郑观应等。维新派也不时流露出类似心态。

在西学东渐的早期，“西学中源”有助于打通中西文化关隘，引进西方科学知识。如李鸿章曾援引“西学中源”来论证学习西方机器制造合乎中国传统。1868年同文馆设立天算馆，在洋务派和顽固派之间引起争论。倭仁说学习西法是“舍中法而从西人”，奕䜣就搬出“西学中源”，说西学源于中国，为中国首创，西人只是推陈出新而已，所以学习西法跟传统并不违背。现在看来，“西学中源”说虽然近似荒诞，但由于迎合了中国传统的“华夷之辨”的文化心理，相当长一段时间仍有市场。康有为的《孔子改制考》、梁启超的《西学书目表后序》都渗透了“西学中源”的思想。史学家王仁俊1896年发表《格致古微》，提出的“西政出于中国”论，该书从儒家典籍、史书及诸子著作中，辑出近200则史料，分别从自然科学、商、工、政、俗等21个方面说明“西学、西法、西政皆出于中国”。1902年，著名学者孙诒让著有《周礼政要》一书，系统阐发“西政暗合《周礼》”的观点。他把周代三询之法与近代议院制，周代三刺之制与陪审制度，周代司布之官与商部，周代的国学、效学、乡遂之学与近代大中小学进行比照，认为都有相合之处，据此提出西政符合“圣人之道”。1903年刘师培所著的《中国民约精义》则论述“民主中西相合”说。该书从中国历代名人著述中辑录180余条反专制言论，并用卢梭《民约论》中的观点与之比附，说明古圣与西哲的相通之处和相异之点，并据此得出结论：西人引以自豪的近代民主思想，在中国古代典籍中都可以找到。

晚清时期的华夷关系不仅是一个文化问题，也关系到政治统一和民族独立的问题。西学东渐伴随着西方列强的入侵，使政治问题、民族问题和文化问题相互夹缠，错综复杂。中国与西方、传统与现代、中学与西学、道学与哲学之间的紧张关系关涉中华民族之生死存亡。“礼别华夷”的“礼”这时已经演化为理学家所宣扬的儒家道统及伦理政治观，是洋务运动时期开明派和守旧派都难以超越的既定文化立场。维新派和保守派、洋务派的共同目标是抵御外国入侵，使国家摆脱沦亡的危险，民族摆脱灭种的命运。但保守派主张通过解除外国入侵的威胁维护清朝政权的统治，进而维护固有的传统政治制度、文化和社会生活方式，尤其是孔孟传承下来的礼乐教化、纲纪伦常。而洋务派和维新派以维护政权统治为根本目标，尊崇纲常名教更多是出于权宜之计。整体而言，三者都无法超越“华夷之辨”的思维框架。“师夷制夷”既是文化心态，也是民族立场，更是政治诉求。跟“师夷制夷”并行的还有“中学为体，西学为用”，简称“中体西用”，它和“师夷制夷”相辅相成，成为洋务运动的基本指导思想。

“中体西用”最早是洋务派冯桂芬提出的。他于1861年在《校邠庐抗议》一书中说：“以中国之伦常名数为原本，辅以诸国富强之术。”“中体西用”预设了“体”“用”二分的范式，借“主辅”“道器”“本末”等概念建构一个中西文化相容的模式，试图为引进西学和实行变革提供依据。所谓体用、本末、道器，都是中国哲学上的传统命题。在“华夷之辨”的主流意识形态影响之下，自宋以来，儒学进一步明确了明体达用的宗旨。胡瑗曾说：“君臣父子，仁义礼乐，历世不变者，其体也……举而措之天下，能润泽斯民，归于皇极者，其用也。”（转引自黄宗羲，1986：36）。这是以儒家的道德和精神原则为“体”，而以这一原则来治理天下则为“用”。在中国哲学中，体用范畴还有一重含义，体指本体（实体），用指其作用、功能、属性。不论从哪个意义上的体和用，都是强调二者的对立统一，但也都预设了“体”的优先地位。可以看到，作为儒学的基本宗旨，明体达用本身就具备了“华夷之辨”的全部内涵，也可以理解为“华夷之辨”的一种注解。

在“华夷之辨”的儒学意识形态影响之下，明清两朝对西学的政策是一贯的，那就是“节取其技能，而禁传其学术”。这里的学术，专指西方的“宗教思想”。整体而言，也就是看重其“器”，而抛弃其“理”，或者重其“用”，而轻其“体”。明朝官方仅刊刻出版历算、地理、音乐、工艺美术等实用性西学文献，对宗教文献则十分敏感和排斥。清朝则几乎完全沿袭这一文化政策，《四库全书》除收录了一部分有关实用科技的书以外，对宗教和人文方面的书要么少收，要么改动后再行收录。康熙、乾隆都认为西方宗教会乱我国族，才宣布禁教。但禁教的同时并没有一概排斥外国文化，而是选择性地禁其所非（排斥宗教之类），纳其所是（采用器物之类）。在“华夷之辨”的框架下，中国视传统道德政治哲学为正宗，西学的引进就只能是技术性和枝节性的。因此西学东渐中，西学东渐的范围慢慢由“用”及“体”，但宗教翻译的规模及影响始终有限，而且一直以传教士为主体。这说明以儒家为代表的中国知识界对待外来文明的取舍。

晚清中西体用之争的焦点也正是中西文化的优先地位。“中体西用”简单来说，即以中国的纲常名教为体，以西方的船坚炮利为用。随着西方科学技术的译介逐步深化，中国科学家开始在具体科学之间相互会通，出现了很多中西学术的比较研究。而这种比较,无论是“以中释西”或“援西入中”,都以“华夷之辨”为既定文化立场,表达出对自有文化传统的肯定和留恋。洋务派认为,洋人所长于中国的在器物技艺方面,而且主要在船炮枪械方面,而中国的礼乐政治、道德风俗无一不优于他国,因此治本还靠自己固有的政治制度和礼乐文化。李鸿章于同治四年(1865 年)八月上奏皇帝时就说:“中国文物制度,迥异外洋獉狉之俗,所以郅治保邦固丕基于勿坏者,固自有在。必谓转危为安、转弱为强之道,全由于仿习机器,臣亦不存此方隅之见。顾经国之略,有全体,有偏端,有本有末,如病方亟,不得不治标,非谓培补修养之方即在是也。”(李鸿章,1998:9)从 1861 年到 1894 年的三十余年间,洋务派论及中学与西学关系时,还先后出现过“中本西辅”“中本西末”“中体西用”“中道西器”“中道西艺”等等不同的提法。1895 年维新思潮兴起后,“中体西用”这一提法逐渐流行。

“西学中源”说和“中体西用”论都是“华夷之辨”思维框架下的结果,在崇中抑西的前提下沟通中西,调和文化,对西学持部分认同态度,在客观上消解了中西学之间的紧张关系,有助于打通中西文化关隘,引进西方科学知识。因此晚清时期有部分学者既主张“西学中源”,又接受“中体西用”,如王韬、薛福成、郑观应、陈炽、李鸿章等。张之洞等“中体西用”论者有时也提“西学中源”,但他们在中学源流之辨中,更注重其主体与辅助之别。因而在强调中西学同源的同时,他们也强调中西学的差异与界限,反对事事琐碎比附的做法。但“西学中源”说用“源流”来处理中西文化的关系,视西学为中学的附庸和派生,中西学混为一谈,古今不分,而且缺乏理据,骤下论断。由于其理论缺陷越来越明显,“西学中源”很快就被抛弃。相比之下,“中体西用”基于“华夷之辨“的传统文化观,则借“主辅”“道器”“本末”等概念建构了一个以中学为主体、兼容西学的模式,取得了中西文化会通的平衡,所以一直到民国时期仍然拥有不少拥趸者。

体用派表现出对中国文化的强烈责任感,薛福成指出:“中国之病,固在不能更新,尤在不能守旧。”(薛福成,1994:162)他谆谆告诫国人:“宜考旧,勿厌旧;宜知新,勿骛新。”(薛福成,1994:162)。“今诚取西人器数之学,以卫吾尧、舜、禹、文、武、周、孔之道,俾西人不敢蔑视中华。吾知尧、舜、禹、汤、文、武、周、孔复生,未始不有事乎此,而其道亦必渐被八荒,是乃所谓用夏变夷者也。”(薛福成,1994:90)。这就明确说明,学习西方的“数之学”不但不是“用夷变夏”,甚至可以达到“用夏变夷”的功效。可见,变器是为了卫道,以西学为用,正是为了保中学之体。张之洞告诫国人了解西学应在通晓中学的前提下进行,他希望中国出现“朝运汽机,夕驰铁路”的局面,更希望中国人能继续保持“其心圣人之心,行圣人之行”(张之洞,2002:71)。辜鸿铭将洋务事业的终极目的概括为“保名教”“文襄之效西法,非慕欧化也;文之图富强,志不在富强也。盖欲借富强以保中国,保中国即所以保名教"(辜鸿铭,1985:7 - 8)。

顽固派反对引进西学，但同样是在"华夷之辨"的框架下思考问题。顽固派攻击洋务派是"沉迷夷俗"、要"用夷变夏"。他们说西方这些"法、术、艺"暗伤王化，因为立国之本"不在区区器械机巧之末"，而在"正人心行仁政"。如倭仁倡导"立国之道，尚礼义不尚权谋，根本之图，在人心不在技艺"，主张"以忠信为甲胄，礼义为干橹"来抵御外侮。这一论调听来虽然愚不可及，却清晰地表达了以儒家道德礼义文化认同来捍卫民族独立和政治统一的愿望，具有抗击侵略、保卫家园的积极意义，同时也体现了以道德礼义为本位，以"技艺"为末流的传统儒家的体用观。

随着西学东渐的深入,人们发现西学同样有本有末、有体有用。因为文化是一个有机整体,"体用"之间并没有泾渭分明的界限。中国自古便有"体用一原"的说法。甲午战争之后，维新派认识到,中国不仅在器物科学技术上不及西方，在政治制度上更不及西方，要求扩大引进西学的范围，学习西方的制度和政治哲学思想。西学的引进必然要触及"中学之体",挑战"华夷之辨"的传统观念，中西文化之间的冲突变得更加激烈。戊戌时期出笼的《格致古微》和《劝学篇》不仅分别对"西学中源"说和"中体西用"论进行了系统的总结,而且再次强调儒家文化为核心的"中学"的根本地位,抗拒民权民主学说的传播,试图限制西学引进的范围。这种担忧不无道理,因为深入学习西学的确容易习西而遗中，在"中体"的教育方面有所不足。如西方的民主政治哲学思想和制度直接挑战两千多年的封建专制制度,威胁到君臣父子的儒家纲常伦理,触动"华夷之辨"的底线。而"中学之体"一旦不保,华夷之内外之分也就面临瓦解。

"中体西用"从理论上解决了学习西方文化与维护封建道统的关系问题,认为西学强在器物等致用层面,但在道德伦理等价值方面不如中国。主张在学习和引进西方科学技术的时候,维护和保持中华民族的优良的伦理道德传统。中体西用论一方面突出中学的精神价值具有主导地位,另一方面承认西学的物质价值具有辅助作用,从而形成一个以中学为主、兼容西学的文化格局。"中体西用"和"师夷制夷"互为表里,清晰地表达了洋务派以中学为主体、西学为辅用、抵御外辱的基本立场。这既是洋务派处理中西民族国家关系的原则,也是对待中西文化交流的基本原则,在 19 世纪下半叶得到了广泛认同。

在 19 世纪的最后几十年中,随着人们认识的深入,"中体"与"西用"的内涵、外延也有变化,但中西双方的主从关系并未改变,可见"华夷之辨"的强大制约作用。晚清变局之中,"中体西用"遂成为对待西方文化的整体原则,因为它一方面捍卫和固守了华夏民族文化正统,同时又为引进西方文化的变革扫清了舆论障碍。可以认为,在儒学渐趋没落的19世纪,“中体西用”一方面继承了“华夷之辨”的基本内涵,另一方面适应了中国社会文化开放和转型的需要,代表了儒学自我更新和发展的成果。

“华夷之辨”是以儒家文化认同为基础的华夏民族中心主义,强调在文化上捍卫华夏正统,政治上“尊王攘夷”,抵御蛮夷对中国的侵略。在民族危机深重的晚清,文化认同与民族存亡、国家独立相互纠结,因此华夷关系变得十分重大和敏感。华夏民族沿袭千年的制度文化和观念文化具有相对稳定性,成为历史乱局之中维系中华的精神纽带。晚清“千年变局”之中,西方列强和日本的侵略,不仅使中国主权逐渐丧失,中国的文化也越来越受到殖民文化的挑战。弘扬和维护传统文化,增强民族自信,成为部分学者的共同心愿。晚清出现的文化保守主义思潮派别林立,彼此差异很大,但共同的一点是,他们在选择性接受西学的同时,表达了对传统文化的坚守和维护,主张以中国文化为基础,调和中西,确立起适合近代特点的新文化,跟“中体西用”的文化观如出一辙。

1898年,康有为等在北京成立保国会。设会宗旨是“保国、保种、保教”,即保国家政权、领土不丧失,保民族种类能自立,保圣教不失。圣教即孔教。康有为把保教与保国等量齐观,形成了以他为中心的孔教派。孔教派服务于变法维新,提出了君主立宪的政治诉求,文化上则具有开新与保守两种色彩。如康有为虽主张引进西学,但认为应“以我之政治、教化、风俗为主”,显然并没有突破“中体西用”的范围。康有为在谋策变法维新时,援引西方学说,重新阐释儒家经典,对儒学进行自觉改造,使儒学发生了本质的变化。如康有为把进化论引进儒学,以公羊三世说解释人类社会的进化,提出社会进化分三阶段:封建专制(衰乱世)——君主立宪(小康世,升平世)——民主共和(大同世,太平世)。康有为认为,君主立宪适合中国国情,清朝应当实行君主立宪,显然在为维新变法提供理论依据。康有为对儒学的改造会通中西,以儒学包装西学,因而被反对派攻击为“其貌则孔,其心则夷”。

1905年,刘师培和邓实、黄节在上海成立了以“研究国学,保存国粹”为宗旨的“国学保存会”。《国粹学报》“发刊词”把该报的宗旨概括为“保种、爱国、存学”。1906年,章太炎在日本东京留学生大会上号召“以国粹激励种性,增进爱国热肠”,把传统文化认同和反清革命结合起来。国粹派认为“中学包罗西学,无待他求”“国粹亡则国亡”。尽管国粹派对于“国粹”的具体界定有差异,但都认为国粹是一种“民族精神”或“国家精神”,而这种精神又蕴含于古代的典章制度和文学遗产之中。因此国粹派致力于经传的章句训诂、历史典籍的考订和语言文字的研究,欲从复兴中国的“古学”入手,实现中国文化的复兴。难能可贵的是,国粹派虽然提倡国粹，维护传统，但并未因此失去对传统文化的反省和批判意识，也并不完全排斥西方现代文明。国粹主义在晚清的兴盛不仅因为它抗争西方、日本强势文化入侵，也因为它服务于“推翻满清”的政治目标，因而为辛亥革命所借重。辛亥革命之后，国粹主义失去了种族革命的目标，只从民族主义立场卫道中国传统文化，失却了晚清时期的革命性和战斗性。

“五四运动”前后，西方文化已如洪水般涌入，新文化的传播已是大势所趋，不可阻挡，传统文化已受到了猛烈震荡。1915 年《新青年》一问世，就大张旗鼓地宣传新文化，并把新文化等同于外来之西洋文化，把旧文化等同于中国固有之文化。面对新文化运动的激烈反传统，特别是甚嚣尘上的全盘西化论、科学万能论，学界普遍关注传统文化的危机和出路。以陈独秀、李大钊、胡适为代表的西化论者和以杜亚泉、章士钊、梁启超、梁漱溟为代表的东方文化派，围绕东西方文化的差异、新旧文化的关系、中国文化出路选择等问题，展开了一场延续十余年的论战。这场论战的实质是关于中国现代化道路的论争，论争的焦点是中国社会在现代化历史进程中，该建设一种什么样的文化。这场论争从 1915 年到 1927 年，构成了“五四”新文化运动的一个重要组成部分。论争凸显了中国封建旧文化和西方资产阶级新文化的斗争，也是清末以来中学、西学之争在中国文化急剧转型期间的继续和深入。文化保守主义虽然彼此差异很大，但都认为现代化不等于欧化，反对因现代化而丧失民族特性。梁启超《欧游心影录》与梁漱溟《东西文化及其哲学》的相继发表，无疑宣布新文化运动选错了方向，中国不应该走西方文化的道路，掀起了东西文化论战的又一轮高潮。

从最早的“西学中源”，到“师夷制夷”“中体西用”，从极端排外的顽固派，到相对开明的文化保守派，都是在“华夷之辨”的框架下思考中西文化问题。“华夷之辨”为中国文化面临生存危机时如何坚守民族文化本位提供了现成的系统化的答案。而种种文化保守主义不过是中国文化主体性在新的历史语境下的一种新的表现，是华夏民族遭遇外来威胁时被迫重新确认自身、维护自身的一种反映。“中体西用”为晚清洋务运动提供了一种文化战略，取得了中西文化会通的暂时平衡，一直到民国时期的中西文化论战中仍然没有完全失去市场。

第三节　“华夷之辨”与严复的翻译理论及实践

晚清的翻译活动几乎和中国的政治运动基本同步，翻译活动作为功利性、目的性很强的社会文化实践，在这次西学东渐中表现得尤为明显。在“华夷之辨”的主流文化观影响之下，西方文化要想进入中国，同样要“变夷为夏”，也就是按照中国社会需要来取舍、剪裁、阐释、消化西学，并在融通中西的基础上进行创新和超越。这意味着此时的翻译不仅仅是原文译文的严格对照，还包括了翻译的种种变体和派生形式，如基于原文的中文译述、汇编、阐发、专论等。这些派生的翻译形式更注重结合中国现实国情，对西学进行创造性辨析和阐发，深入系统地把西学“变夷为夏”，创造性地实现西学的“华化”或“中国化”，使西学更好地适应中国的社会文化水土，并进一步促成中国学术早期的改造和转型。一部近代翻译史，就是一部近代儒家文化自觉更新的历史，一部从补儒慢慢地走向保儒、批儒和新文化构建的历史。作为儒家正统思想的重要组成部分，“华夷之辨”一直深刻影响并主导着中国的翻译理论与实践，也奠定了中外文化交流的基调，即融会吸收外来文化以融入中国文化体系为主导的翻译策略。至晚清民初，“华夷之辨”经过历代积淀，已经内化成译者的集体无意识，西学东渐记录了这次“以中解西”“华化西学”的真实历程。

中西翻译史上，理论与实践的不一致几乎是一个通例。传统的规定性翻译理论热衷于制定理想化的翻译标准，但现实中的翻译，尤其是传世的经典作品，都是译入语历史文化语境下的“因时之作”，几乎无暇顾及“信”。晚清不仅是一个翻译的时代，翻译理论也推陈出新，达到了一个新的高度。其中严复和梁启超无论在实践上还是理论上都卓有建树，他们不仅率先对中西文化进行了全方位的比较研究，也第一次对中西文化结合的方式和途径提示了诸多有价值的意见。从社会文化视角，在中国思想文化史中重新梳理梁启超、严复等人的翻译实践及理论，有助于更好地认识翻译在中国文化近代化进程中的历史使命及其对中西文化融会与创新的现实意义，拓宽翻译研究的视野。

一、“华夷之辨”与严复的中西文化观

严复（1854—1921 年）是清末极具影响的资产阶级启蒙思想家、翻译家和教育家，也是中国近代史上向西方国家寻找真理的“先进的中国人”之一。严复系统地介绍西方民主和科学，宣传维新变法思想，将西方的社会学、政治学、政治经济学、哲学和自然科学介绍到中国。严复提出的“信、达、雅”的翻译标准，对后世的翻译工作产生了深远的影响。

晚清民初，中国文化已经全面落后于西方，面临深刻危机。在强势的西方文化面前，究竟应该怎样看待中国传统文化？在中西、古今文化之间，究竟应该如何取舍？尽弃其旧？弃新守旧？还是新旧相互为用？这是晚清西学东渐中亟须解答的文化课题，也是一个政治课题。严复对以上问题的回答构成了晚清中西文化比较最早的理论认识。终其一生，严复对中西文化采取了理性批判的态度，倡导吸取

二者的精华来重构中国文化。严复认为,挽救民族危亡的关键在于中学的复兴,特别是儒家的伦理教化能否复兴;西学可用来启发和改良中学,仅具有工具性质,最终服务于中国文化的复兴、转型和重建。严复的中西文化观可以概括为中国文化本位主义,他一生都致力于论证“华夷之辨”的完整内涵:“华夷有别”“礼别华夷”和“用夏变夷”。

1895年,严复首次向国人介绍达尔文的生物进化思想时曾断言:“且物之极也,必有其所由极,势之反也,必有其所由反。善保其强,则强者正所以长存;不善用其柔,则柔者正所以速死。彼《周易》否泰之数,老氏雄雌之言,固圣智者之妙用微权,而非无所事事俟其自至之谓也。”(严复,1986a:12)。

可以看到,严复用中国传统的循环论思想对进化论进行了创造性解读,物种要争相自存,不仅要适应外部环境的变化,还要懂得扬长避短,才能立于不败之地。另外,“适”不是延续个体、种族的物质生命,而重要的是保持物种的自身特性。但是中国依靠什么样的特性,才能后起直追,反败为胜,赶超西方呢?严复认为是传统文化的精神及其道德,一个民族的灭亡,很大程度上是由于道德的沦丧。

严复结合西学对孔教进行了高度评价:“孔教之高处,在于不设鬼神,不谈格致,专明人事,平实易行。而大《易》则有费拉索非之学,《春秋》则有大同之学。苟得其绪,并非附会,此孔教之所以不可破坏也。”(严复,1986a:85)严复认为,不可“以士大夫不肖而訾周孔,以为其教何入人心之浅也”。因为“子曰:‘人能弘道,非道弘人。’儒术之不行,故自秦以来,愚民之治负之也”(严复,1986a:14)。很显然,严复认为中国文化的衰败不应归于孔教,他认为中国的问题在于虽有孔教之名,但不行孔教之实。“孔子虽正,而支那明智未开,与此教不合。虽国家奉此以为国教,而庶民实未归此教也。”(严复,1986a:85)他认为复兴孔教的最好办法就是躬行实践:“然则累孔教,废孔教,正是我辈。只须我辈砥节砺行,孔教固不必保而自保矣。”(严复,1986a:82)

甲午战败,举国震惊,严复开始深刻反思中西关系。他在《救亡决论》中得出一个重要结论:“四千年文物,九万里中原,所以至于斯极者,其教化学术非也。”(严复,1986a:53)“中国今日之事,正坐平日学问之非,与士大夫心术之坏。”(严复,1986c: 780)严复所担心的士大夫“心术之坏”与“学问之非”正是儒家道德和文化精神的丧失,中国要谋求民族振兴,只有从拯救道德人心入手。

严复强调存留、发扬中国人的道德品性,实质上是试图保存和发扬中国文化中精神层面的“道”。在《论教育与国家之关系——在环球中国学生会演说》一文中,严复说:“吾国儒先有言,形而上者谓之道,形而下者谓之器。夫西人所最讲、所最有进步之科，如理化，如算学总而谓之，其属于器者九，而进于道者一。”(严复,1986a:167)严复按照儒家的“道器”架构来解读西方文化,认为西学多强在实用科技等器用层面。而精神层面的“道”才是民族得以复兴的真正资本。中国的传统文化，正是中国之“道”的最佳载体。1902 年，严复在《与〈外交报〉主人书》中提出，当前教育决不能“尽去吾国之旧，以谋西人之新”，因为中国的旧传统也是历经“累朝乱世所淘汰”,一旦丧失,民族特性也将消亡。即使民族血脉能够延续,也仅仅是物质意义上的血统传承,华夏自立于世界的区别性特征已然消失,这种“适者”已经失去了存在的意义。而“华夷之辨”的主旨“礼别华夷”,主张在民族身份变动不居的时代,只有华夏的礼乐教化才是维系民族的精神纽带,才是中华民族区别于其他民族的真正特质。

那么何以保存、改良中国之“道”？严复提供的答案跟“华夷之辨”的民族文化本位主义几乎如出一辙,他主张吸纳外来文化,服务于中国文化的更新和重建,只要能使中国富强,“虽出于夷狄禽兽,犹将师之”(严复,1986c:560)。但作为文化精神之根本的儒家伦理道德则是不可动摇的。西学作为启发和改造中学的工具,可以依照中国现实国情之所需,由用及体、“变夷为夏”,服务于中国文化的重建和中华民族的复兴。这正是“中体西用”的真实内涵,也是“华夷之辨”的文化民族本位主义在晚清的翻版。

根据自己对于中西文化的认识,严复认为外来学说的引入非但不会导致中学的灭亡，反而可以和中学交互阐释和启发,最终使中学的主体地位更加稳固。严复的具体做法有二:一是按照中国社会文化所需,全面地翻译和阐释西学;二是借用西学资源对中国上古、先秦的文化进行重读，以发掘传统文化的当代理论价值，激活传统文化中的积极因素，使其重新焕发活力，最终系统改造、提升和构建中国文化。严复的翻译乃至整个学术活动,均致力于通过文化的复兴来实现民族的复兴。

由于中国当时处在文化转型的初期,严复出于启蒙的需要,强调首先要充分了解西学,才能借西方之优长促进中国传统学术的转变。严复早年在《救亡决论》中曾指出:“公等从事西学之后,平心察理,然后知中国从来政教之少是而多非。即吾圣人之精意微言,亦必既通西学之后,以归求反观,而后有以窥其精微,而服其为不可易也。”(严复,1986a:49)所谓“归求反观”,就是“自他之耀,回照故林”(严复,2004:72)。中西文化在政治、人才、风俗等方面各有长短,充分了解中西异同之后,如何取长补短也就有了明确的方向。在早年所发表的《论世变之亟》一文中，严复流露出对于中西文化的持平和理性态度:“中国最重三纲,西人首明平等;中国亲亲,而西人尚贤;中国以孝治天下,而西人以公治天下;中国尊主,而西人隆民;中国贵一道而同风,而西人喜党居而州处;中国多忌讳,而西人众讥评。"但严复并不认为中西文化在本质上有高低优劣之分。他说:"若斯之论,举有与中国之理相抗,以并存于两者,而吾实未敢遽分其优绌也。"(严复,1986a:3)总体上看,他认为东西文化性质各异,都有其不朽的价值。"夫西洋之于学,自明以前,与中土也相埒耳。至于晚近,言学则先物理而后文词,重达用而薄藻饰。且教子弟也,尤使自竭其耳目,自致其心思,贵自得而贱因人,喜善疑而慎信古。……而回观中国则如?夫以朱子以即物穷理释格物致知,是也;至以读书穷理言之,风斯在下矣。"(严复,1986a:29)通过比较,中西学术发展历程一目了然:中西学术在明代以前大体上同步,只是到了明后,中国学术才落伍了。

严复在理性上能够做到去中西之见,但情感上则很难摆脱"华夷之辨"的民族文化情结。在严复眼里,西学的种种观念在中国传统学术中都古已有之,只不过由于中国古书深奥难懂,到近代反要借助西方思想观念才能重新了解。

"近二百年来,欧洲学术之盛,远迈古初,其所得以为名理公例者,在在见极,不可复摇。顾吾古初,往往先之,此非傅会扬己之言也。——虽然,由斯之说,必谓彼之所明,皆吾中土所前有,甚者或谓其学皆得于东来,则又不关事实上适用自蔽之说也。夫古人发其端,而后人莫能竟其绪;古人拟其大,而后人未能议其精,则犹之不学无术未化之民而已。"(严复,1986d:1320)

严复认为,名理公例(普遍真理)不传于此,必传于彼,这是因为古今中外"事不相谋而各有合"的缘故。正所谓"东海西海,心同理同""南学北学,道术未裂"。严复在中西文化比较时,不时流露出对中国文化的认同,与传统儒家关于"天子失官,学在四夷""礼失而求诸野"的主张如出一辙,其心态类似"西学中源"。在很大程度上,他以西学反观中学,再以中学反观西学。通过中西互释,重新发掘古今中外的普遍公理,最终在会通中西的基础上改造和创新中学。

严复特别推崇西方的自然科学、进化论和逻辑学的重要价值,他指出西方的科学能使学者"心虑沈潜,浸渍于因果实证之间,庶他日学成,必能有疗贫起弱之实力,能破旧学之拘挛,而其于图新也审,则真中国之幸福矣"(严复,1986c:565)。他认为文化无分新旧中西,都可以"择其所善者而存之",应该"阔视远想,统新故而视其通,苞中外而计其全"(严复,1986c:560)。严复主张对包括基督教在内的西方文化采取开放态度,广泛学习,自己还曾尝试翻译《圣经》。

《圣经》是西学之"体",代表了西方文化的核心精神价值。不少人担心翻译圣经会导致"以夷变夏",但严复力主借助西方基督教来弥补儒家教化之不足。他在《法意》中公开称道基督教学说中正无邪,甚至希望通过学习圣经,与儒家经典互参互证、相互发明,发掘儒家真义。

严复在解读基督教的过程中,儒家传统文化作为“前见”始终发挥着主导作用。首先,受儒家的世俗倾向影响,严复不是从信仰的角度,而是以理性的眼光看待基督教。基督教本身是一种超越的信仰,而严复把信仰视为不可知的领域,对基督教信奉的上帝、彼岸世界、天堂等均持怀疑态度,反映了儒家的世俗伦理对基督教超越性信仰的误读。他对神学理论问题诸如三位一体、上帝存在或灵魂不灭等神学问题兴趣不大,却非常重视基督教的社会教化功能,认识到基督教对西方社会的伦理治化影响至深。严复发现,基督教与儒学在东西方社会都担负了同样的伦理教化功能,指出“夫中国以学为明善复初,而西人以学修身事帝,意本同也”(严复,1986a:147)。他肯定基督教对于陶冶民性、改良风俗产生了深刻的影响。认可宗教“常有扶民性之偏”的作用。他承认基督教具有良好的社会功能,但出发点却是服务中国社会的实际需要。在基督教诸多教派中,严复更欣赏比较具有理性和民主精神的新教,而对中世纪的宗教专制和蒙昧主义则予以严厉批判。严复将宗教定位为“教化”之教,认为宗教的社会教化功能是宗教最普遍、最一般的特征。他对基督教的理解是理性、世俗和伦理本位的,其思想根源显然主要是本土儒家文化。这种取舍体现了予取予求的拿来主义,不仅符合当时中国社会实际需要,更主要的是体现了儒家“华夷之辨”的价值取向。虽然同样出于捍卫儒家本位的初心,也无法完全避免“华夷之辨”的情感渗入,但严复对于基督教和儒家的对比研究显示了严复对中西宗教哲学内涵的深入理解,代表了中西哲学思想的实质性交流。

在西方文化处于绝对强势的晚清,西方列强挟其现代文化之长,实行文化霸权主义,强制推行“中华归主”,试图将中国彻底基督教化。严复对儒教和基督教的比较研究,不仅说明他具备了多元的、跨文化的视野,更凸显了儒家文化作为先入之见的主导地位,对西方文化霸权主义有一定的遏制作用,为进一步的中西文化融通开辟了道路。严复通过儒教和基督教之间的双向比较和阐释,对东西二教的异同有了深刻的洞察和了解。在他看来,儒教的理性主义、伦理本位、以人为本和基督教的信仰第一、超越世俗、以神为本揭示了两种文化的特色和本质差异。他一方面主张必须学习西方基督教文化的长处,另一方面又坚持在中西文化交往中保持中国民族文化的特性。

严复在全面比较中西文化之后,提出中国传统文化最大的价值是对德性生活的极端重视,儒家学说尤其如此。他承认西方文化长于智性的发扬,故自然科学最见发达,而中国文化却以道德之教为深邃。而德育的培养,对塑造中国的国民人格有极重要的教化作用。他指出:“中国旧学,德育为多,故其书为德育所必用”(严复,1986b:284)。1906年,严复在环球中国学生会演说《论教育与国家关系》,

再次说明中国具有经数千年之阅历而形成之天理人伦，“为国家者，与之同道，则治而昌；与之背离，则乱而灭(严复,1986a:168)。正因为严复着力于道德复古，因而重视经学,甚至提倡读经:“夫读经固非为人之事,其于孔子,更无加损,乃因吾人教育国民不如是,将无人格,转而他求,则亡国性。无人格谓之非人,无国性谓之非中国人,故曰经书不可不读也。”(严复,1986b:332)

辛亥革命之后,中国的政治、军事、社会等方面仍然一片混乱,如何形成统一的观念和价值体系,以维系国家的统一和民族的生存,成为意识形态领域最为迫切的问题之一。严复认为战乱频仍之时,能够挽救世道人心的唯有孔孟之道。他坦言:“不佞垂老,亲见脂那七年之民国与欧罗巴四年亘古未有之血战,觉彼族三百年之进化,只做到‘利己杀人,寡廉鲜耻’八个字。回观孔孟之道,真量同天地,泽被寰区”(严复,1986c:692)。所以,中国“旧法断断不可厚非”“即他日中国果存,其所以存,亦恃数千年旧有之教化,决不在今日之新机。”(严复,1986c:661)。严复提出著名的《导扬中华民国立国精神议》,呼吁尽快调整国家的教育方针,不要一昧鼓励已经变质了的所谓民主自由的观念,而应依靠传统文化的道德教化来解决社会危机。

西方文化经由第一次世界大战的冲击,弊端日见,而中国传统文化则日益显示出强大的生命力。晚年的严复目睹了西方科学主义泛滥给人类带来的灾难,但他看待中西文化的态度基本上没有改变。他虽然对西方文化有更多批评，但没有否定西方文化的基本价值,同时进一步认识到中国传统文化的优长。严复对中西文化的一贯态度是超越新旧两派,坚信保存故旧精华，努力吸收西学，缓进图新。严复认为,若既不考虑国利民福,又不考虑新旧文化的衔接,盲目引进,全盘西化,便有可能在文化上招致新旧两亡。

至晚清,“华夷之辨”经由久远历史的淘汰,已经植入博大精深的传统文化体系,形成并塑造了国人的基本文化心理。作为一种面对外来文化的思维定式,“华夷之辨”已经积淀在人们的行为模式、思想方法、情感态度之中,成为一种无法超越的集体无意识。在晚清中西文化交汇的过程中，“礼别华夷”和“变夷为夏”内化为中国知识分子对待西方文化的深层心理基础。这种心理积淀如此深厚,无论是反对西学的守旧派还是拥抱西学的开明派,都以捍卫维护“礼”为由,即捍卫儒家纲常名教和伦理政治。儒学的伦理政治观念与西方资本主义民主政治文化之间的关系，成为中西文化冲突的焦点。

很显然,严复晚年回望反观传统文化,是试图将西学与中国传统文化中的精华结合起来,融合中西文化为一体,重建中国新文化体系,使孔孟之道具有现代意义。因此,严复晚年力倡用西方文化的“新式机器”对中国传统文化中的“最富矿藏”进行“发掘淘炼”。对中国传统文化深刻而全面的回望反观，深入发掘传统文化的现代价值，是严复构建中国新文化体系的重要思路。

随着对中西文化认识的深入，严复更加坚定地回归中国文化传统，政治立场上也表现出同样的复古倾向。严复曾经尖锐地批评过中国落后的政治制度和政治理念，主张学习西方政治文化不可，但他并不主张用西方政治制度取代中国传统政治制度。严复认为，若断然大规模将西方政治制度与文化移入中国，在中国推行君主立宪，倡言个人自由与平等，不仅达不到预期的效果，反而会导致社会混乱，甚至最终亡国灭种。解决矛盾的办法，是先接受传统文化在中国社会中的既定地位，以保持中国社会的稳定，同时，有选择、有步骤地在中国推行西方先进文化，以促进中国社会的文明进步。与此同时，严复表现出对儒教更加执着的固守和回归，晚年的严复参加过筹安会、名列孔教会、支持袁氏称帝、反对辛亥革命等活动，由早年的维新启蒙派转变为后期的复古保皇派。但从文化观念上来看，严复最后回归国粹派，表达出对传统文化的固守和回归，从“华夷之辨”的角度可以得到统一的解释。

从早年到晚年，严复在传统文化观上经历了明显的由批判到回归的嬗变历程。他以一贯的理性与持平的态度，既肯定了中西方文化各自的长处，也表明了二者的缺陷与不足。严复对中西方文化进行批判与反思，寻求中西方文化的交融，希望能改良和重建出适合现代中国国情的新文化。严复对中西文化比较研究和思考，他辩证看待中西文化结合的途径，对于今天经济全球化和文化多元化背景下的中西文化交流仍有重要启发。

二、严复的“信、达、雅”理论和“雅、达、信”实践

“华夷之辨”中的政治文化民族三重内涵，在晚清严复的翻译实践与理论的悖反中得到了最为生动的演绎。19 世纪 60 年代至 90 年代，洋务派主张的“中体西用”论对推进中西文化交流起到过重要作用。“中体西用”论主张以中国的道德伦理为本位，融合中西方文化之长，但以体用二分的简单化思维割裂了西方文化。严复提出“体用不二”的文化结合模式，主张对西学的译介应体用兼顾、逐渐深入。戊戌变法后，他率先转型为资产阶级启蒙思想家，突破了洋务派划定的“体”“用”范围，把翻译的对象由军事技术、自然科学等“用”扩大到西学之“体”，即西方资产阶级政治哲学和社会学说，标志着西学东渐在译介的题材上进入了一个新阶段。而题材上的转变，助推立宪派和改良派登上政治舞台，推动了中国近代史的历史进程。

严复的主要译作如下表所示(资料源于百度)：

翻译的著作	原文作者	发表时间
《天演论》	赫胥黎	1896—1898 年
《原富》(即《国富论》)	亚当·斯密	1901 年
《群学肄言》	斯宾塞	1903 年
《群己权界论》	约翰·穆勒	1903 年
《穆勒名学》	约翰·穆勒	1903 年
《社会通诠》	甄克斯	1903 年
《法意》(即《论法的精神》)	孟德斯鸠	1904—1909 年
《名学浅说》	耶方斯	1909 年

为了实现救亡图存的深刻用心,严复在《天演论》中,结合中国的现实国情,创造性地组合吸收了达尔文、赫胥黎和斯宾塞的进化论理念,提出有中国特色的进化观。而《天演论·译例言》中,严复遵从了一般的翻译伦理,提出了"信、达、雅"标准,并力求自圆其说。众所周知,严复的翻译实践是译入语历史文化语境下的"因时之作",根据中国社会改良和转型的需要对原作进行了适度的合并剪裁,变夷为夏,突破了他自定的"信"的标准。《天演论·译例言》记载并解释了《天演论》求达、求雅和求信的策略,可以和文本对比相印证,共同见证严复理论和实践的悖反。

在《天演论·译例言》中,严复提出:

"译事三难:信、达、雅。求其信,已大难矣!顾信矣不达,虽译犹不译也,则达尚焉。海通以来,象寄之才,随地多有,而任取一书,则其能于斯二者,则已寡矣!其故在浅尝,一也;偏执,二也;辨之者少,三也。今是书所言,本五十年来西人新得之学,又为作者晚出之书。译文取明深义,故词句之间,时有所颠附益,不斤斤于字比句次,而意义则不倍本文。题曰达旨,不云笔译,取便发挥,实非正法。什法师有云:'学我者病'!来者方多,幸勿以是书为口实也。"(转引自罗新璋,1984:136)

由中国翻译史可知,"信、达、雅"的提法并非严复首创,早在 1 700 年前支谦的译序中就可以找到三字的出处,但严复首次清晰而集中地标举"信、达、雅"为翻译三难,其中"信"字当头,既反映了翻译据于原本的特征,也直接继承了佛经译论"重质"的传统,是对传统译论的继承和创新。虽然从佛经翻译和明清之际的西学翻译可知,"变"是翻译实践的终极规律,但"信"作为翻译的基本伦理在翻译理论上一直占有绝对优势。因此三字当中,严复首标"信"字就不难理解了。但严复也知道,自己的翻译毫无"信"字可言。他在译序中分辨说,自己的译法重在传达原文的理论精髓,因此词句之间不免有所增补删减,甚至修正补充。只要根本意义不悖原文,译文语言并不拘泥于原著。他认为他的翻译只求传达原著的主旨,有时自由发挥,算不上正确的翻译方法。这让人联想起法国17世纪翻译家阿伯兰库,他的译作不求忠实,只求优美,被称为“美而不忠”的译本。在Thucydides译本序言中,阿伯兰库对自己的译法极其自信,他表达了一个类似的自相矛盾的观点:“更好的译法是,小处悖离而大处忠实。”(转引自Robinson, 2006: 160)由此可见古今中外,“信”或“忠实”是翻译作为派生文本的第一原则,即使最不忠实的翻译也仍然打着忠实的理论幌子。译者只要声称忠于“大处”或“主旨”,对原作就可以随心所欲了。但“信”字当头,“忠实”为上,则是理论上的共同诉求。一旦失去了这一伦理准则,译文会失去读者的基本信任而遭到质疑和抛弃。

严复认为,求达也就是求信。

“西文句中名物字,多随举随释,如中文之旁支;后乃遥接前文,足意成句。故西文句法,少者二三字,多者数十百言。假令仿此为译,则恐必不可通,而删削取径,又恐意义有漏,此在译者将全文神理,融会于心,则下笔抒词,自善互备。至原文词理本深,难于共喻,则当前后引衬,以显其意。凡此经营,皆以为达;为达,即所以为信也。”(罗新璋,1984:136)

英文中的一些名词一般出现的时候都有解释,插在文中。后文跟前文相接,前后意思贯通,形成一个完整的句子。因此英文句子少则二三个单词,多则数十、成百词为一句。如果字字对照原文翻译,必然令人费解。如果为图简便而大量删削,又会损害原文意义的完整。这全靠译者先把握原文的全部精神实质,做到融会贯通、烂熟于胸、而后下笔,自然就能使译文准确流利、首尾呼应,较充分地表达出原著的思想。如果原文的理论过于深奥,难以被一般读者所理解,那就只能多引证衬托,以阐明它的含义。译者这一切具体做法无非为了一个达字。归根结底,为了达,也正是为了信。可见,严复的“达”包含了为使原文深意显豁而采取的“前后引衬”,这显然是为自己在译文中的大量添加进行辩护。

最后,严复对译文的“雅”提出了独到见解,似乎仍在为自己的不“信”进一步申辩。

《易》曰:‘修辞立诚。’子曰:‘辞达而已。’又曰:‘言之无文,行之不远。’三者乃文章正轨,亦即为译事楷模。故信达而外,求其尔雅,此不仅期以行远已耳,实则精理微言,用汉以前字法句法,则为达易;用近世利俗文字,则求达难。往往抑义就词,毫厘千里,审择于斯二者之间,夫固有所不得已也,岂钓奇哉!不佞此译,颇贻艰深文陋之讥,实则刻意求显,不过如是。又原书论说,多本名数格致及一切畴人之学,倘于之数者向未问津,虽作者同国之人,言语相通,仍多未喻,矧夫出以重译也耶!”(罗新璋,1984:136)

这段意为:"易曰:'修辞立诚'。子曰:'辞达而已!'又曰:'言之无文,行之不远。'"这是做文章所必须遵循的原则,也应该成为翻译的原则。所以除了信、达以外,还要求雅,这不仅仅是为了译文能广泛流传。实际上,那些深刻的思想和微妙的语言,用中国汉代以前的词法与句法去译述更容易为人理解,如果换用当下市井俗语,反而不容易理解。有时难免为了措辞组句而不得不损害原意,使得译文语言上差之毫厘,意义上则谬以千里。求达还是求雅,有时也是不得已,并非单纯追求文采。我的译本,曾经引起一些议论,说文字过于艰深难懂。实际上,我不过是想刻意凸显原著的精神而已。另外,原著的学说多半来自哲学数理以及自然科学。倘若对于这类科学从未接触过或知之不多,那么就算与作者同一国籍的读者,懂得原著的语言,理解起来仍然会有很多困难。何况译本呢?

但众所周知,严复的翻译实践中,"达雅"为先,而"信"字居次,甚至毫无"信"字可言。要理解认识严复的翻译,必须知人论世,回到严复所在的晚清中国社会文化语境,从文本外寻找答案。

1859 年,达尔文发表《物种起源》一书,确立了进化论在生物学中的地位。赫胥黎捍卫并积极传播并反思达尔文进化论,在《进化论与伦理学》("Evolution and Ethics")中,赫胥黎强调,优胜劣败、适者生存只是自然关系的法则,人类社会的伦理关系不同于自然界,应有自己的伦理道德法则。斯宾塞则将进化论的适用范围扩展到生物学以外的心理、社会、伦理等诸多学科领域,形成了社会达尔文主义。斯宾塞认为,人类社会只有在适应与斗争中才能进步,优胜劣汰、适者生存的现象同样存在于人类社会。按照这种观念,只有强者才能生存,弱者只有遭受灭亡的命运。严复留英期间,进化论思想已经流派纷呈,而斯宾塞思想正值全盛。因此,达尔文、赫胥黎和斯宾塞的进化论均不同程度地影响了严复,成为严复《天演论》的理论资源。

严复翻译《天演论》的目的是要用"物竞天择,适者生存"的原理警醒国人、救亡图存,为正在酝酿中的资产阶级改良派提供理论依据。达尔文、斯宾塞和赫胥黎的思想既相互区别,又相互联系,但没有一种能完全满足严复的需求。严复于是对三人的学说加以选择性吸收,并在此基础上进行创新,从而使进化思想呈现出一些新的特征。严复的《天演论》主要以赫胥黎的《进化论与伦理学》为底本,因为这本书篇幅短小,深入浅出,便于短期成书,迅速传播。但《天演论》只保留了赫胥黎的自然进化论思想,而抛弃了赫胥黎对人类伦理价值的维护。至于斯宾塞的思想,严复选择了斯宾塞"社会—自然一体进化"的观点,但抛弃了斯宾塞思想中的消极部分。如斯宾塞主张人类顺从天演,"任天为治",弱小民族只能自甘灭亡,实质上成为西方殖民侵略的理论武器。在这一问题上,赫胥黎则强调人的主观能动性,主张人戮力自强,反败为胜,更加符合严复翻译的用心。因此,《天演论》一方面宣扬生物界优胜略汰,另一方面鼓吹人类可以通过奋发努力改变落后状态,肯定了人类主观能动性。"至于人治则不然,立其所祈向之物,尽吾力焉,为致所宜,以辅相匡翼之,俾克自存,以可久可大也。"(严复,1986e:1335)为了说明这一点,《天演论》结合《荀子·天论篇》提出的"戡天"思想,提出了"与天争胜""自强保种"的口号。正如他在《译〈天演论〉自序》中所说:"赫胥黎氏此书之旨,本以救斯宾塞任天为治之末流,其中所论,与吾古人有甚合者。且于自强保种之事,反复三致意焉。"(严复,1986e:1321)经过这样一番拼接组合,《天演论》不仅糅合了达尔文、斯宾塞和赫胥黎的观点,借鉴了中国经典中的积极思想,更主要的是结合了中国社会文化转型时期的需要,寄寓了严复对中国变革的设想和思考,富有鲜明的中国特色和强烈的时代气息。

严复的翻译实践印证了自己提倡的"达"和"雅",但并不如他自己所说,也做到了"信"。严复用一个主旨精神上的"信"为自己的"达"和"雅"辩护。但"主旨"究竟为何,是可以因人而异的,也是译者可以自说自话的。严复所谓的"主旨精神"是译者理解或认可的"主旨精神",经过了译者本人有目的的选择和过滤,折射出极为特殊的社会历史文化背景,在中国社会文化史上发挥了极为特殊的作用。经过严复苦心孤诣的借石攻玉,《天演论》已经成功地"变夷为夏",完成了达尔文、斯宾塞和赫胥黎的中国化,直接服务于中国变法图强的历史使命。

首先,《天演论》确认自然界普遍进化规律同样适用于人类社会,"天演"是任何事物都不可避免的普遍的客观规律。"天演公例。自草木虫鱼,以至人类,所随地可察者。"(严复,1986e:1352)严复据此借题发挥,批驳守旧派"天不变,道亦不变"的保守思想,主张变法。"若夫君臣之相治,刑礼之为防,政俗之所成,文字之所教,吾儒所号为治道人道,尊天柱而立地维者,皆譬诸夏葛冬裘,因时为制,目为不变,去道远矣。"(严复,1986a:51)中国面临亡国灭种,顺应万物普遍进化规律,欲求生存,必须变法,这明显是为变法维新制造声势。

其次,《天演论》中的进化思想重渐变而轻突变,同样寄寓了严复对中国社会变革的思考。严复认为万物只有渐变,没有突变。"民之可化,至于无穷,惟不可期之以骤"(严复,1986a:25)。只有靠逐步改良、长期积累,才能改变中国社会。这和严复个人的渐进式资产阶级改良派的立场是一致的,对当时的改良派产生了直接影响。康有为、梁启超都坚持渐进改良,反对革命,认为社会的发展不能躐等,只能拾级而上。可以认为,《天演论》中,严复做到了"洋为中用"和"古为今用",其落脚点都是拯救时艰。

为了实现这一报负,严复在翻译过程中不仅加入大量赫胥黎原文所没有的内容,同时不惜大量删去赫胥黎原作中的一些无关宏旨的次要内容。赫胥黎的原书名为《进化论与伦理学》,包括进化论与伦理学两方面内容,是以赫胥黎两次演讲的内容为基础整理而成。严复改变原文结构,将赫胥黎两次演讲合并为一,分上、下两卷,加入导言后重组章节,以醒目的方式传达社会进化思想,并且加入大量按语。以1981年商务印书馆的严译《天演论》本为例,全书共95页(不包括序言、目录),而严复所加按语总计达33页之多,占全书三分之一有余,有的按语甚至长于译文。因此,严复的《天演论》在文本上与原书有很大差异。严复的翻译与创作无异。

对这些变通和调整,《天演论·译例言》这样记载:

"此以见定名之难,虽欲避生吞活剥之诮,有不可得者矣!他如物竞、天择、储能、效实诸名,皆由我始。一名之立,旬月踟橱;我罪我知,是在明哲。"

这段意为:确定译名之难,由此可见一斑。虽然尽量避免因生吞活剥而引人讥笑,也还是避免不了。其他如"物竞""天择""储能""效实"等等这些译名,都是由我首创。有时为了一个新的汉译名,往往要花上十天或一整月时间反复琢磨、推敲。对于确定新译名的难处,我深有体会。希望高明的读者对此能够谅解。

严复究竟对原文做过哪些改变呢?其实赫胥黎原文对进化论的含义有过完整的阐述,而严复并未如实传译。

"The word 'evolution', now generally applied to the cosmic progress, has had a singular history, and is used in various senses. Taken in its popular signification it means progressive development, that is, gradual change from a condition of relative uniformity to one of relative complexity; but its connotation has been widened to include the phenomena of retrogressive metamorphosis, that is, of progress from a condition of relative complexity to one of relative uniformity."(Huxley, 2012:142)("进化"一词现在被用来描述宇宙过程,它有一段独特的历史,在使用过程中具有多重意义。它最普通的意义是指向前发展,即从一种相对单一状态转向一种相对复杂状态发展,但其含义已有所扩展,包括了退化变异现象,即从一种相对复杂状态向单一状态的持续变化。)

严复删去了这一段重要内容,因为进化的定义中包含了退化变异,显得烦琐、复杂,会使一般读者感到厌烦和费解。更主要的是,在中国亡国灭种的前夕,退化变异的论调无疑会加重国人的悲观绝望情绪,使国人自甘沉沦,与严复的用意背道而驰。严复本人并无学术上求真的目的,而是政治上求用。进化论本来已经众说纷纭,"进化"一词的完整含义属于学术问题,无关救国宏旨,严复并无兴趣。所以严复应时之需,"择善而从",对"进化"一词进行了取舍,关于退化变异的部分均删去不译。可以认为,严复会通中西文化,构建出自然、社会不断进化的新宇宙观。

美国翻译理论家勒菲维尔探讨过创造性翻译的诸多动机,认为意识形态是其中最重要的因素:"不难发现,在翻译的任何层面,只要语言和意识形态的考量发生了冲突——总是某种意识形态的考量更有望胜出。"(Lefevere, 1992: 68)这里的"意识形态"和"成见",应包括被译者内化了的主流意识形态和译者个人观念。从大的方面讲是"华夷之辨"的中国文化本位主义,讲究华化西学,为我所用。从个人的方面讲是严复个人的政治思想,即救亡图存、变法图强。跟这一宏旨相比,文字上的忠实显得微不足道。所以虽然严复理论上提倡"信、达、雅"的翻译标准,但在译《天演论》时首先没有做到"信"。

严复"变夷为夏"、华化西学的方式不一而足,除了以上别有用心的嫁接组合、删减改易,还有译者添加的大量按语。严复具有深厚的国学基础,对传统经典烂熟于心。翻译西学时,经常驾轻就熟地从传统经典中引章摘句,作为理解西学的丰富资源。严复译文中所引经典包括《周易》《老子》《庄子》《孟子》《大学》《中庸》《论语》《书》《荀子》《韩非子》《诗》等。在中国传统哲学中,他特别看重《周易》,他对西方各种哲学观念的理解和评价常常以《周易》的观念为依据。严复不仅视《周易》为中国的"外籀之学",而且发现用这部书来理解西方哲学概念特别方便。他说:"《周易》八卦,皆常住因之代表也。作《易》者以万化皆从此出,则杂糅错综之以观其变。故《易》者,因果之书也。虽然,因而至于八,虽常住,乃非其最初。必精以云,是真常住者惟太极已。"(严复,1986d:1052)

"天演"说原指自然进化,跟中国古籍《周易》《老子》《庄子》的类似思想有相通之处。严复于是借《周易》《老子》《庄子》对天演说进行阐发:"天演学说滥觞于周秦之间,中土则有老、庄学者所谓明自然。自然者,天演之原也。征之于老,如云'天地不仁,以万物为刍狗。'征之于庄,若《齐物论》所谓'寓庸因明',所谓'吹万不同,使其自己';《养生主》所谓'依乎天理、薪尽火传'。谛而观之,皆天演之精义。而最为深切著名者,尤莫若《周易》之始乾坤,而终于既未济。"(严复,2004:135)严复认为斯宾塞学说可以跟儒家经典相提并论。"窃以为其书实兼《大学》《中庸》精义,而出之以翔实,以格致诚正为治平根本矣"(严复,1986a:126)这种"以中解西,以旧释新"可能流于牵强,但却是译者的一种理解机制和普遍的认知策略,也是一种重要的翻译策略。

严复所译的西学中包含大量的西方文学、宗教及历史典故,直译过来会使中国读者难以理解。每遇到这样的表达,严复都以中国读者所喜闻乐见的历史文学典故进行置换。例如,《天演论》原著《导言》部分第10节提到的"哈猛想要吊死摩德开"一事,来源于《圣经(旧约)》的典故,对于大多数中国读者来说非常陌生和费解。严复将其替换为"李将军必取霸陵尉而杀之",取自《史记》"汉将李广杀霸陵尉"的故事,讲的是汉将李广被贬期间遭霸陵尉侮辱,后来重新被起用就借机杀了霸陵尉一事。霸陵尉虽然照章办事,并无过错,但无奈李广心胸不开阔,无法忍受匹夫之辱。这虽然和原文不是同一个故事,但说明的事理相同,有利于传达赫胥黎的观点。这种替换能适应中国士大夫的知识结构和欣赏品味,为中国读者喜闻乐见,增加译文的可读性。严复本人的"先入之见"充分参与了对原文的解读和表达,译文是译者选择性过滤文本的结果。经过了这样的选择性过滤,严复的译本的确清通畅达,很容易受到士大夫阶层的青睐,做到了"达"。"达"按照严复的本意,是指由于中英语言差异过大而采取的灵活变通手段,以使原文命意显豁。

"雅"按照严复的原意是指"汉以前字法句法"。汉朝以前的古文内容充实、风格朴素雅正,是中国士子心目中最为正宗的古文。"汉以前字法句法"是严复采取的特殊语言包装,以便吸引国学素养深厚的中国精英知识阶层,最大限度地传播西学。这些语言包装包括具体词汇的归化翻译和措辞句法、语言风格上的雅化等。《天演论》的语言糅合了多种极具中国历史文化色彩的表达:如"天造草昧"出自《易·屯卦》、"滋兰九畹"源于《楚辞·离骚》、"远及洪荒"来自《千字文》、"筚路蓝缕,以启山林"引自《左传》、"先天下为乐,后天下为忧"语出《岳阳楼记》、"己所不欲,勿施于人"源于《论语·颜渊篇》、"吾生有涯"语出《庄子·养生主》、"而人生常生于忧患,死于安乐"化用了《孟子·告子下》、"老子天地不仁,易不与圣人同忧"化用了《道德经》。译文中大量的文化历史典故体现了译者强烈的本土意识和文化情结,折射了译者深厚的传统文化积淀,使译文洋溢着中国传统文化的古雅气息。

"雅"是严复采取的特殊语言包装,以便吸引国学素养深厚的中国精英知识阶层,最大限度地传播西学。严复的时代,清代文坛上最大的散文流派桐城派已经趋于没落。桐城派以宣传儒家道统为己任,尤其是程朱理学。语言上推崇唐宋古文运动传统,力求简明达意、条理清晰、"清真雅正"。严复提倡的"雅"是指"汉以前字法句法",因为汉朝以前的古文内容充实、风格朴素雅正,是中国士子包括桐城派心目中最为正宗的古文。严复本人虽然不再标举桐城风格,但他服膺于桐城派的义理和笔法,他自己的译笔也仍然被归入桐城一派。新颖独到的外来思想借助朴素雅正的传统笔法,在中国社会引起了前所未有的冲击。但严复在翻译过程中刻意雕琢,唯务渊雅,难免产生因辞害意的弊端。严复译本也因文字古奥、难以理解,限制了读者范围,影响了译本的流传。

严复的创造性翻译虽然远非忠实,但的确通达雅正,具有不可替代的思想学术价值。严复对中国近代思想文化的贡献,就在于他按照中国社会实际需要选择、改造并创新了"天演论"。首先,进化论促进了中国学术思想的深刻变化。它带来了深层的观念更新,使中国人的思维方式、价值观念发生变化,促进了中国学术思想领域的重大变革。更重要的是,进化论思想为改良派与革命派提供了理论基础,促进了中国社会的转型与发展。康有为据《天演论》增补了《孔子改制考》,以论证社会由低级向高级发展,祖宗之法必须随时代而变化的历史必然,使《天演论》成为变法运动的催化剂。20 世纪初期,革命运动风起云涌,进化论进一步成为革命民主派的思想武器,推动了中国社会的变革。

严复的策略没有超越佛经翻译中的"格义"方法,即用中国传统思想中的名词、概念,去比附、解释、比较、评判西学中的名词和概念,使之容易理解。严复翻译的整体用心是救国图强,基本文化立场也是民族文化本位,他的译作是中西交互阐释的结果。他一方面用中国传统的哲学思想观念来理解西方哲学,另一方面也运用西方哲学的思想观念来对中国传统哲学思想重新阐释。他最终的目的是"自他之耀,回照故林",以中国文化为本位融化和吸收西方文化,以实现中国文化的超越与创新。理性上严复已经认识到,中国的落后源于思想文化落后,但情感上则很难摆脱"华夷之辨"的本国文化情结。出于潜意识的中国文化情结,严复从提倡西方学术开始,不知不觉又回归并认同了中国文化传统。严复的翻译活动,映射了中西文化全面失衡的背景下,中国知识分子理智和情感上的纠结状态。

第四节　"华夷之辨"与梁启超的"中西化合"

梁启超(1873—1929 年)是我国近现代史上著名的政治活动家、启蒙思想家、文学家、教育家。他是清末戊戌变法领袖之一,曾倡导"诗界革命"和"小说界革命"。他不仅积极参与了中国传统社会向现代社会转型的历史实践,而且在哲学、文学、史学、经学、法学、伦理学、宗教学等领域都卓有建树。梁启超的翻译活动及其主张不仅体现了他关于中国文化重建和转型的基本设想,也直接服务于中国现实政治运动的需要。从社会文化视角,在中国思想文化史中重新梳理梁启超的翻译实践及理论,有助于更好地认识翻译在中国文化近代化进程中的历史使命及其对中西文化融会与创新的现实意义,拓宽翻译研究的视野。

一、戊戌变法之前

"华夷之辨"是解决民族问题的重要政治文化战略,也是中国面对异族文化的思维定势。经过历代的强化和经典化,至晚清"华夷之辨"作为一种主流意识形态已经深深积淀在民族文化心理之中,内化为译者个人的意识形态和"前见",潜移默化地影响到译者面对西方文化的态度和翻译的策略。华夷关系不仅是一个政治问题、民族问题,同时也是一个文化问题。晚清西学东渐伴随着西方列强的入侵,因而使政治问题、民族问题和文化问题相互夹缠,错综复杂。中学与西学、传统与现代、道学与哲学之间的紧张关系关涉到中华民族之生死存亡,成为无法忽视的政治社会文化议题。

“华夷之辨”是一种文化民族主义,将国家与种族冲突定位为文化冲突,在对外关系中重视文化的战略地位与作用,追求以华夏文化为纽带的民族国家的统一,是一种文化政治大一统战略思维。在民族危机深重的晚清,传统文化已经全面落后于西学,要实现民族的振兴只能通过文化的更新和转型。梁启超认为,民族身份是“以界他国而自立于大地”的根本,主张通过改造国民性、启蒙“新民”、更新和重建文化实现新的民族文化认同。这一认识立意高远,具有“华夷之辨”的完整内涵。重构民族文化认同、改造国民性,成为那个时代文化政治活动的主题。

梁启超对中西文化的认识经历了一个转变过程,但始终没有超越“华夷之辨”的思维框架。不论在戊戌变法之前、流亡日本之后,还是在游欧归来,他始终立足于中国的现实国情,吸纳和消化外来文化为我所用,以中学为主体借鉴吸收西学,创造出一种新文化,通过文化重建实现民族的自强和独立。在晚清特殊的历史文化语境下,梁启超的翻译话语及其主张有鲜明的文化民族主义价值取向。面对西方文化的强势进逼,梁启超极力鼓吹通过翻译引进西学,挽救和改造衰亡的中学,以达到开启民智、挽救时艰的目的。但不同时期,梁启超对中西学的认识不同,带来翻译及学术兴趣的转移,整个变化过程与中国近现代的历史进程基本同步。

梁启超早期也不能完全避免“西学中源”的文化优越感,但很快就抛弃了这一想法,承认中西文化各自独立,各有特色。梁启超不赞成对“华夷之辨”作偏狭理解,但也反对文化上的欧洲中心主义观念。他认为中西文化是来源不同、各有长短的异质文化,是各自民族精神的重要体现。

梁启超并不一概反对“中体西用”,但他反对洋务派对“体”和“用”的狭隘理解,将西学概括为“艺、政、教”三个方面,认为“中国需要西政胜于西艺”。所以需要通过翻译引进,填补中国在西政方面的不足。他率先突破了洋务派划定的“体”“用”范围,把翻译的对象由军事技术、自然科学等“用”扩大到西学之“体”,即西方资产阶级政治哲学和社会学说,标志着西学东渐在译介的题材上进入了一个新阶段。而题材上的转变,助推立宪派和改良派登上政治舞台,推动了中国近代史的历史进程。

1897年,梁启超在《时务报》发表了一篇长文《变法通议》,其中第七章是“论译书”,详尽地阐述了他的译学思想。他提出:“今日而言译书,当是首立三义:一曰:择当译之本;二曰:定公译之例;三曰:养能译之才。”(梁启超,1989a:68)有关翻译内容的选择,梁启超指出,除了兵书以外,学校教材、法律书、史书、政书、农书、矿学书、工艺书、经济学书、哲学书等等对中国都有重要的参考价值,都有必要翻译。梁启超甚至对译介各类书籍的现实政治意义都作过周密细致的思考,认为要“译宪法书,以明立国之本;译章程书,以资办事之用;译商务书,以兴中国商学,挽回利权。大约所译先此数类,自余各门,随时间译一二,种部繁多,无事枚举。其农书则有农学会专译,医书则有医学会专译,兵书则各省官局,尚时有续译者,故暂缓焉。”(转引自陈福康,2000:101)。这一时期,梁启超主要发挥了翻译的组织者角色,对如何引进西学提出了很多具体规划。梁启超更加关注翻译的题材,认为引进西学要切合中国政治文化转型之所需,服务于维新变法,而对具体的翻译方法涉及不多,观点也中规中矩。他呼吁译名统一,借鉴佛经翻译,认为“凡译书者,将使人深知其意,苟其意靡失,虽取其文而删增之,颠倒之,未为害也”(转引自罗新璋,1984:130)。

二、“淬厉”和“采补”——1898—1903 年的翻译实践

1898 年戊戌变法失败,梁启超开始了政治流亡生涯。到日本之后,他广泛涉猎日本书籍,通过日语译本辗转吸收了大量的西方思想,但没有丧失文化主体意识。在西方强势文化的冲击下,中国传统文化几近崩溃,整个儒家的文化价值体系摇摇欲坠,民族文化认同也随之产生了深刻危机,而重建民族文化认同唯有重建文化一途。梁启超认识到文化是民族精神的体现,在民族身份认同中具有无可替代的地位,这正是“华夷之辨”的基本内涵。在《新民说》中,他明确表达了中西结合的文化创新理念,至今仍具有前瞻性:“新之义有二:一曰淬厉其所本有而新之,二曰采补其所本无而新之。”“淬厉”的是中国的优秀文化,“采补”的当然是西方文化,目的是融合了中西文化中的精华后形成新文化,但其立足点始终是改造和重建中国文化。这正是“华夷之辨”对待外来文化的基本态度。

在日本期间,他接触到孙中山的革命思想,开始主张“破坏主义”和“革命排满”,“六君子”为国流血对他产生了直接冲击,使他思想转为激进。他的翻译活动和思想迅速适应了他的文化重建设想和政治思想的变化,表现出新的特征。梁启超不仅呼吁翻译和规划翻译,还亲自投身翻译,不仅翻译数量激增,翻译的题材、方式都有变化。他一生有重大影响的翻译作品全都出现在这一时期。

甲午战争前,中国介绍、吸收西学,主要是从英文、法文、德文等西方语言直接译为中文。甲午战争后,特别是 1900 年以后,大量的西学经由“梁启超式”模式译介进中国。所谓“梁启超式”模式,即通过日语辗转输入西学。在《论译书》中他

解释了变化的理由：因为日本与我国文字接近，而且日本自维新以后，通过翻译和学习西方，短期由弱变强，所以可以通过日文译本尽快了解西学之大概。急于求成的维新派主张"译西书不如译东书"，强调翻译东籍（日本书）的便利和速成，日语成为晚清时期（尤其是1895—1914年）中国学习西方文化最重要的中介语言。

激进的革命主张需要一种受众更广、更富有煽动性的体裁。梁启超看到了小说，特别是政治小说在西方民族主义的兴起和建构民族身份认同中发挥的重要作用，翻译的体裁、题材的选择和具体的翻译方法随之发生了变化。1898年，梁启超在去日本途中，阅读了政治小说《佳人奇遇》。该书抒发了作者争取民族独立、祖国富强的愿望，反对国内专制政治的思想，其主题正符合梁启超当时启迪民智和"新民"的政治要求。另一方面，小说中"英雄"皆主张立宪公议，又效忠本国之"贤君"，更与他君主立宪的政治理想产生了共鸣。1898年底《清议报》在横滨创刊，《佳人奇遇》译本即在其上连载发表，直接服务于梁启超的文化政治设想。梁启超同时发表了《译印政治小说》序，大力提倡翻译西洋小说，提高了翻译小说的社会作用和地位。他写道："欧西各国变革之始，其魁儒硕学，仁人志士，往往以其身之所历，及胸中所怀，政治之议论，一寄之于小说。……彼美英德法奥意日本各国政界之日进，则政治小说为最高焉。"（梁启超，1989b：34－35）他还极力倡导"小说界革命"，空前地抬高不入九流的中国小说的地位，以配合充分发挥小说的战斗力。梁启超对小说革命的倡导，带动了中国文学的革新，并且促进了政治小说的短期繁荣。《清议报》后来又连载了他译的日本作家矢野龙溪的《经国美谈》。在君主立宪的政治理想失败后，译介"政治小说"延续了梁启超等维新派"制度救国"的思路，成了梁启超寄托政治抱负的新载体。

1902年，他撰写了《论小说与群治之关系》，提倡以政治小说成为所谓政治改良和启发民智的工具。《新小说》译作与创作并重，但译作的质量在艺术品位上饱受指摘。梁启超本人翻译的政治小说，有的在日本已过时，艺术性并不高。这说明梁启超过于重视翻译的政治功利性，以至于忽视了作品的文学价值。但在《新小说》的引导下，各种文学期刊、小说杂志之出版如雨后春笋，相继创刊，刊登大量译作。从这个角度来说，这一时期的小说翻译的繁荣和发展，梁启超功不可没。梁启超不仅自己亲自从事翻译，倡导文学改良，引导中国近代文学翻译，还积极出资办刊，以稿酬资助作家和译者，实际上充当了翻译赞助人的角色。

从题材上看，这一时期的翻译作品都或明或暗地隐射时局，表达某一政治诉求，以实现开启民智，书写和重构民族文化认同。梁启超这几年间翻译的政治小说，大多是表现作者反对封建专制、争取祖国独立、富强以及民主自由的政治理想。如《佳人奇遇》反映强国欺负弱国；《俄皇宫中之人鬼》影射封建君主专制；《世界末日记》批判封建君主专制政体的黑暗;《十五小豪杰》“吸取西方思想中的民主精华,来培养、铸造我国青少年的新国民的品格”等。翻译的政治功用被充分发挥,担当起了民众政治启蒙的责任。

1902年初,他在《新民丛报》第二号起连载白话译本《十五小豪杰》。此书原为法国作家儒勒·凡尔纳(Jules Verne)所写,日本人森田思轩据英文重译为《十五少年漂流记》,梁启超和罗普又据日文重译。梁启超和罗普采用章回白话小说体合译的版本增加、删减、改写之处比比皆是,甚至出现了典型的“豪杰译”。“豪杰译”一说源于日本。据郭延礼考证,“豪杰译”最初是日本明治初期政治活动家和新闻记者的一种译法。他们为了强调小说的政治色彩和教化作用,常常在翻译域外文学时,改变其原作的主题、结构和人物,或任意增删,这种改编式的翻译被时人称为“豪杰译”(郭延礼,1997:222)。中国的“豪杰译”则始于梁启超而盛于晚清翻译界,严复、梁启超、林纾、苏曼殊、周桂笙等都采纳了这种译法。

特定历史时代的翻译策略受制于主客观条件的制约,外部的社会文化背景和译者的主体性选择均发挥了重要作用。中国近代西学翻译萌生于民族危机、文化危机关头,在民族主义话语的宏大叙事中衍生,必然以寻求民族文化认同为主题。译介西学以外来思想文化革新民族文化、重建民族文化认同为宗旨,翻译实践及理论均表达出浓厚的政治功利性和强烈的民族意识。以我为主的归化式意译或改编之风盛行,翻译成了传播民族意识、重构民族认同的政治文化实践。译文需要塑造关于“中国”的新认知,以激发爱国情绪和民族意识。为此需要将充满异质性的西学重新表述,以符合本土化民族主义叙事的要求。翻译单纯追求社会政治文化效果,几乎无暇顾及美学效果和忠实伦理。冒险小说对于当时的中国读者十分陌生,在为数众多的外国小说中,梁启超选择翻译冒险小说是有用意的。他认为欧洲民族所以强于中国,其中一个原因就是他们富于进取冒险之精神。原文的思想价值和启迪教化作用满足了他的政治初衷,适应了国内启蒙教育的需要。梁启超翻译的《十五小豪杰》,分别采用了以下几种归化方法:第一,改用中国人名、地名;第二,改变小说体例,重拟章回目录;第三,删去“无关紧要”和“不合国情”的内容;第四,译者大量插入原文没有的议论和谐谑;第五,文白夹杂使得行文更加紧凑。但与此同时,《十五小豪杰》保留了原作的倒叙结构。经过梁启超的上述翻译,小说的“政治性”凸现,“文学审美性”却大打折扣。但是《十五小豪杰》曾在晚清产生过广泛的影响,在近代翻译史和近代文学史的研究中占有一席之地。

除了小说以外,梁启超所译的诗歌均有较高的思想和文学价值,如拜伦的《渣阿亚》和《哀希腊》(时译《端志安》)。他的诗歌翻译策略表现出同样的特征,首先考虑政治含义,其次考虑文学因素。梁启超的译诗表现域外民族抗争,但形式上为读者所乐见。他把译诗的读者定位于广大民众,倡导“通俗文体”。当时的翻译大家严复曾在《天演论》中把英国诗人蒲柏的《人论》译为《人道篇》,用词古雅,梁启超在《介绍新著<原富>》一文中曾提出批评,认为严复译笔“太务渊雅”。他主张革新诗体,用古词曲体译诗,在诗歌形式上使之中国化。以《哀希腊》为例,他用戏曲曲牌《沈醉东风》和《如梦忆桃园》中的长短不一的句子来译,又不完全受原曲牌定字、定句和平仄的限制。由他发起的“诗界革命”“熔铸新理想以入旧风格”,对中国近代诗歌的发展产生了不小的影响,促进了中国近代新文学的发展。

留日期间,他通过阅读日本书籍,吸收了西方激进的民主主义思想,开始系统译介西方资产阶级学说。他利用《清议报》和《新民丛报》系统大量地介绍了西方大思想家、哲学家及其学说:如《卢梭学案》《亚里士多德之政治学说》《近世第一大哲康德之学说》等。梁启超是康德哲学在中国最早的传播者之一,他在1903年发表于《新民丛报》的《近世第一大哲康德之学说》是我国第一篇较为全面地介绍康德哲学思想的文章。梁启超运用了大量格义的方法,用中国的语言来解释康德。“以康德比诸东方古哲,则其言空理也似释迦,言实行也似孔子,以空理贯诸实行也似王阳明。”(梁启超,1989c:49)。按照梁启超的阐释,康德哲学与中国哲学是糅合在一起的,康德哲学完全成了中国哲学话语系统的一部分。归化的策略有利于抵抗西方语言文化霸权,增强对中国传统文化的认同感。按照当代后殖民翻译理论——巴西的“食人主义”来解释,晚清的西学翻译就是基于民族文化立场上,对异质性文化的一次“吞食”,其目的是吸收异类的力量,壮大自身。

1903年梁启超受美洲保皇会之邀,游历美洲。回国之后思想言论发生了很大变化,几乎完全放弃了从前所深信的“破坏主义”和“革命排满”的主张。他的思想受伯伦知理思想的影响,出现了明显的国家主义倾向。归国后,开始严厉地抨击民主制度,他甚至认为,任何提前在中国建立民主制度的企图都是注定要失败的。梁启超从政治激进派一变而为保皇派,与革命派的合作宣告破产,翻译作为斗争的手段也就失去了意义。1903年后,梁启超的翻译活动几乎完全中断。

1917年底,在经历了辛亥革命后拥袁反袁、反对张勋复辟、在段祺瑞政府任职一系列政治事件之后,梁启超对国内政治极度失望,宣布退出政坛。1918年,梁启超去欧洲游历,正值第一次世界大战以后,亲眼目睹了欧洲战后的物质文明极度匮乏的惨状。他观察的结论是:欧洲的资本主义文明已经破产,只有用东方文明——古老的中国文明和印度文明才能加以救治。梁启超开始以新的眼光重新审视中西文明,但仍然以中国文化的复兴和重建为旨归。在中西文化问题上,梁启超有一种中西二分、物质与精神对立的思想倾向,即认为西方重物质文明,而中国重精神文明。物质文明通常是和科学联系在一起的,因此他批评“科学万能”,实际上也在批判对物质的过分崇拜而导致精神家园的丧失。但他并不反对科学精神，恰恰相反，他对科学的重要性有着正确的认知，对科学精神更是极其重视。在《科学精神与东西文化》一文中，他首先指出，至今中国不能享受到科学之利，是因为他们对于科学的态度不正确，特别是儒家认为科学“艺成而下”的观念，极大地阻碍了科学的发展。若要除去病根以图存，必须靠科学精神这一剂良药，他希望“中国文化添入这有力的新成分再放异彩”。

梁启超一方面对西方文化进行反省，另一方面开始思考文化的重建问题。这实际上也是近现代中国一个重大的时代课题，在这一点上，梁启超较早表现出了文化自觉。他说，当下的中国有一个绝大的责任，就是“拿西洋的文明来扩充我的文明，又拿我的文明去补助西洋的文明，叫他化合起来成一种新文明”（梁启超，1989d:35）。梁启超的文化重建主张，反映了他强烈的现代意识和对传统文化的改造意识。这种“改造”，是用现代理念对中国传统文化思想进行新的诠释，从而造就一种新文化。梁启超看来，西方文化偏于物质，中国文化偏于精神。他认识到要发扬中国文化，必须借西方文化之所长。他希望将中西文化来个“心物调和”，创造一个新文化系统。这种文化重建理论有理想化色彩，继承和深化了他早前“淬厉本有”和“采补本无”的观点。

梁启超致力于文化重建的方式是进行国学研究，包括对老子、墨子、先秦政治思想的研究以及佛经翻译研究，以实现他放弃政治后，要从学术研究上继续贡献自己的力量。佛典的翻译是外来文化与本土文化相结合的成功范例，研究佛典的翻译有利于说明外来文化与本土文化相结合的完整过程，从而为当下中国文化的自我更新和重建提供有益借鉴。为此他还撰写了系列论文《佛典之翻译》《翻译文学与佛典》等。他研究佛经是为了借古鉴今，最终目的是发扬光大古代的优秀传统，以便更好地促进、推动当下的文化重建。

先进的异质文化入侵时，文化精英内心都会产生波动。但梁启超无论是感情上还是理智上，都不曾离弃过中国传统。他对中国传统文化尤其是儒学十分推崇。他在晚年致力于研究儒家哲学，就是想矫正“五四新文化运动”中激进派对儒学的彻底否定，目的仍然是民族文化的重建和更新。他认为中国民族之所以存在，因为“中国文化离不了儒家。如果要专打孔家店，要把线装书抛在茅坑里三千年，除非认为过去现在的中国人完全没有受过文化的洗礼。”（梁启超，1989e：7）他认为儒家提倡的全部内圣之学和一小部分外王之学超越时代，具有永恒的价值；儒家与科学不仅两不相背，而且异常接近。梁启超的观点纠正了一部分极端的思维倾向，能引起人们对于儒学的理性审视。“五四运动”以后，现代新儒家的兴起，与梁启超等人的努力有一定关系。整体而言，梁启超对于传统文化从未完全否定过。

在梁启超看来,以儒家为代表的中国文化,包含超越时代的永恒价值,是中华民族长存于世界民族之林的最主要原因。

梁启超对近代西方文化的理性认知以及对中国传统文化价值的认同,体现出他鲜明的文化多元主义和本族文化本位的双重立场。在文化观念上,梁启超是中国近代文化民族主义的先行者,他的翻译活动及其主张也具有文化民族主义的特征,即抵抗西方强势文化、整合西方优秀文化和本土文化、重构“中国性”和民族文化认同,实现中国社会文化的现代转型。因此,梁启超的文化观前后基本一致,在“华夷之辨”的框架内可以得到充分的阐释。具体到他的翻译实践及主张则随着时局变化体现出较大的波动,包括翻译题材的变化,又包括翻译策略的调整。

翻译话语与特定时代背景息息相关。蒙娜·贝克(Mona Baker)说过,翻译叙事(Translation Narrative)可以是主流政治的延伸,有助于强化集体叙事,也可以对抗、弱化主流叙事。“启蒙救国”和“文化复兴”是晚清中国的时代主题和主流叙事,无疑也支配和规范着这个时代的翻译事业,使其呈现出鲜明的文化民族主义取向。梁启超翻译生涯的起伏变化,既反映了时代主题,也折射出梁启超个人对于中国政治文化转型的整体设想,决非没有规律的盲动。他的翻译实践及主张证明了文化学派翻译理论的观点:翻译不仅是一种简单的语言转换行为,而且是译入语社会文化背景下独特的政治行为和文化行为。梁启超是个政治家、文学家、翻译家和学者,一生经历了晚清、民国两个时代,他以非凡的精神活力和自成一格的方式从事翻译、创作和文化创新,促进了中国近代文学的发展和中国社会文化的转型,推动了中国近现代化的进程。

结 论

中国传统译论是我国翻译理论的宝贵财富，也是世界翻译理论的重要组成部分。中国传统译论的现代阐释涉及中国传统译论的纵向继承问题，是推动翻译学深入发展的一项基础性工作。当代文化学派和社会翻译学研究方兴未艾，翻译研究的范围已经拓展到文本以外的社会文化历史语境，主要关注不同文化、不同价值观念之间的冲突或妥协，以及翻译作为一种社会文化实践活动的性质、特征、过程等等。中国主流的文化观、民族观是中华民族的核心价值观念，对中国的学术思想产生了深刻影响，必然影响到翻译的实践及理论，但一直被排除在中国传统译论研究之外，这无疑是不全面的。在文化学派和社会翻译学研究的学术背景下，将中国民族观和文化观纳入中国传统译论的研究范围，能够及时反映和跟进国际翻译研究的宏阔的学术视野，拓展传统译论研究的范围。其次，在历史文化语境中还原中国传统译论的特殊性，在西方译论的普遍性中诉求中国翻译理论历史文化的特殊性，有利于在世界译论中重建中国传统译论的话语权。本研究探讨具体的社会历史文化背景对中国传统译论发生、发展的影响，侧重外部研究和关系研究。本研究的目的是说明文化上的民族中心主义，即儒家的“华夷之辨”思想对中国传统译论的影响及其连续性，从内容上讲属于文化批评或文化学派的翻译研究。

“华夷之辨”是中华文明形成过程中，孔子针对当时的文明冲突，为延续和弘扬中华文明提出的富有远见的文化战略。“华夷之辨”是基于文化优劣的族群观念，强调通过捍卫华夏文化的正统地位来维护华夏族政治上的统一，其内涵接近于约瑟夫的“文化软实力”论。“华夷之辨”虽然包含了政治上防蛮夷、卫华夏的思想，但文化上的“礼别华夷”则强调依靠文化实力来吸引和教化落后文化，并不主张无故武力侵犯周边少数民族。因此“华夷之辨”一方面维护了国家和民族的独立，另一方面也维护了中国和周边“四夷”的和平。华夏族的制度文化和观念文化具有相对稳定性，能够超越地域、超越血缘，成为乱局之中维系中华的精神纽带。“礼别华夷”有利于保持华夏民族文化身份、延续华夏民族文化血脉，也有利于华夏族依靠文化实力同化和吸纳少数民族。中华文明能够延续至今，跟“华夷之辨”对本民族文化传统的坚持与固守以及文化上的开放和包容是分不开的。整体而言，“华夷之辨”表达了文化上的“中国中心主义”，直接影响到中国面对外来文化的基本心态。在漫长的中国历史中,“华”和“夷”的概念一直在变化,但“礼别华夷”和“用夏变夷”的主要含义并没有改变。中国的翻译实践及理论,在“华夷之辨”这种明确、系统的文化观念之下可以得到统一的解释。

佛经翻译历时长久,在“华夷之辨”的主流文化观影响之下,佛教要想在“华夷之辨”已经深入人心的中国扎根,必然要经历一个“变夷为夏”的过程,其中最重要的手段是“格义”。根据其程度和范围,格义大致分为两类。第一类是广义的格义,也就是自觉运用“中国中心主义”的文化心态和立场对待外来宗教。这一层面的格义主要体现在中印文化(儒道与佛)孰优孰劣的辩论当中,相当于一种文化阐释的方法。第二类是狭义的格义,主要指以中国文化中的固有概念来翻译具体的佛教名词,是文化词汇的一种翻译技巧。狭义的格义由于自身的缺陷,在东晋之后已经弃之不用,而广义的格义则贯穿整个佛教中国化的进程。佛教“变夷为夏”的过程漫长而复杂,在不同阶段又表现出不同的特点,其结果就是佛教的中国化。《法句经序》记载了佛经翻译中最早的文质之争,而后世用于评价译本的信、达、雅三字均已见于其中。这次论战以质派获胜,是因为中国古典哲学中有重质轻文的传统,在文学审美领域里一直发挥着主导作用,对佛经翻译的价值取向有着制约作用。此外,大乘佛教对语言的轻视和对意义的关注,也影响到佛经译论重质轻文的结论。只要不失本旨,传教用语是可以因地制宜的,不一定要拘泥于雅语形式。佛经译论自始至终以“重质”为标准,即追求忠实于佛经原意。从支谦、道安、彦琮到玄奘,“重质”的表述持续走向深化与细化。而以概念比附为特点的狭义“格义”由于歪曲了原文的意义,在东晋以后越来越受到质疑。“格义”与“重质”的反向演进说明佛经译论的发展呈现出内在的连续性和系统性。

明末清初,随着西方基督教教士来华传教,代表基督教文明的西方文化第一次进入了中国人的视野。在明末内忧外患的大背景下,“夷狄”文化具有了全新的意义,既包括重实证的西方科技,也包括完全异质的中世纪天主教意识形态。而“华夏”的文化意义也不再是经典儒学。明末的中国文化构成显然更加复杂,佛教作为超越的信仰已经先入为主,对强调入世精神的正统儒家形成了有益补充。佛、道被理学所吸收,已经形成了精深完备的文化体系,并上升为官方哲学的一部分,对任何新的超越的宗教意识形态都构成了一种强大的挑战。而实学的兴起对科技的重视为天主教进入中国提供了适宜的途径,王学质疑传统权威的批判精神,则为外来宗教进入中国创造了宽松的氛围。在“华夷之辨”思想影响之下,时人昧于世界,骄傲自大,只会将新生的事物与中国传统的文明相比附,“西学中源”说应时而生。“西学中源”说最初主要是就天文历法而言的,也涉及与天文历法关系密切的数学。但历法自古就是皇权象征,中西历法算术的优劣自然也有了意识形态优劣的意义。顾炎武、王夫之、黄宗羲、徐光启、张廷玉等士大夫等均不同程度地认同西学中源的观点。传教士们都注意到,儒家思想作为官方意识形态已经深深融入了整个社会,于是只能采取变通策略,扬长避短,以科学技术作为敲门砖,透过科学的外衣,缓图宗教渗透。明清之际有突破性的翻译理论是徐光启提出的"翻译—会通—超胜"说。"翻译—会通—超胜"并不局限于字面转换,而是聚焦于明清之际西学翻译中的文化策略,侧重论述翻译在译入语境下的社会文化功能。"翻译—会通—超胜"思想并不自徐光启始,究其根源,仍是"华夷之辨"在西学翻译中的一种传承和衍生。"翻译—会通—超胜"在明末的翻译理论中独放异彩,因为它在明清之际错综复杂的中西文化冲突中形成,具有全局性、共识性的理论认识,左右着当时以及后来中西文化交流的实践和理论。

晚清中国已经全面落后于西方,但在文化心理上,中国仍然没有摆脱"华夷之辨"的优越感。"以敌为师"是晚清中国知识分子所面临的两难困境,这种两难困境在思想观念和政治立场上表现出十分复杂的特点,从"师夷制夷",到早期改良派的"西学中源"说和洋务派的"中体西用"论,再到后来的国粹派等文化保守主义,都是"华夷之辨"思维框架下的产物。在强势的西方文化面前,严复对中西文化采取了理性批判的态度,倡导吸取二者的精华来重构中国文化。严复认为,挽救民族危亡的关键在于中学的复兴,特别是儒家的伦理教化能否复兴;西学可用来启发和改良中学,仅具有工具性质,最终服务于中国文化的复兴、转型和重建。"华夷之辨"中的政治文化民族三重内涵,在晚清严复的翻译实践与理论的悖反中得到了最为生动的演绎。为了实现救亡图存的深刻用心,严复在《天演论》中,结合中国的现实国情,创造性地组合吸收了达尔文、赫胥黎和斯宾塞的进化论理念,提出有中国特色的进化观。而《天演论·译例言》中,严复遵从了一般的翻译伦理,提出了"信、达、雅"标准,并力求自圆其说。

梁启超对中西文化的认识经历了一个转变过程,但始终没有超越"华夷之辨"的思维框架。不论在戊戌变法之前、流亡日本之后,还是在游欧归来,他始终立足于中国的现实国情,吸纳和消化外来文化为我所用,以中学为主体借鉴吸收西学,创造出一种新文化,通过文化重建实现民族的自强和独立。在晚清特殊的历史文化语境下,梁启超的翻译话语及其主张有鲜明的文化民族主义价值取向。他极力鼓吹通过翻译引进西学,挽救和改造衰亡的中学,以达到开启民智、挽救时艰的目的。甲午战败后,梁启超主张强调翻译东籍(日本书)的便利和速成,日语成为晚清时期(尤其是1895—1914年)中国学习西方文化最重要的中介语言。梁启超看到了小说,特别是政治小说在西方民族主义的兴起和建构民族身份认同中发挥的重要作用。《清议报》在横滨创刊,政治小说《佳人奇遇》译本即在其上连载发表，直接服务于梁启超的文化政治设想。梁启超同时发表了《译印政治小说序》，大力提倡翻译西洋小说，提高了翻译小说的社会作用和地位。除了小说以外，梁启超所译的诗歌均有较高的思想和文学价值，他的诗歌翻译策略同样首先考虑政治含义，注重表现域外民族抗争，其次考虑文学因素，追求形式上为读者所乐见。他把译诗的读者定位于广大民众，倡导"通俗文体"。

特定历史时代的翻译策略受制于主客观条件的制约，外部的社会文化背景和译者的主体性选择均发挥了重要作用。中国近代西学翻译萌生于民族危机、文化危机关头，在民族主义话语的宏大叙事中衍生，必然以寻求民族文化认同为主题。译介西学以外来思想文化革新民族文化、重建民族文化认同为宗旨，翻译实践及理论均表达出浓厚的政治功利性和强烈的民族意识。以我为主的归化式意译或改编之风盛行，翻译成了传播民族意识、重构民族认同的政治文化实践。译文需要塑造关于"中国"的新认知，以激发爱国情绪和民族意识。为此需要将充满异质性的西学重新表述，以符合本土化民族主义叙事的要求。翻译单纯追求社会政治文化效果，几乎无暇顾及美学效果和忠实伦理。

面对外来异质文化，中国自孔子之时起，便形成了中国文化优越于外来文化的大国文化心态。这种自我中心的文化倾向，是文化本位主义的体现，在不同时期有不同的特点和内容。中国历史上的几次翻译高潮均注意和中国的固有文化传统相协调，以中外文化的相互吸收、融合、丰富而告终，决不是偶然的。从历史的角度看，这种自觉的归化是大国文化意识在翻译实践中的表现，反映了以华夏文化为主体对外来文化的价值判断。按照当代后殖民翻译理论——巴西的"食人主义"来解释，"华夷之辨"主导下的翻译就是基于中国、基于民族文化立场上，对异质性文化的一次"吞食"，其目的是吸收异类的力量，壮大自身。

随着全球化进程的不断发展，不同文化之间的融合与冲突日益显著，文化与战略问题的相关研究成为当今国际政治与战略问题研究的前沿和热点课题。从中国乃至世界的翻译模式可以看出，历史上成功的、和平的文化传播大都是译入语境下的归化式文化输入行为，译入语国家在某种程度上都吸纳和同化了外来文化。世界范围内的殖民体系瓦解后，依靠武力征服和政治统治的文化输出已经为国际社会学所不容，和平文化交流是未来世界范围内文化交流的唯一形式。在现今多元文化的现代世界，文化观念上的纠葛依然没有完全解决，意见远未取得统一。但文化乃至政治上的大一统仍然是中国主流意识形态之一，仍在潜移默化地影响着中国的翻译理论及实践。

在中国社会文化语境下发掘儒家的民族主义文化观念对中国传统译论的影响不仅有利于扩展中国传统译论研究的范围，深化中国传统译论研究。更重要的是有利于展示中国传统译论的历史文化渊源及其继承性,还原中国传统译论学理上的完整性和系统性,建立真正“自成一体”的中国译学系统。对照世界翻译史,在新的历史语境下按照当代翻译理论的兴趣和视角寻找中国翻译传统的历史文化轨迹,对于当下的翻译理论研究和文化输出都能提供有益的思考。

参考文献

[1] BAKER, MONA. Translation and conflict: a narrative account[M]. London & New York: Routledge, 2006.

[2] BASSNETT, SUSAN. ANDRE LEFEVERE. Constructing cultures: essays on literary translation [C]. Shanghai: Shanghai Foreign Languages Education Press, 2001.

[3] CHAN, LEO TAK - HUNG. Twentieth-century chinese translation theory: modes, issues and debates[C]. Amsterdam: John Benjamins Publishing Company, 2004.

[4] CHEUNG MARTHA P Y. An anthology of chinese discourse on translation (volume one): from earliest times to the buddhist project[C]. Manchester, UK and Kinderhook, USA: St. Jerome Publishing, 2006.

[5] HUXLEY THOMAS H. Evolution and Ethivs[M]. A Public Domain Book, 2012.

[6] LEFEVERE ANDRÉ. Translation, rewriting, and the manipulation of literary fame[M]. London: Routledge, 1992.

[7] RICHARDS, I. A. Towards a theory of translating [A]. Wright, A. F. (Ed.). Studies in chinese thought[C]. Chicago: University of Chicago Press, 1953.

[8] ROBINSON, DOUGLAS. Western translation theory: from herodotus to nietzsche[C]. Beijing: Foreign Language Teaching and Research Press, 2006.

[9] SHUTTLEWORTH MARK, MOIRA COWIE. Dictionary of translation studies [Z]. Shanghai: Shanghai Foreign Languages Education Press, 2004.

[10] 曹仕邦. 中国佛教译经史论集[C]. 台北:东初出版社,1990..

[11] 陈伯海. “文”与“质”: 中国诗学的文辞体性论[J]. 学术月刊, 2006 (1):107-116.

[12] 程恭让. 分别夷夏——儒家传统面对异质文化的接受心态[J]. 首都师范大学学报(社会科学版),1997(6):13-19.

[13] 陈福康. 中国译学理论史稿[M]. 修订版. 上海: 上海外语教育出版社,2000.

[14] 陈寅恪. 童寿喻鬘论梵文残本跋[A]. 金明馆丛稿二编[M]. 北京:生活 · 读书 · 新知三联书店,2009b.

[15] 陈寅恪. 支愍度学说考[A]. 金明馆丛稿初编[M]. 北京:生活 · 读书 · 新知三联书店, 2009a.

[16] 邓建华. 明清之际“西学中源”说考析[J]. 河南社会科学,1998(5):63-67.

[17] 中国翻译工作者协会,《翻译通讯》编辑部. 翻译研究论文集(1894—1948;1949—1983)

[C]. 北京:外语教学与研究出版社,1984.

[18] 方梦之. 我国早期的翻译学——简评蒋翼振的《翻译学通论》(1927 年版)[J]. 上海翻译,2007(2):1-3.

[19] 傅惠生. 我国的佛经译论体系[J]. 上海翻译,2010(1):1.

[20] 傅惠生. 彦琮《辩正论》对我国译论的历史贡献[J]. 中国翻译,2011,32(1):19-23.

[21] 傅敏. 傅雷谈翻译[M]. 北京:当代世界出版社,2006.

[22] 葛兆光. "神授天书"与"不立文字"——佛教与道教的语言传统及其对中国古典诗歌的影响[J]. 文学遗产,1998(1):37-123.

[23] 龚书铎. 近代中国与文化抉择[M]. 北京:北京师范大学出版社,1992.

[24] 郭延礼. 中国近代翻译文化概论[M]. 武汉:湖北教育出版社,1997.

[25] 海岸. 中西诗歌翻译百年论集[C]. 上海:上海外语教育出版社,2007.

[26] 何锡蓉. 佛学与中国哲学的双向构建[M]. 上海:上海社会科学院出版社,2004.

[27] 侯外庐,赵纪彬,杜国庠. 中国思想通史 第四卷下册[M]. 北京:人民出版社,1960.

[28] 胡思庸. 西方传教士与晚清的格致学[J]. 近代史研究,1985(6):129-152.

[29] 黄嘉德. 翻译论集[C]. 上海:西风社,1940.

[30] 黄兴涛. 明末至清前期西学的再认识[J]. 清史研究, 2013(1):1-12.

[31] 季羡林. 序[A]. 林煌天. 中国翻译词典[Z]. 武汉:湖北教育出版社,1997.

[32] 蒋翼振. 翻译学通论[M]. 上海:美利印刷公司,1927.

[33] 蒋童. 中国传统译论的分期与分类[J]. 中国翻译,1999(6):11-14.

[34] 姜治文,文军. 翻译标准论[C]. 成都:四川人民出版社,2000.

[35] (意)柯毅霖. 明基督论[M]. 王志成,思竹,汪建达,译. 成都:四川人民出版社,1999.

[36] 孔慧怡. 从安世高的背景看早期佛经汉译[J]. 中国翻译,2001,22(3):52-58.

[37] 李林波. 中国传统译论研究的后顾与前瞻[J]. 上海翻译,2006(1):7-12.

[38] 李忠林. 西学中源说论略——从夷夏之防到师夷长技[J]. 史林,2018(2):61-68,78,218.

[39] 梁启超. 变法通议·论译书[A]. 饮冰室合集·文集一[M]. 北京:中华书局,1989a.

[40] 梁启超.《译印政治小说》序[A]. 饮冰室合集·文集三[M]. 北京:中华书局,1989b.

[41] 梁启超. 欧游心影录节录[A]. 饮冰室合集·专集之二十三[M]. 北京: 中华书局, 1989d.

[42] 梁启超. 近世第一大哲康德之学说[A]. 饮冰室合集·文集之十二[M]. 北京:中华书局,1989c.

[43] 梁启超. 儒家哲学[A]. 饮冰室合集·专集之一百三[M]. 北京: 中华书局, 1989e.

[44] 梁启超. 佛学研究十八篇[M]. 天津:天津古籍出版社,2005.

[45] 梁实秋,余光中,林以亮,等. 翻译的艺术[C]. 台北:晨钟出版社,1970.

[46] (意)利玛窦,金尼阁. 利玛窦中国札记[M]. 何高济,王遵仲,李申,译. 何兆武,校. 北京:中华书局,1983.

[47] (意)利玛窦,口译. 徐光启,笔受. 几何原本 一至四册[M]. 北京:中华书局,1985.

[48] 李之藻. 天学初函编器(上) [C]. 上海:上海交通大学出版社,2013.

[49] 刘靖之. 翻译论集[C]. 北京:生活 · 读书 · 新知三联书店,1981.
[50] 刘靖之. 翻译新论集[C]. 香港:商务印书馆,1991.
[51] 刘宓庆. 中西翻译思想比较研究[M]. 北京:中国对外翻译出版公司,2005.
[52] 刘英凯. 论中国译论的潜科学现状[J]. 外语与外语教学,2002(1):49-53.
[53] 罗新璋. 翻译论集[C]. 北京: 商务印书馆, 1984.
[54] 马祖毅. 中国翻译简史("五四"以前部分)[M]. 北京:中国对外翻译出版公司,1998.
[55] 平保兴. 五四翻译理论史[M]. 北京:中国文史出版社,2004.
[56] 蒲正信注. 六度集经[M]. 成都:巴蜀书社,2001.
[57] 沈苏儒. 论信达雅——严复翻译理论研究[M]. 北京:商务印书馆,1998.
[58] 翁同苏,等. 天主教东传文献续编 1-3[M]. 台北:台湾学生书局,1966.
[59] 许钧. 翻译思考录[C]. 武汉:湖北教育出版社,1998.
[60] 许钧,穆雷. 中国翻译研究(1949—2009)[M]. 上海:上海外语教育出版社,2009.
[61] 许渊冲. 翻译的艺术[M]. 北京:五洲传播出版社,2006.
[62] 姚长寿. 从中亚地区对佛教典籍的接受情况来看罗什汉译《妙法莲华经》的特色[J]. 世界宗教研究, 1994(2):50-63.
[63] 宣建人. 佛光普照——伟大的佛经翻译家鸠摩罗什传[M]. 高雄:台湾佛光出版社,1986.
[64] 王秉钦,王颉. 20 世纪中国翻译思想史[M]. 天津:南开大学出版社,2004.
[65] 王洪涛. 中国传统译论基本理念的嬗变与衍化——马建忠"善译"理论之现代诠释[J]. 外语学刊,2005(1):89-94.
[66] 王宏印,刘士聪. 中国传统译论经典的现代诠释——作为建立翻译学的一种努力[J]. 中国翻译,2002,23(2):7-9.
[67] 王宏印. 中国传统译论经典诠释——从道安到傅雷[M]. 武汉: 湖北教育出版社,2003.
[68] 巴金,等. 王寿兰,编. 当代文学翻译百家谈[C]. 北京: 北京大学出版社,1989.
[69] 王文颜. 佛典汉译之研究[M]. 台北: 天华出版公司,1984.
[70] 王向远,陈言. 二十世纪中国文学翻译之争[C]. 南昌:百花洲文艺出版社,2006.
[71] 王晓丹. 近代翻译史话[M]. 北京:社会科学文献出版社,2012.
[72] 王沂暖. 翻译论文集[C]. 兰州:西北民族学院研究所,1983.
[73] 王晓农. 论中国传统译论的批评属性[J]. 东岳论丛,2006(5):188-190.
[74] 文军. 中国翻译理论百年回眸[C]. 北京:北京航空航天大学出版社,2007.
[75] 文军. 中国翻译史研究百年回眸[C]. 北京:北京航空航天大学出版社,2006.
[76] 吴曙天. 翻译论[C]. 上海:上海光华书局,1933.
[77] 吴志杰. 中国传统译论专题研究[M]. 上海:上海译文出版社,2009.
[78] 夏瑰琦. 圣朝破邪集[C]. 香港:建道神学院,1996.
[79] 熊月之. 晚清西学东渐史概论[J]. 学术季刊,1995(1):154-163.
[80] 徐道彬. 戴震学术地位的确立与"西学中源"论[J]. 清史研究,2010 (3):51-65.
[81] 徐宗泽. 明清间耶稣会士译著提要[M]. 北京:中华书局,1989.

[82] 严辰松.中国翻译研究论文精选[C].上海:上海外语教育出版社, 2006.

[83] 严复.王栻,编.严复集 第一册[M].北京:中华书局,1986a.

[84] 严复.王栻,编.严复集 第二册[M].北京:中华书局,1986b.

[85] 严复.王栻,编.严复集 第三册[M].北京:中华书局,1986c.

[86] 严复.王栻,编.严复集 第四册[M].北京:中华书局,1986d.

[87] 严复.王栻,编.严复集 第五册[M].北京:中华书局,1986e.

[88] 严复.孙应祥,皮后锋,编.严复集补编[M].福州:福建人民出版社,2004.

[89] 颜治茂,荆亚玲.试论汉译佛典四言格文体的形成及影响[J].浙江大学学报(人文社会科学版),2008(5):177-183.

[90] 杨伯峻.孟子译注 简体字本[M].北京:中华书局,2008.

[91] 杨伯峻.论语译注[M].北京:中华书局,2013.

[92] 杨全红.玄奘翻译思想辨伪[J].解放军外国语学院学报,2010(6):61-65,80.

[93] 杨天才, 张善文.周易[M].北京:中华书局,2011.

[94] 杨镇华.翻译研究[M].北京:商务印书馆,1935.

[95] 杨自俭.对译学建设中几个问题的新认识[J].中国翻译, 2000,21(5):4-7.

[96] 杨自俭,刘学云.翻译新论[C].武汉: 湖北教育出版社,1994.

[97] 杨自俭.中国传统译论的现代转化问题[J].四川外语学院学报,2004,20(1):111-113.

[98] 张柏然,许钧.译学论集[C].南京:译林出版社,1997.

[99] 张柏然,张思洁.中国传统译论的美学辨[J].现代外语,1997,20(2):26-30.

[100] 张经浩,陈可培.名家·名论·名译[C].上海:复旦大学出版社,2005.

[101] 张曼涛.佛典翻译史论[C].台北:大乘文化出版社,1978.

[102] 张南峰.中西译学批评[M].北京:清华大学出版社, 2004.

[103] 张佩瑶.重读传统译论——目的与课题[J].中国翻译, 2008,29(6):5 – 10.

[104] 张岂之,周祖达.译名论集[C].西安:西北大学出版社, 1990.

[105] 张思洁.中国传统译论范畴及其体系[M].上海: 上海译文出版社,2006.

[106] 张思洁.中国传统译论范畴及其体系略论[J].外语与外语教学,2007(5):56-59.

[107] 赵巍,李琳."五失本三不易"的语言哲学阐释[J].西安外国语大学学报, 2012(2):19-21,35.

[108] 赵巍,石春让."文质"的现代转化问题——兼论传统译论的价值和现代阐释[J].上海翻译,2009(3):14-18.

[109] 中国对外翻译出版公司.翻译理论与翻译技巧论文集[C].北京:中国对外翻译出版公司, 1983.

[110]《中国翻译》编辑部.诗词翻译的艺术[C].北京:中国对外翻译出版公司,1987.

[111] 周文革.中国传统译论的"中庸"之道[J].湖南科技大学学报(社会科学版),2011(5):158-160.

[112] 朱志瑜.中国传统翻译思想:"神化说"(前期) [J].中国翻译,2001,22(2)3-8.

[113] 朱志瑜,朱晓农. 中国佛籍译论选辑评注[C]. 北京: 清华大学出版社,2006.

[114] 朱瑜. 中国传统译论的哲学思辨[J]. 中国翻译,2008,29(1):12-15.

[115] 刘建. 基于现实生活的思考——鸠摩罗什译本的特征[J]. 世界宗教研究,1994(2):6-17.

古籍类

[116] (唐)白居易. 白居易集 第四册[M]. 北京: 中华书局, 1979.

[117] 陈桐生. 国语[Z]. 北京:中华书局,2013.

[118] (宋)程颢,程颐. 二程集 上[C]. 北京:中华书局,2004.

[119] (汉)班固. 汉书[M]. 北京:中华书局,2012.

[120] (晋)杜预. 春秋三传[M]. 上海:上海古籍出版社, 1987.

[121] (汉)董仲舒. 春秋繁露[M]. 北京:中华书局, 2011.

[122] (唐)韩愈. 韩昌黎文集校注 上[M]. 上海:上海古籍出版社, 2014.

[123] (清)阮元. 十三经注疏: 清嘉庆刊本(四). 左传[M]. 北京:中华书局,2009a.

[124] (清)阮元. 十三经注疏: 清嘉庆刊本(五). 公羊传穀梁传论语孝经尔雅孟子[M]. 北京: 中华书局,2009b.

[125] (清)阮元. 畴人传汇编 上册. [M]. 扬州:广陵书社,2009c.

[126] (汉) 司马迁. 李翰文,主编. 名家集评全注全译史记 第四册[M]. 北京:新世界出版社,2014.

[127] (宋)范晔. 后汉书[M]. 北京:中华书局, 2012.

[128] (唐)李延寿. 南史[M]. 北京:中华书局,2000.

[129] (唐)柳宗元. 柳宗元集 第 2 册[M]. 北京:中华书局,1979.

[130] (梁)释慧皎. 汤用彤,校注. 高僧传[M]. 北京:中华书局,1992.

[131] (梁)释僧祐. 弘明集[M]. 刘立夫, 魏建中, 胡勇,译注. 北京:中华书局, 2013.

[132] (梁)释僧祐. 出三藏记集[M]. 苏晋仁, 萧炼子,点校. 北京: 中华书局, 1995.

[133] (清)杨光先,等;陈占山,校. 不得已[M]. 合肥:黄山书社,2000.

[134] (清)方以智. 物理小识 上[M]. 北京:商务印书馆, 1937.

[135] (清)黄宗羲. 宋元学案 第一册[M]. 中华书局,1986.

[136] (明)黄宗羲. 叙陈言扬〈勾股述〉[A]. 沈善洪. 黄宗羲全集 第十册[M]. 杭州:浙江古籍出版社,1993.

[137] (明)王锡阐. 晓庵新法[M]. 北京:商务印书馆,1936.

[138] (清)梅文鼎. 历学疑问补[M]. 北京:中华书局,1985.

[139] (清)冯桂芬. 校邠庐抗议[M]. 上海:上海书店出版社,2002.

[140] (清)李鸿章. 置办外国铁厂机器折[A]. 李文忠公全集 · 秦稿(卷 9)[M]. 长春:时代文艺出版社,1998.

[141] (清)薛福成. 筹洋刍议 薛福成集[M]. 沈阳:辽宁人民出版社,1994.

[142] (清)张之洞. 罗炳良,主编. 劝学篇 · 会通第十三[M]. 北京:华夏出版社,2002.

[143] (清)辜鸿铭. 冯天瑜,标点. 辜鸿铭文集[M]. 长沙:岳麓书社,1985.

[144] (北齐)魏收.魏书[M].北京:中华书局, 1974.

[145] (宋)赞宁.范祥雍,点校.宋高僧传[M].北京：中华书局, 1987.

[146] (宋)朱熹.论语 大学 中庸[Z].上海:上海古籍出版社,2013.

[147] (明)徐光启.徐光启集[M] .北京:中华书局, 1963.

致　谢

《中国传统译论的社会文化阐释》是2014年教育部人文社科项目的最终成果。中国传统译论研究在当下翻译研究中处于边缘地位，本课题从申报到最终完成都离不开师友的扶持。在课题申报过程中，笔者得到了黄忠廉教授、文军教授和周领顺教授的悉心指导。文军教授和周领顺教授对于“以中释中”的研究思路给予了肯定，认为在任何人文研究领域中，都涉及“以西释中”或“以中释中”的区别，也各有研究的价值。而黄忠廉教授则根据自己社科项目申报及评审的经验，直接对课题的题目进行提炼和加工，凸显了课题的新意和亮点。在此对以上师长及同人深表谢意！

当然，课题期间，家人给予我经济上的支持和精神上的鼓励，在此向我的亲人致以深深的谢意。

作为对中国传统翻译理论的批评研究，本书欠缺之处在所难免，但没有以上师友及家人的帮助，本书不会以今天的面貌呈现在世人面前。再次一并致以最诚挚的感谢！